Roberto Bueno

(Org.)

FILOSOFIA & POLÍTICA: TENSÕES ENTRE LIBERDADE, PODER E DEMOCRACIA

Roberto Bueno

(Org.)

FILOSOFIA & POLÍTICA: TENSÕES ENTRE LIBERDADE, PODER E DEMOCRACIA

FAPEMIG

UNIVERSIDADE FEDERAL
DE UBERLÂNDIA

Dykinson, S. L.

Editorial DYKINSON, S.L. Meléndez Valdés, 61 - 28015 Madrid
Teléfono (+34) 91 544 28 46 - (+34) 91 544 28 69

e-mail: info@dykinson.com
http://www.dykinson.es
http://www.dykinson.com

Consejo editorial véase www.dykinson.com/quienessomos

ISBN: 978-84-9031-943-7
Depósito Legal: M-9611-2014

ÍNDICE

APRESENTAÇÃO

O presente livro intitulado "*Filosofia & Política: tensões entre liberdade, poder e democracia*" foi organizado por Roberto Bueno no marco das atividades de pesquisa em torno à democracia que vem sendo objeto de atenção de forma mais aguda desde a publicação do livro *Teoria da Sociedade Aberta Democrática* (ver BUENO, 2007), logo seguida por outros diversos trabalhos (ver BUENO, 2011).

Esta preocupação intelectual continuou em pauta nos trabalhos acadêmicos posteriores mesmo quando a linha de pesquisa focalizou a filosofia política e jurídica de Carl Schmitt e o período histórico que abrange a primeira metade do século XX. Estes esforços de pesquisa redundaram em investigações que permitiram a visita e a exploração de diversos aspectos dos objetos trabalhados. Um destes temas que seguiram orientando a nossa preocupação científica de modo intermitente foi o processo de intensas e corrosivas críticas endereçadas à democracia.

No momento presente as pesquisas em torno a democracia tem sequência no âmbito do Centro de Estudos Avançados sobre a Democracia (CEAD), sucessivamente a realização de eventos voltados a discussão sobre o tema. O CEAD foi recentemente fundado por mim com a indispensável colaboração de colegas como Joelma Lúcia Vieira Pires (Faculdade de Educação da Universidade Federal de Uberlândia / UFU), de colegas da Faculdade de Direito (UFU), nomeadamente Alexandre Garrido e Renato Muçouçah e também do colega coimbrense Alexandre Franco de Sá ((Departamento de Filosofia, Comunicação e Informação da Universidade de Coimbra / Portugal).

Tendo em vista o seu objeto, neste CEAD também colaboram professores de diversas áreas do conhecimento, e isto com o escopo de desenvolver uma pesquisa interdisciplinar sobre a democracia. Tal preocupação permite abordar as complexidades da democracia desde as mais diversas áreas (finalmente conexas) como a História, a Psicologia, as Ciências Sociais, o Direito, incluindo a Educação e a Filosofia passando pela Letras. Esta amplitude de saberes e especialidades reunidas sugerem uma singular riqueza na abordagem de tão complexo fenômeno como a vida em uma sociedade democrática. Sob tal ângulo e metodologia é que este livro foi concebido, reunindo especialistas de diversas áreas do saber.

O presente livro, portanto, mantém a preocupação com a abordagem metodológica plural e retoma textos de diversas ordens, mas com a densidade que dota o trabalho de uma ampla possibilidade de refletir profundamente sobre a liberdade, o poder e a democracia a partir de importantes referenciais teóricos.

Por fim, devo expressar meus mais sinceros agradecimentos pelo atento trabalho de leitura e revisão dos acadêmicos Ana Flávia Cardoso, Felipe Maroubo e Renata Cardoso Fernandes, da Faculdade de Direito, todos eles da Universidade Federal de Uberlândia (UFU), também pesquisadores da Rede Internacional de Estudos Schmittianos (RIES). A todos eles os meus mais sinceros agradecimentos pelo empenho na realização deste trabalho que possibilitou a finalização do trabalho ainda neste ano de 2013. Igualmente, como sempre, minha absoluta gratidão é devida à minha esposa e colega na academia, Joelma Pires, por seu incansável apoio, o qual tornou possível a realização deste este projeto acadêmico.

INTRODUÇÃO

Roberto Bueno

O texto de Ágnes Heller que abre este livro é uma contribuição singular para o presente trabalho coletivo, que em muito adensa o nível geral da análise proposta. Intitulado *Truth in Politics,* o texto foi mantido no original sem quaisquer interferências. Assim optamos com o escopo de não perder o vigor e a erudição da autora a partir de todo o vocabulário empregado, cientes da magnitude intelectual da autora, paralelamente ao conjunto invencível das vicissitudes que os tradutores enfrentam, mesmo os melhores dentre eles. Deste modo, optamos por apresentar ao leitor o texto em sua exata forma de concepção em língua inglesa, sem quaisquer alterações, nem mesmo metodológicas.

O trabalho de Heller dialoga, à partida, com categorias weberianas ao tomar como referência a sua sugestão da política como profissão e ciência e como vocação (ver WEBER, 1991), mas também com o conjunto abreviado de seus escritos políticos (ver WEBER, 1981). O universo plural e politeísta apontado por Weber é de um tipo com o qual Ágnes Heller concordará essencialmente em oposição ao discurso da biopolítica sustentado em Arendt e também, por exemplo, no trabalho de Foucault. Heller mantém viva a tradição arendtiana para quem não é de recibo uma perspectiva unificadora da esfera pública, senão que o domínio do político há de ser pensado desde a perspectiva da diferença, é dizer, como um espaço no qual triunfa o mundo em sua inteireza complexa, que parte e consagra a diferença dos processos de vida que constituem o mundo tal qual é, e que não podem ser reduzidos a uma única e exclusiva (e excludente) esfera.

Teorizando sobre a experiência histórica da qual foi atora, Heller opõe-se à politização total da vida, conforme o roteiro totalitário em suas versões nacional-socialista, fascista e socialista. Para Heller, o discurso biopolítico encontra-se definido pela desconfiança relativamente ao *outro* de forma tão intensa quanto a experiência totalitária havia consagrado, ou seja, um tipo de discurso cujo conteúdo avalia que

> Todas as raças e ambos os sexos encontram aqui sua própria verdade; e quanto mais poderosos são seus lobbys mais enfaticamente tentam proclamar sua verdade como incontestável e absoluta. As opiniões divergentes não são aceitas, e as opiniões contrárias não são ouvidas. (HELLER, 1995, p. 41).

Desde logo, esta descrição da biopolítica feita por Heller não se coaduna com o mundo plural cujo valor é por ela destacado, e que ganha espaço neste texto aqui publicado, *Truth in Politics.* O mundo da pluralidade helleriano contempla a convivência de diferentes deidades, recepciona *verdades* paralelas, e fragorosamente diz não à homogeneidade que aparece em autores como Schmitt (ver BUENO, 2013), embora as críticas a isto subsistentes (ver FRANCO DE SÁ, 2009). Esta é a condição de base para a assunção de alguma concepção de justiça mencionável como valorosa. Heller já se ocupará de uma brilhante descrição da justiça em seu momento convergindo com tal percepção da diversidade (ver HELLER, 1998).

Discussão conexa com a proposta até aqui encontra-se no âmago da posição assumida por Heller sobre a biopolítica. Sua concepção sobre a justiça dialoga internamente com o texto de Sauquillo (em texto que encontraremos na sequência), e ambos remetem tanto a Arendt como a Foucault. Neste contexto, entretanto, Heller marcará distância do conceito de biopolítica de Foucault, ainda quando ambos mantenham ojeriza pelas formas de dominação que é capaz de engendrar. Assim pode compreender-se a reserva à compreensão do poder biopolítico exercido antanho, como direito de morte detido pelo soberano antigo em face do homem comum, algo que se apresenta opostamente ao direito do poder moderno, (pre)ocupado em exercer o governo (e o controle para isto necessário) para gerir a vida e o bem-estar social. Primeiro, portanto, um poder que é exercido sobre o corpo, em termos de vida e morte para, após, o poder ser exercido sobre o corpo, ainda controlando-o, para realizar uma espécie de bem-estar com o qual não necessariamente estará de acordo o homem, para cuja consecução bem pode ele não passar de um mero instrumento.

Reside precisamente na radicalização desta preocupação a potencialização da emersão do totalitarismo, pois encontramos a visão do bom, belo e desejável como uma construção estatal, alheia a intervenção dos indivíduos. Mesmo valores aspirados como a segurança podem gerar nefastas consequências sociopolíticas quando realizadas radicalmente por uma política estatal demagógica que tenha em perspectiva a pura legitimação do poder por ampla galvanização de apoio político das massas. Deste modo podemos avançar a ideia de que a democracia não necessariamente encontra-se em posição de incompatibilidade teórica com o totalitarismo. Do que se trata não é de compatibilidade empírica, mas que do ponto de vista teórico a primeira pode conviver com gestação violenta da segunda. Um destes momentos de gestação é o espaço democrático para a disseminação dos valores totalitários, por intermédio do que, com apoio político das massas, constrói-se o atalho para o fenecimento das instituições democráticas.

Desde esta perspectiva o horizonte da democracia não está desanuviado e o cuidado é um imperativo daqueles que aspiram as liberdades. Ao contrário, a sociedade pode, por meio de esforços em matéria micropolítica, consolidar uma cultura totalitária ainda quando a democracia exponha vigor formal. A frustração que o definhamento da democracia material possa apresentar será apenas a chave para que a democracia formal conheça o seu ocaso e, passo seguinte, a ascensão da represada cultura política totalitária.

Desta forma projeta-se que, no fundo de tudo mesmo, sempre exista (e persista) o profundo olho pesado de um Leviatã, à espreita, com seus músculos titânicos prontos para operar com tanta intensidade quanto, via inversa, lhe falte densidade aos aspirantes ao poder. A força é historicamente reconhecida como instrumento de exercício do poder, que foram necessários, e ainda são, para exercer o controle e todo o domínio para a organização dos poderes instituídos (econômico, cultural, político, educacional, filosófico, etc.), para repeti-los e assegurar seu *modus operandi*, retomando aqui o conceito germano de *Polizeiwissenschaft*, tão caro a quem constitui uma noção de Estado (extendido e forte) para um puro asseguramento do *status quo*.

Contudo, devemos estar cientes de que estes não são os elementos nucleares da filosofia helleriana mas, isto sim, ligados a reflexão sobre o papel da violência no âmbito do Estado. É neste marco em que tem lugar a crítica de Heller à biopolítica foucaultiana, que entronca com a crítica arendtiana segundo a qual a reunião biológica da argumentação desloca o elemento político. Assim, a leitura que Heller e Fehér realizam de Arendt sugere que tudo quanto seja (ou se pretenda) político não poderia ser "bio", e o que enfoque este último, por antonomásia, político não poderá ser (ver FEHÉR; HELLER, 1995). O político seria fundamentalmente uma categoria operante na dimensão pública, enquanto o "bios", ligado ao privado, às necessidades inerentes à vida individual.

Neste sentido, bem sublinha Heller que "[...] a biopolítica não pode ser considerada política, constituindo antes o resíduo totalitário remanescente nas sociedades democráticas" (*apud* ORTEGA, 2004, p. 12). Em outras palavras, "[...] a política de uma sociedade totalitária [...] existe junto às instituições políticas livres" *(Ib.)*, e esta coexistência é ameaçadora. Posta uma realidade de risco, reclama atenção continuada com vistas a uma ação defensiva das instituições democráticas". Em outras palavras, "[...] a política de uma sociedade totalitária [...] existe junto às instituições políticas livres" *(apud* ORTEGA, 2004, p. 12), e esta coexistência é ameaçadora. Posta uma realidade de risco, reclama atenção continuada com vistas a uma ação defensiva das instituições democráticas em vigor mas não somente, pois a contínua recepção de novos indivíduos e grupos os coloca em posição de reclamar papel ativo de legitimadores políticos. Segundo a dinâmica do político, a destituição dos novos atores desta posição de legitimadores mina o sistema político e, deste modo, igualmente obstaculiza os esforços para a sua ampliação (ver BUENO, 2007).

Em seu texto *Truth in Politics* Ágnes Heller destaca a existência de diferentes regras, diferentes para distintos espaços e tempo, assim como também nas diferentes esferas do saber que possamos considerar, algo que já havia destacado em sua *La política de la postmodernidad,* algo que admite claramente ao dizer que "Las normas y reglas que constituyen los grupos humanos son de tipos diferentes" (HELLER; FEHÉR, 1989, p. 200). Mas se cada esfera tem as suas próprias regras, e a ética aí está incluída, certamente, uma iniciativa científica de metodologia universalisante tornar-se-ia inaceitável. Perigosos, portanto, são os modelos científicos colonizadores, inovadores e pretensamente determinadores dos critérios de validação do conhecimento pelas demais áreas do saber, por exemplo, no movimento destitutivo da ética de suas próprias peculiaridades.

Neste livro Heller retoma em certa medida o objeto de sua atenção em texto publicado em outro momento (ver HELLER, 2013a) quando menciona a substituição da sociedade de classes pela sociedade de massas. Este foi um problema também identificado por Franco de Sá em seu texto (ver FRANCO DE SÁ, 2013), e o papel da ciência e da tecnologia passam a ocupar mais intenso papel na sociedade, decisivo mesmo, assim como destacava Marcuse no primeiro quartel do século XX (ver BUENO, 2012). Esta é uma sociedade que Heller sugere ter marcado uma divisória com o modelo weberiano. De qualquer sorte, está claro para Ágnes Heller o objetivo que se propõe em seu texto: "This paper is addressed solely to the concept of truth, and especially to the concept of truth in the sphere of politics. I raise the question how it differs, if it differs at all, from the understanding of "truth" within the other spheres of the modern world" (ver HELLER, 2013b). Mas este é um objetivo que não se desloca, finalmente, da análise do político em sentido amplo, nomeadamente em sua dimensão filosófica.

Neste contexto crítico do parlamentarismo alemão, e de sua democracia, Carl Schmitt trabalhava o conceito destituído de sua essência, qual seja, a sua abertura à discussão e ao debate, nesta medida entendido o político como concerto entre pretensões díspares e não mediação violenta entre inimigos, como seria proposto por Schmitt. Neste sentido o autor distancia-se por completo da proposta teórica de Arendt mas também de Ágnes Heller.

O texto de Alexandre Franco de Sá que leva o título de *O Estado Total entre Dialética e Decisão: uma abordagem a partir do pensamento de Carl Schmitt* ocupa-se do processo de agudização da crise da República de Weimar em 1930, em especial o momento de substituição de Brüning por von Papen como Chanceler do Reich (ver BENDERSKY, 1989; KENNEDY, 2012). Paralelamente o autor empresta atenção à análise da ascensão eleitoral dos partidos nacional-socialista e comunista que, a partir de então, ocupariam a maioria das cadeiras no parlamento alemão.

O texto de Franco de Sá retoma a introdução do conceito de "Estado total" realizado por Schmitt na Alemanha no ano de 1931. O conceito de *stato totalitario* havia sido criado por Giovanni Amendola, utilizando-a como categoria crítica, relativamente ao Estado fascista italiano. Tal categoria era empregada para assinalar um Estado caracterizado pela eliminação da vitalidade social, mas também pela proibição dos partidos e pela limitação das liberdades. Tendo em conta este contexto, o seu uso por Schmitt, a sua utilização para a descrição da situação política de um Estado de direito pluripartidário, garante das liberdades liberais e dos direitos democráticos, não poderia deixar de ter, antes de mais, uma consciente dimensão irônica.

Em verdade, Schmitt sempre soube que a utilização do conceito de Estado total para a caracterização da República de Weimar este mesmo termo já usado para a crítica do fascismo como um "totalitarismo". O autor sugere que na Alemanha o Estado liberal possuiria uma espécie de cabeça de Janus, ou seja, uma figura na qual o rosto que aparecia à superfície, em seu aspecto liberal e democrático, escondia uma realidade bem diferente, e bastante comprometedora. Outra é a interpretação deste tema realizada por Richard Wolin, para quem é a crítica liberal que põe o pressuposto conceitual (jurídico e político) rumo ao Estado autoritário na Alemanha representado pelo Estado total (*cf.* WOLIN, 1990, p. 72).

Neste sentido a observação de Franco de Sá é compatível com a crítica de Heller e Fehér que vimos acima sobre o potencial totalitário que subjaz à sociedade democrática. Por seu turno, Franco de Sá questiona-se como se explica por parte de Schmitt uma tal sugestão, e também como ele pode compreender que se visse em uma democracia liberal a emergência de um Estado total. Esta é a questão de que parte o cerne da reflexão deste texto.

Para abordar tal questão, Franco de Sá destaca a importância de que, primeiramente, se tenha em conta que Schmitt usa o conceito de "Estado total" como uma categoria central do seu pensamento jurídico e político. Desde esta posição central o autor não restringe o seu uso à designação de traços do regime constitucional alemão seu contemporâneo, mas, antes, dirige-se à tentativa de captar a essência do Estado liberal da modernidade, que, historicamente, estava representado pela República de Weimar.

Um trecho sobre o qual Franco de Sá dedica atenção para a análise a qual se propõe o presente texto explicita a tentativa de enquadramento do Estado total na modernidade. Schmitt o fez em um artigo de 1931, intitulado *A Viragem para o Estado Total.* Neste trabalho o Estado total aparece como o ponto culminante de um processo histórico que Schmitt caracteriza como dialético e que, nesta qualidade, percorreria três marcos fundamentais. Acerca da viragem para o Estado total Schmitt escreveria naquele texto que tal anunciada viragem é desenvolvida a partir de três estágios, desde o Estado absoluto do século XVII e XVIII, passando pelos esforços de neutralização do Estado liberal do século XIX, sendo que naquela quadra histórica do primeiro quarto de século XX, então, estava sendo dado o passo que levava ao Estado total por intermédio da realização da identidade entre Estado e sociedade.

Intitulado *"O positivismo jurídico como combinação de decisionismo e de normativismo: um estudo a partir de Schmitt"* o texto de Delamar Dutra escrutina como Schmitt apresenta a relação de seu princípio fundamental, o decisionismo, com o direito. É certo que a lei não é um dispositivo que se autoefetive, sendo que, para tal, não pode prescindir da decisão, e o texto apresenta duas possibilidades de tratar da matéria.

Segundo uma destas possibilidades aventadas, a decisão precisa adotar um viés personalista e, de acordo com a outra, precisa ser despersonalizada nas determinações de uma ordem concreta. Desse modo, defende-se a tese de que a forma de pensar o direito a partir de uma ordem concreta, por contraposição ao decisionismo e ao normativismo, bem como ao positivismo como junção teratológica de ambos, tem o condão de unir decisionismo, democracia e direito.

Muito embora Schmitt não percorra uma trilha kantiana, sugerimos que ao enfocar o decisionismo o texto de Dutra termina por chamar a atenção para que tanto Kant quanto Schmitt possuem algo em comum, a saber, a necessidade de que os seus sistemas tenham uma voz última, que, se no caso do último é um soberano individual, no caso do primeiro, é um soberano introduzido pela vontade humana, a saber, a lei. Ao império do homem, a contraposição ao império da lei; à força bruta imponível por um só, a força legitimada imposta pela abstração impessoal da lei em sua formulação *a priori*.

Contudo, há uma profunda e relevante diferenciação entre Schmitt e Kant para a qual Dutra chama a atenção, a saber, que "[...] ainda que Kant honre a decisão soberana a não mais poder, o seu normativismo é suficiente para que haja leis nulas e injustas" (DUTRA, 2013, p. 51), enquanto que em Schmitt o modelo é distinto, pois de sua concepção de soberano que exerce o poder individualmente não deriva alguma matéria substancial de justiça ou equidade, como, por exemplo, é a posição de Heller (*cf.* HELLER & FEHÉR, 1989, p. 198-214; ver HELLER, 1998), diálogo que o autor também estende à obra de Franco de Sá.[1]

Dutra chama a atenção para que nem mesmo Hobbes honra inteiramente o decisionismo, muito embora Schmitt assim o reclame e também seja assim frequentemente lido, em imerecido detrimento (a nosso ver) da posição que Donoso Cortés ocupa em seu pensamento. Dutra destaca a perspectiva crítica schmittiana relativamente a um Hobbes que teria cometido a errônea distinção entre fé e culto, posto que assim, então obteria a neutralização da fé em relação aos poderes do Estado (ver SCHMITT, 2004).

Schmitt constrói a sua teoria jurídica em torno da ideia de que a legalidade não pode servir como eixo para a construção da vida, senão que o jurídico perde o seu espaço para a exceção, posto que a forma jurídica não pode resolver o(s) caso(s) extremo(s). Em outros termos, deveríamos admitir que o jurídico, *strictu sensu*, não pode oferecer todas as respostas para as quais o sistema foi pensado em algum momento. Para Schmitt, portanto, carece o sistema de um complemento que era, paradoxalmente, extra-sistêmico, e aqui, então, emerge a figura do soberano. Neste momento faz muito sentido a citação de Schmitt feita por Franco de Sá de que a pureza do jurídico não pode limitar-se a sua intrínseca dimensão jurídica senão que reclama uma interferência do campo político, ou seja, que o jurídico"in its purity can never become reality". (SCHMITT, 1985, p. 30). Mas se nas situações-limite o "jurídico" demanda uma instância que lhe sobreponha e defina o(s) rumo(s), então, esta será uma forma de infrapor o jurídico ao político e, em suma, retroceder ao postulado da vontade da lei sobre a vontade dos homens. Ao colocar o político como elemento decisivo, Schmitt abre o caminho para o final triunfo da vontade dos homens e final derrocada da vontade da lei. O texto decisionista de Schmitt não poderia apontar para outro triunfo, pois lógica e metodologicamente não resta espaço para outra conclusão senão aquela que a experiência histórica apontaria logo no primeiro quarto da década de 1930.

Esta perspectiva, portanto, está intrinsecamente conectada com a crítica schmittiana ao decisionismo centralmente trabalhada por Dutra. A propósito, recordemos que a crítica schmittiana ao formalismo jurídico abre passagem

---

1 O texto de Dutra dialoga aberta e apropriadamente com a obra de Franco de Sá, muito especialmente com os textos *Do Decisionismo à Teologia Política. Carl Schmitt e o Conceito de Soberania, O conceito de Teologia Política no Pensamento de Carl Schmitt* e, também, com *o Decisionismo como Ficção Jurídica* e com o texto *Decisão, Crença e o Sentido da Ordem Concreta no Pensamento de Carl Schmitt*. Todos estes textos de Franco de Sá estão centralmente focados na questão do decisionismo, precisamente por isto trazidos à colação no trabalho de Dutra.

para o decisionismo, pois desconstrói as vias do formalismo e da vontade da lei. O decisionismo para ser tornado factível na experiência jurídica demanda uma crítica radical do triunfo do princípio da abstração e da generalidade das normas (ver SCHMITT, 1985, p. 30) mas, sobretudo, de que sejam traçadas premissas e princípios positivados no texto da lei que, passo seguinte, devam ser aplicados de forma estrita. Desde logo, não é a esta vontade que o esquema filosófico e político schmittiano aspirava ver triunfar e ao qual finalmente concederia o seu apoio.

Desta forma, trata-se de que a própria fundação do ordenamento jurídico está na dependência da existência de uma força que trave a sua desordenação definitiva, tal qual o conceito de *Katechon*. Claro está o quanto Schmitt opera segundo categorias diversas de Kelsen, notavelmente devido a que este último cria um espaço conceitual definidor que fecha o seu sistema jurídico-formal, qual seja, a *Grundnorm*, enquanto Schmitt resolverá a questão na estrita esfera do político. Metodologicamente são posições antagônicas e, mesmo, excludentes.

O trabalho de Helton Adverse, intitulado *Fundar a Liberdade. Arendt e a Constituição*, toma como desafio o exame da relação entre lei e liberdade no pensamento de Hannah Arendt, conferindo atenção, sobretudo, a sua obra *On revolution* (1963) (ARENDT, 1990).[2] Fator que ancora e justifica esta escolha é o fato de que é neste livro publicado ainda na primeira parte da década de 60, Arendt tenha desenvolvido de modo detalhado um dos temas centrais de seu pensamento político, vale dizer, o problema da fundação do corpo político.

Precisamente neste contexto torna-se imprescindível para a autora proceder ao exame dos laços que unem a dimensão jurídica e institucional com a dimensão propriamente política da ação, aspecto no qual é possível remeter às reflexões schmittianas sobre o tema, muito embora sugiramos que ambas as leituras propiciem não apenas resultados profundamente diferentes como também os seus parâmetros e pressupostos mantenham considerável distanciamento.

O objeto e os referenciais teóricos do texto de Adverse dialogam internamente com os demais textos que compõem este livro, em especial com os de Heller e Pires. Adverse destaca o distanciamento de Arendt do direito, proximidade que possui do político.[3] Distante da jurisprudência, próxima de Pocock e sua linguagem da virtude, associada com a tradição republicana (*cf.* POCOCK, 1985, p. 38), tema tão caro a teoria pocockiana (ver ARAÚJO, 2000) quanto o humanismo cívico que também aparece com alguma modificação em Arendt (ver MCCARTHY, 2012).

Em esclarecimento a sua terminologia diz Pocock que a oposição Republicanismo e liberalismo é melhor e mais adequadamente traduzida por democracia representativa e democracia direta (*cf.* POCOCK, 2000, p. 35), mesmo porque o que até então havia sido chamado de república agora chamava-se democracia (*cf.* POCOCK, 2000, p. 35), que logo ganhariam a sua versão representativa (governo do

[2] Há uma boa tradução portuguesa da obra. Ver ARENDT, (2001).

[3] Para uma boa aproximação ao jurídico e ao político em Arendt ver TORRES, (2013). Torres sugere que há uma importante relação entre política e direito. Mas se todavia cabe manter esperanças pela reorganização das estruturas sociopolíticas, a questão pendente é sobre como evitar rupturas dramáticas neste processo ou, ainda, alternativas de corte schmittiano. Para uma igualmente relevante referência teórica ver BUCKLER, (2012).

povo por intermédio de representantes por ele escolhidos), realidades basicamente representadas por uma oposição entre Hamilton (e Madison) e Jefferson.

Em que pese delimite o seu trabalho evitando maior detalhamento da teoria pocockiana, Adverse encontra espaço para chamar a atenção para que a liberdade é atributo de um cidadão (de tipo burguês), situação na qual poderia "[...] praticar seus próprios afazeres protegido pelos direitos e imunidades que a lei assegura" (POCOCK, 1985, p. 40). Mas Pocock chama a atenção para o fato de que o cidadão republicano "[...] dever ser senhor pelo menos de si mesmo, e é melhor que possua alguma coisa [...]" (POCOCK, 2000, p. 37), com o que a liberdade (autodeterminação) permanece vinculada, em alguma medida, com uma dimensão material (propriedade), já adiantada pela alteração da teoria dos direitos naturais tripartida que orientaria os fins da sociedade e do Estado em respeito ao ser humano realizada por Jefferson a partir de Locke, incluindo o direito à felicidade como categoria mais ampla do que o mero direito à propriedade trabalhado por Locke.

Adverse destaca que a gramática republicana está articulada com uma concepção positiva de liberdade cuja versão pocockiana traduz em seu núcleo a convicção de que o "[...] *homo*, o *animale politicum*, estava constituído de tal maneira que sua natureza era completada apenas na *vita activa*, praticada no *vivere civile*, e que a *libertas* consistia na liberdade de restrição à prática de tal vida" (ADVERSE, 2013, p. ..).[4] Neste trecho é perceptível uma das notas que podem aproximar Pocock à filosofia política arendtiana, a saber, a sua concepção de *vita activa*, conectada com outro dos mais caros referenciais teóricos de Adverse, a saber, Maquiavel e a sua face republicana (ver ADVERSE, 2009), que habitaram o coração da cultura política norte-americana (ver WOOD, 1998).

A este propósito a liberdade na América pode ser pensada e exercida fora dos limites do reino do Terror revolucionário francês devido as imensas fronteiras territoriais todavia por ocupar que inexistiam na França.[5] Neste sentido, portanto, a construção do conceito de republicanismo (e de virtudes cívicas) na América puderam ser construídos desde referenciais algo distintos daqueles disponíveis na França.

Por sua vez, Adverse sublinha que a tradição republicana pode ser aproximada à linhagem republicana que "[...] confere grande relevância a certas categorias jurídicas, como "lei" e "constituição" (ADVERSE, 2013, p. 70),[6] permitindo uma aproximação com o objeto pocockiano. Tal proximidade é destacada por Siegelberg

4 O pensar político de Arendt pode ser analisado promissoramente desde a ótica sugerida por Ortega quando sustenta que se trata de uma "[...] tentativa de pensar o acontecimento, de afrontar a contingência, de romper e inaugurar, de recusar as imagens e metáforas tradicionais oferecidas para imaginar o político, e uma vontade de agir, de transgredir e superar os limites" (ORTEGA, 2001, p. 228). Ademais, ressalta o autor a proximidade da "[...] fenomenologia arendtiana e a genealogia foucaultiana *[que]* convergem na desconstrução da subjetividade e da tradição política ocidental, na procura de novas formas de subjetividade e de ação". (ORTEGA, 2001, p. 228).

5 Para uma leitura mais cuidadosa do processo fundacional da América do Norte ver BAILYN, (1967), e WOOD, (1998).

6 Neste sentido pode contribuir para a reflexão das vicissitudes contemporâneas que, por exemplo, habitam o âmago das relações entre democracia e a competência do Poder Judiciário.

em texto que sustenta a dívida d' O *Momento Maquiavélico* de Pocock com a Arendt (*cf.* SIEGELBERG, 2013, p. 109). É possível observar esta relação com a filosofia política de Arendt (*cf* D'ENTREVES, 1994; MARSHALL, 2010; MOYN, 2008), em especial de sua clássica apresentação do político em *A condição humana* (ver ARENDT, 1997) e sua análise da fundação da América em *On Revolution* (ver ARENDT, 1990),[7] igualmente bem analisada por Rigsby (ver RIGSBY, 2002).

Neste sugestivo texto Ortega destaca o possível diálogo de Arendt com Foucault por intermédio da reflexão sobre o espaço público (ver ORTEGA, 2001). Neste espaço público aponta Adverse que sobrevive um importante ponto de Arendt, pois é nele que a gramática da virtude poderá ganhar o espaço do real, será nele o *locus* em que a Constituição poderá tornar-se realidade sem a necessidade da imposição da dimensão coercitiva do direito (*cf.* ADVERSE, 2013, p. 80). A validade não depende da adesão individual, mas, isto sim, a legitimação do direito encontra-se em sua direta dependência.

É no espaço comum ao direito e à liberdade política que Arendt localiza a sua reflexão sobre a Constituição. Adverse aponta para a importância de notar que a sua concepção de Constituição é eminentemente política, com o qual o aspecto jurídico da Constituição apenas deve ser compreendido se tomarmos por referência a sua função política (*cf.* ADVERSE, 2013, p. 80-81). Na filosofia política arendtiana é observável o privilégio concedido ao direito público em detrimento do privado, e este movimento reforça a sua perspectiva sobre a ação política virtuosa. Arendt revela o óbvio ao fundamentar a Constituição no direito público, e não no privado, cuja função basilar é a da orientação da liberdade. É em *On Revolution* que a autora cristaliza a sua concepção política de Constituição sendo, para tanto, imprescindível explorar a sua dimensão simbólica. O texto de Adverse enriquece e favorece extremamente a penetração nos meandros da filosofia política arendtiana.

Intitulado *Condi(a)ção humana política e liberdade*, o objeto de estudo do texto escrito por Joelma Lúcia Vieira Pires é a condição humana. A principal questão trabalhada no texto é o questionamento sobre qual a possibilidade de existência da condição humana com fundamento na liberdade. O objetivo é estabelecer relação entre espaço público, política, liberdade e condição humana. A elaboração teórica foi constituída com a contribuição de intelectuais que defendem a condição humana e, por conseguinte, a liberdade, tais como, Etienne de La Boétie, Herbert Marcuse, Erich Fromm, Hannah Arendt, Cornelius Castoriadis, Ágnes Heller, Jacques Rancière, entre outros.

Já em sua abertura o texto expõe que o propósito da "sobrevivência" (PIRES, 2013, p. 84) impossibilita a condição humana e o objetivo da liberdade, devendo entender-se aqui tratar-se de uma aproximação ao vocábulo sobrevivência de modo bastante restrito, destituído da complexidade que a vida humana supõe. Neste sentido é que poderíamos admitir com a autora que a sobrevivência seja um impeditivo da condição genuinamente humana e de seu objetivo de liberdade, seja lá o que cada qual possa assumir como tal em suas práticas e vivências ordinárias.

---

[7] Há uma tradução para o português. Ver ARENDT, (2001).

O texto ressalta que as vidas ordinárias encontram-se organizadas sob a lógica de um contexto de globalização dos mercados, operantes como sistema de controle de amplíssimos aspectos da existência humana, e para tanto pode ser um bom exemplo a complexa trama de espionagem do Governo norte-americano que envolve muitíssimo mais do que interesses meramente políticos e de Estado.

A autora argumenta que um tal roteiro apresenta-se e opera de forma autoritária mas que, paradoxalmente, a maioria dos homens atua e lhe oferece garantia, legitimando, assim, todo apoio a racionalidade econômica do sistema (cf. PIRES, 2013, p. 84). Pires conclui que nessas condições termina por prevalecer a servidão voluntária anunciada por La Boétie, em cujas bases está uma conduta de massa que desconsidera o agir autônomo, posto que a essência dos sistemas em vigor consistem não apenas no apequenamento da individualidade mas, isto sim, do agir coletivo articulado. A autora aponta que neste contexto a tendência é a desqualificação da individualidade e da autenticidade como expressão da "ética da personalidade".

A superação de tal processo sugere a necessidade de reafirmação das nossas individualidades, de sorte a constituirmos as precondições para alcançar o objetivo da liberdade cujo referente Pires assume ser a emancipação. A autora confia em que a nossa vontade de liberdade é imprescindível para a problematização do processo de banalização do mal e de servidão voluntária. Desde esta perspectiva, a autora confia em que a condição de liberdade implica a superação do mais exíguo pragmatismo e da fragmentarização da vida cotidiana, que estariam conectadas com a constituição da *práxis* na dimensão humano-genérica denominada consciente, conceito este cuja abordagem filosófica e política é de extrema dificuldade. Posição fundamental para a assunção de tal função seria a tomada de coragem pelo homem, indispensável para a que possa ter lugar a ruptura com a dominação e a eclosão da libertação do servilismo. Para tanto a ação política revelar-se-ia viabilizadora da esfera pública.

A condição humana é apontada arendtianamente como vinculada a ação política, e apontar para a ruptura nesta órbita mostra-se como uma possibilidade promissora para os fins de reforçamento dos processos de autonomização com os quais o texto de Pires trabalha. Esta é uma hipótese de realização necessária na medida em que o o homem encontra-se afastado da vida política, *latu sensu,* e na qual dá-se a predominância de um processo de transformação do espaço público em privado, com triunfo histórico da razão instrumental e da lógica do mercado em esferas até então não colonizadas por elas.

A possibilidade de existência da condição humana está na capacidade humana de romper o círculo funcional da sociedade, por meio da ação revolucionária com fundamento na liberdade, e da relação pedagógica emancipadora que tem como princípio a igualdade não institucionalizada. Dessa perspectiva, há uma limitação da educação formal para a viabilização da condição humana, uma vez que ela privilegia a pedagogização da sociedade, e tende a justificar a desigualdade social pela suposta desigualdade intelectual. Por isso, o processo de emancipação intelectual e política é a capacidade do indivíduo de romper com uma lógica de instituição e se afirmar em desfuncionamento ao funcionamento "normal" da lógica social e da desigualdade. Dessa maneira, é possível a superação da alienação, de uma prática limitada à experiência particular e a reafirmação da ação política consciente sobre o significado humano genérico da atividade ético-prática.

O terceiro texto deste livro é de autoria de Julián Sauquillo. Intitulado *La genealogía de la "biopolítica de las poblaciones": Michel Foucault oral.* Por razões similares as utilizadas para manter o texto de Ágnes Heller em seu original, também optou-se por manter o texto de Sauquillo em espanhol, preservando as minúcias da linguagem quanto a sua formatação metodológica. Mas se Weber é um dos pontos de partida do texto de Heller, é também autor-chave para o século XX (ver MOMMSEN, 1974) e para a teoria política moderna nele vigente (ver BEETHAM, 2013) também é recepcionado pela reflexão de Sauquillo. Especialista em Foucault (ver SAUQUILLO, 1989), o autor destaca a possível conexão entre Weber e Foucault (ver SZAKOLCZAI, 2013), mas também com a democracia e o problema das massas e o liberalismo (ver SAUQUILLO, 1994) e também a sua colocação e vicissitudes na modernidade (ver SAUQUILLO, 1987).

Sauquillo em outro de seus trabalhos retoma a Foucault como um leitor de Kant, um dos autores-eixo do primeiro texto deste livro escrito por Ágnes Heller. Em seu texto intitulado *La radicalización del uso público de la razón. (Foucault, lector de Kant)* (ver SAUQUILLO, 2004), o autor aponta para a conexão entre Foucault e Kant desde a perspectiva da obra antropológica do segundo, traduzida pelo primeiro em seus esforços para aproximar-se à psiquê do homem moderno. Heller está preocupada com a constituição do homem moderno em sua dimensão libertária, pois é mesmo disto que se trata quando investe em uma perspectiva pluralista. Não poderia ser diferente a aproximação quando consideramos quais sejam os limites da racionalidade que tornam o pluralismo democrático algo possível e, deste modo, pode revelar certa angulação metodológica kantiana, conforme o seu texto neste livro bem sugere.[8]

O texto de Sauquillo atenta para um Foucault cuja abordagem da biopolítica entronca com a vida mesma, reporta a transição de poderes e formas de controle exercidas sobre o homem da Idade Média ao desenvolvimento tecnológico moderno. Passamos de uma espécie de controle à outra, saltamos de um controle individual sobre a decisão de morte para uma outra espécie de controle, a dos amplíssimos processos de mapeamento sobre as condições do ser na humanidade, que abrangem desde a medicina ao seguro de saúde, da higiene pública a evitabilidade do imponderável, em suma da intervenção pública calçada em todos os dados passíveis de eludir a imprevisibilidade que desorienta a organização de mercado.

[8] O texto de Giacóia Jr. colabora imensamente para explorar tanto o potencial crítico como dominador da racionalidade na sociedade contemporânea a partir de Nietzsche. Em seu texto Giacóia Jr. assinala a potencialidade crítica da filosofia a partir de Adorno, Nietzsche e também por Foucault. Para Giacóia Jr. é válida para a contemporaneidade a ideia de Adorno sobre a possibilidade da filosofia resistir "[...] aos imperativos da utilidade da ciência positiva para, com Nietzsche, advogar pela "inservidão voluntária da crítica" (GIACÓIA Jr, 2007, p. 41). O que finalmente propõe Giacóia Jr. em seu artigo é "[...] encontrar Foucault e a retomada do *Aufklärung*, na esperança, ainda, de que a filosofia possa desempenhar um papel importante num programa de educação para a liberdade, com um alcance outro que não uma repetição dócil da esterilização vigente". (GIACÓIA Jr, 2007, p. 41).

A biopolítica foucaultiana aponta para o radical perigo do poder emergente que agora decide, sob ancoragem tecnológica, acerca da vida, menos que sobre a finalização dela. O grande e absoluto poder anterior que decidiu sobre a superveniência da morte abre espaço para o novo e amplíssimo poder que decide sobre a vida e as circunstâncias segundo ela deve orientar-se. O que agora tem-se em conta é menos o controle sobre o direito de matar, mas o direito (soberano) de organizar todas as esferas da vida para a manutenção do homem. Agora torna-se sagrada a vida, triunfa não o homem trabalhador, mas as organizações que o submetem a uma lógica produtiva de exclusiva orientação para o proveito de seus organizadores, com residual retribuição ao participante motivado por tal resíduo retributivo. A modernidade garantiu a existência material em detrimento das condições para a autodescrição e identitarização do homem segundo a sua perspectiva de vida. O sujeito da interioridade sobrevive por detrás de um mundo de aparências (político) (ver SENNETT, 1988), em que a transparência é (e precisa ser) categoria rara. A identidade constitui-se à expensas do viés obstaculizador público, muito embora tal força distorsionadora finalmente influencie.

O triunfo das condições de produção material foram absolutamente sufocantes, e a despolitização do homem, convidando-o a desfrutar com exclusividade a dimensão privada foi uma vitória a mais do sistema que melhor opera e produz sob a passividade mortal (e moral) do homem trabalhador. Eis aqui na questão da participação um dos dilemas de fundo do republicanismo, reveladora da tensão de fundo entre o político e o social (ver POCOCK, 2000, p. 37), que é objeto da atenção da teoria pocockiana (ver POCOCK, 2008) que aparece no texto de Adverse incluído neste livro (ver ADVERSE, 2013).

O homem não se torna livre na sua essência radical, a morte, ensimesmamento do qual nenhum poder é capaz de livrá-lo, mas, antes, agora o poder radical precisa postergar o ato privado último, a morte, para assegurar as condições de sua manutenção. Já não podemos morrer assim impunemente, retornando ao nosso estado de partida, fugindo tão sorrateiramente à lógica do domínio, tergiversando sobre a lógica da manutenção de nossas vidas quando tudo nos desagrada, oprime e insatisfaz. Devemos permanecer ainda assim, e sem incentivo para que o mundo possa, finalmente, organizar-se sob forma distinta, que é algo que não está em questão.

Tendo em vista esta ordenação voltada ao domínio, por isto mesmo, é necessário regulamentar tão intensa e dramaticamente tantas esferas da vida, intervir em tantos fenômenos da existência para, assim, determinar as condições de sobrevivência do homem em condições previsíveis, para o qual sequer o tema da sexualidade não restará afastada. Assim, conforme diz Foucault, o que temos agora é a emersão de uma soberania que, à diferença da anterior que "fazia morrer e deixava viver" (FOUCAULT, 2010, p. 207), agora, trata-se de uma de tipo regulamentador que se preocupa em "fazer viver e em deixar morrer" (FOUCAULT, 2010, p. 207). É neste momento que podemos dizer com Foucault que a saúde se torna um objeto fundamental para a ação do Estado, e o poder sobre a vida eixo central para a estatização do "bios".

Mas se acaso qualquer processo de resistência a toda esta avalanche biopolítica é possível, certamente, ela passa pela percepção do político em Arendt e Heller, cujo investimento encontra-se na ação do indivíduo e na oposição ao domínio e, radicalmente, à barbárie, objeto tanto de Arendt (ver ARENDT, 2006; STEINBERG, 2000) como de Heller e Foucault. Mas é neste ponto que a interpretação de biopolítica de Heller diverge da noção de Foucault, posto que para ela, calçada em Arendt, o "bios" e o "político" não podem ir juntos, conceitos contraditórios que seriam. Na leitura de Heller, em Arendt "[...] os confrontos sobre a raça e, em geral, sobre todo o biológico na natureza (o sexual incluído) são apolíticos por definição. Para ela, um conceito como 'biopolítica' seria uma contradição em si. Ou 'bio' ou 'política', juntos não é possível". (Heller, 1995, s/p).

Neste sentido, Heller assume que o político destitui o "bios", mas assumir o "bios" implica desconsiderar a tarefa do político. Trata-se é da prevalência do texto de Arendt acerca de que a biopolítica não pode ser entendida como política na medida em que demonstra forte impregnação do totalitarismo. Examinar o quão impregnadas as nossas sociedades democráticas encontrem-se de práticas e conceitos democráticos é sempre uma tarefa urgente dos nossos dias e, neste sentido, este livro pode oferecer contribuição. Nesta temática há, desde logo, um ponto de encontro entre diversos temas que cortam este livro, tanto nos textos de Heller e Sauquillo[9] como nos seguintes de Pires, Delamar, Franco de Sá e de Bueno, posto que, de um modo ou outro, encontram-se a todo momento com o referencial do exercício do político em face da dimensão de domínio (e opressão) por parte do Estado.

A organização biopolítica das instituições dos regimes pós-totalitários fez triunfar a oposição ao defenestramento do mundo, mas atenção bem menos intensa foi destinada aos processos invasivos, quando não mesmo dominantes, reservados a trazer ao mundo um tal resultado. Para alcançar seus fins de segurança vital *(latu sensu)* recursos e meios diversos não foram devidamente sopesados, e neste diapasão a negação de acesso a processos de identitarização não foi algo inconstante. Quando tornada princípio público nas instituições do Estado, a pluralidade logo encontrou inimigo invencível nas organizações sociais secundárias, executoras dos desígnios do Estado ou bem das estruturas de poder para-estatais. Neste sentido, resistir a avalanche do poder biopolítico é um imperativo para quem todavia pretenda existir humanamente, e não apenas mecanicamente, em um mundo em que a possibilidade de livre agir remanesça no campo do factível.

Em seu trabalho Sauquillo retoma fortemente o conteúdo dos *Cours au Collège de France* que contribuem significativamente ao objeto de nossas análises até aqui. Publicados após a sua morte, estes textos representaram uma imprescindível

---

[9] É digno de nota que Heller critica a concepção foucaultiana de biopolítica. A este respeito ver ORTEGA, (2004). Ortega destaca que enquanto Foucault permaneceu interessado em traçar uma genealogia da biopolítica, por seu turno, "O alvo de Heller o constituem precisamente esses grupos biopolíticos, mostrando como representam –na melhor tradição arendtiana– antes depauperações do político, formas antipolíticas de agrupamento, do que exercícios de uma política genuína, pois os critérios de agrupamento biológicos e corporais (raça, sexo, saúde, performances físicas, doenças específicas, longevidade) substituem os critérios políticos de agrupamento". (ORTEGA, 2004).

contribuição a sua teoria do sujeito e do poder. Sauquillo ressalta que após as ferozes críticas ao seu primeiro tomo da *História da sexualidade –a vontade de saber* (ver FOUCAULT, 1976), Foucault dirigiu-se a um auditório ao qual expôs a sua fina análise da biopolítica das populações.[10] Este trabalho logo conheceria a celebridade, explicando que a biopolítica designava a transformação da forma de pensar o poder na passagem do século XVIII ao XIX (ver FOUCAULT, 2010, p. 31; 204-206), governando já não apenas os indivíduos mas à totalidade dos homens aglutinados em uma população.[11]

Valendo-se das palavras de Maurice Blanchot, Sauquillo reconhece um Foucault consciente de que houve uma autêntica *caçada ao homem*. O que dá título ao texto de Sauquillo é precisamente o período em que Foucault deixa de publicar durante oito anos, no qual forma uma obra *oral*, especificamente entre os anos de 1976 e 1984. Na perspectiva de Sauquillo, Foucault pratica uma "arte" da oralidade, e assim é que vem a proteger a sua reflexão frente à persecução a que sempre se expõe a escritura filosófica solitária, não raro bastante distanciada do que sejam os maiores e mais intensos interesses, seja dos governos ou do grande público, em verdade bem pouco atento às grandes questões, perpassadas por alta abstração, das quais a filosofia prioritariamente ocupa-se.

Estas lições ministradas no *Collège de France* foram agrupadas em cursos, e definitivamente formaram uma reflexão paralela a sua obra publicada mais conhecida. Foucault dedicou tempo à uma teoria da polícia, mas também a variações argumentativas do neoliberalismo como formas não estatais de poder que precisam ser consideradas dada a sua profunda dimensão fática. Neste cenário de análise teórico político Foucault reivindica papel ao Estado, especialmente um de tipo redistributivista, valorizador do mundo dos direitos. Não o faz com a intensidade moderna, de um Estado que tem em perspectiva a medicalização, intervir na sanitarização da vida, exercendo, por direito, o cuidado interventivo na constituição

10 A expressão biopolítica em Foucault encontra-se bastante bem analisada no *Dicionário de Filosofia Moral e Política*. Ver http://www.ifl.pt/private/admin/ficheiros/uploads/bb0169f01 e38e1d9e1ce904f185bc8d9.pdf

11 Para fins de aproximação entre o conteúdo dos trabalhos aqui publicados chamamos a atenção para o texto de Francisco Ortega, intitulado *Biopolíticas da saúde: reflexões a partir de Michel Foucault, Ágnes Heller e Hannah Arendt*. Neste trabalho Ortega realiza um promissor diálogo entre estes filósofos (ver ORTEGA, 2004). O objetivo declarado do artigo é oferecer ferramentas conceituais para auxiliar na reflexão acerca da questão das biopolíticas da saúde a partir da obra de Michel Foucault, Ágnes Heller e Hannah Arendt. Segundo Ortega "Para Foucault, desde o século XVIII, a vida biológica e a saúde da nação tornaram-se alvos fundamentais de um poder sobre a vida que enfatizava especialmente as noções de sexualidade, raça e degenerescência, cujo objetivo era a otimização da qualidade biológica das populações. Para Arendt, esse movimento de politização da vida é profundamente antipolítico. A vida passa a ocupar o vazio deixado pela decomposição do âmbito público. No caso de Ágnes Heller, o antipolitismo do discurso biopolítico se manifesta na procura constante de legitimação quase científica. O pensamento de raça, gênero, saúde é um pensamento científico imitado que substitui a opinião pela verdade. Se a política é o campo do confronto das opiniões, do diálogo, da iniciativa, do novo, da espontaneidade e da ação em liberdade, o pensamento biopolítico legitimado cientificamente é o espaço da verdade, da certeza, da necessidade, do determinismo e da causalidade, no qual o diálogo é substituído por uma política da autoclausura, de amigos e inimigos, e a pluralidade de opiniões é reduzida a uma única opinião politicamente correta" (ORTEGA, 2004, p. 1). A leitura deste trabalho revela-se importante ponte para que percatemo– nos da possível aproximação entre os textos deste livro. Igualmente sugestivo é o livro-entrevista de Ortega com Heller. Ver ORTEGA, (2003).

do eu *(outro)*, em todos os processos de identitarização, orientando-os à consecução dos planos de Estado e as políticas públicas que lhes prestassem apoio.

Sauquillo realiza esta interpretação foucaultiana acerca da governabilidade neoliberal recorrendo a textos como *Il faut défendre la société* (Gallimard-Seuil, 1997; Akal, 2003), *Sécurité, territoire, population* (Gallimard-Seuil, 2004; Akal, 2008), *Naissance de la biopolitique* (Gallimard-Seuil, 2004; Akal, 2009), *Du gouvernement des vivants* (Gallimard-Seuil, 2012), tendo como pano de fundo hermenêutico a sua admirável obra doutoral (ver SAUQUILLO, 1989).

O último capítulo deste livro foi intitulado *"Schmitt e a crítica autoritária à democracia parlamentar weimariana"*' sumariamente coloca em questão a lealdade de Carl Schmitt a Constituição de Weimar, tema alvo de debates entre os comentaristas (ver BENDERSKY, 1989; KENNEDY, 2012; SCHEUERMAN, 1999; ZARKA, 2007). Não obstante, este não é o real objeto deste artigo, mas sim o de refletir qual o propósito da crítica ao liberalismo desenvolvida por Schmitt, ou seja, aos valores básicos de Weimar, tomados por Schmitt desde ângulo privilegiado para o seu duro ataque ao regime democrático.

O texto analisa a proximidade de Schmitt à cultura autoritária do período e investiga as possíveis conexões entre esta relação e os conceitos e categorias políticas e jurídicas schmittianas, em especial a sua posição em matéria constitucional e o seu apoio aos regimes inspirados em teorias autoritárias do poder. O texto sugere que um caminho para analisar esta relação pode ser encontrado na corrosiva crítica a vida parlamentar alemã tanto quanto no constitucionalismo schmittiano. Interessou destacar as fontes, mas também que o conteúdo e a voltagem da crítica do autor ao liberalismo que não tiveram caráter meramente histórico mas, antes, comprometido com um determinado projeto de sociedade. A sua interpretação é um importante ponto de partida para a definição do sentido de algumas de suas construções conceituais centrais que, sugerimos, permitirão uma melhor visão sobre quais teriam sido os reais termos de sua continuidade teórica mesmo quando adere ao nacional-socialismo.

Neste texto foram reavivados alguns aspectos da crítica de Schmitt a Constituição de Weimar enquanto um dos ícones do liberalismo da época ao qual o autor empenhou-se em minar a credibilidade, estratégia que pode ter servido para a fortaleza dos primeiros passos do regime bárbaro (ver BENDERSKY, 2013; 2008). Desde o ponto de vista da análise contemporânea, este tema cobra interesse quanto aos possíveis desdobramentos que levianas críticas aos valores do liberalismo político podem implicar.

Conforme será possível observar, do texto de Heller ao último, todos ocupam- se de temas cruciais para a filosofia e a política, de categorias como verdade e ética, e como elas podem operar na política (Heller). Em manifesto diálogo com Weber a autora projeta reflexão sobre a contemporaneidade. Em diálogo com tais temas estão os objetos dos textos de Helton Adverse e Joelma Pires, ambos transitando, desde diferentes aproximações, ao pensamento de Arendt sobre a liberdade, sendo que Pires focaliza mais intensamente a integração da crítica filosófica arendtiana ao domínio e à opressão, aspecto no qual a conecta, fundamentalmente, com a filosofia de Ágnes Heller e Castoriadis (ver CASTORIADIS, 1982) passando por La Boétie e o pensamento frankfurtiano da década de 1920, nomeadamente Marcuse e From.

Os outros três textos do livro estão interconectados tematicamente. A partir de uma leitura comum de Carl Schmitt cada um dos autores, Alexandre Franco de Sá, Delamar Dutra e Roberto Bueno elegem um objeto. Os diferentes textos possuem em comum um debate mais ou menos aberto sobre Weimar e a democracia, quer por sua análise histórica (Franco de Sá), quer pela via da oposição entre decisionismo e normativismo (Dutra) ou pela análise da aberta crítica schmittiana à democracia (Bueno).

Em todos os textos deste livro encontramos um viés comum e que lhe empresta organicidade, a saber, as análises sobre a política e sobre a democracia em diálogo com a categoria liberdade e como tal relação pode, e ainda poderá, vir a ser entorpecida, quando não mesmo, finalmente obstaculizada. Dar continuidade a linha de pesquisa sobre a democracia e as suas vicissitudes é um imperativo a qualquer tempo, e este livro procura honrar tal preocupação. Estado totalitario y Neutralidad Internacional. In: *Escritos de Política Mundial.* Buenos Aires:

REFERÊNCIAS BIBLIOGRÁFICAS

ARAÚJO, Cícero. A angústia republicana. Entrevista com J. G. A. Pocock. *Lua Nova.* [On-line] No. 51, (Sem mês), 2000, p. 31-40. Acessado em: 6 de outubro de 2013. Disponível em:<http://www.redalyc.org/articulo.oa?id=67313607003> ISSN 0102-6445

ADVERSE, Helton. Fundar a liberdade. Arendt e a Constituição. In: BUENO, Roberto. (Org.). *Filosofia & Política: tensões entre liberdade, poder e democracia.* Madrid: Dykinson, 2013.

_______. *Maquiavel: política e retórica.* Col. Humanitas. Belo Horizonte: UFMG, 2009.

ARENDT, Hannah. *Los orígenes del totalitarismo.* Madrid: Alianza, 2006. 696p.

_______. *Sobre a revolução.* Lisboa: Relogio D´Agua, 2001. 398p.

_______. *A condição humana.* Tradução de Roberto Raposo. 8. ed. Rio de Janeiro: Forense Universitária, 1997. 354p.

_______. *On Revolution.* Nova York: Penguin Books, 1990. 336p.

BAILYN, Bernard. *The Ideological Origins of the American Revolution.* Cambridge, MA: Cambridge University Press, 1967.

BEETHAM, David. *Max Weber and the Theory of Modern Politics.* London: Wiley, 2013.

BENDERSKY, Joseph W. *A Concise History of Nazi Germany.* London: Rowman & Littlefield, 2013. 264p.

_______. *The Nazis: A Short History 1919-1945.* London: Trafalgar Square, 2008. 264p.

_______. *Carl Schmitt Teorico del Reich.* Milano: Il Mulino, 1989. 370p.

BUCKLER, Steve. *Hannah Arendt and Political Theory.* West Sussex, England: Columbia University Press, 2012.

BUENO, Roberto. Técnica e domínio: O homem sob o Estado totalitário e a crítica marcuseana. *Reflexión Política.* Universidad Autónoma de Bucaramanga (Bucaramanga, Colombia). Vol. 14, núm. 28, diciembre, 2012, p. 6-17. Disponível em: http://www.redalyc.org/articulo.oa?id=11025028002 Acessado em: 15 de agosto de 2013.

_______. Democracia e direitos humanos na sociedade aberta democrática. *Boletín Mexicano de Derecho Comparado.* Año XLIV, núm. 131, mayo-agosto, 2011, p. 507-542. Disponível em: http://biblio.juridicas.unam.mx/revista/pdf/derechocomparado/131/art/art2.pdf Acessado em: 13 de abril de 2013.

_______. *Teoria da Sociedade Aberta Democrática.* São Paulo: Mackenzie, 2007. 448p.

CASTORIADIS, Cornelius. *A instituição imaginária da sociedade.* Tradução de Guy Reynaud. 2a. ed. Rio de Janeiro: Paz e Terra, 1982. 420p.

D´ENTREVES, Maurizio Passerin. *The Political Philosophy of Hannah Arendt.* London: Routledge, 1994.

DICIONÁRIO de Filosofia Moral e Política. Disponível em: http://www.ifl.pt/private/admin/ficheiros/uploads/bb0169f01e38e1d9e1ce904f185bc8d9.pdf Acessado em: 27.09.2013

DUTRA, Delamar José Volpato. O positivismo jurídico como combinação de decisionismo e de normativismo: um estudo a partir de Schmitt. In: BUENO, Roberto. (Org.). *Filosofia & Política: tensões entre liberdade, poder e democracia.* Madrid: Dykinson, 2013.

FOUCAULT, Michel. *Em defesa da sociedade. Curso no Collège de France (1975-1976).* São Paulo: Martins Fontes, 2010. 269p.

______. *História da sexualidade I. A vontade de saber.* Lisboa: Antropos / Relogio D´Agua, 1994. 164p.

FRANCO DE SÁ, Alexandre. O Estado Total entre Dialética e Decisão: uma abordagem a partir do pensamento de Carl Schmitt. In: BUENO, Roberto. (Org.). *Filosofia & Política: tensões entre liberdade, poder e democracia.* Madrid: Dykinson, 2013.

______. *O poder pelo poder-ficção e ordem no combate. Carl Schmitt em torno do poder.* Lisboa: C.F.-Universidade de Lisboa, 2009. 703p.

GIACÓIA Jr., Oswaldo. Crítica e Filosofia. *Temas & Matizes.* Nº 11, 1º. sem., 2007, p. 41-50.

HELLER, Ágnes. Os dois pilares da ética moderna. In: BUENO, Roberto. *Racionalidade, Justiça e Direito: ensaios em Filosofia do Direito.* Uberlândia: EDUFU, 2013a. P. 27-42.

______. *Truth in Politics.* In: BUENO, Roberto. (Org.). *Filosofia & Política: tensões entre liberdade, poder e democracia.* Madrid: Dykinson, 2013b.

______. *Além da Justiça.* Rio de Janeiro: Civilização Brasileira, 1998. 464p.

______; FEHÉR, Ferénc. *Biopolítica: la modernidad y la liberación del cuerpo.* Barcelona: Península, 1995.

______; FEHÉR, Ferénc. *La política de la postmodernidad. Ensayos de crítica cultural.* Barcelona: Península, 1989. 299.

KENNEDY, Ellen. *Carl Schmitt en la República de Weimar.* Madrid: Tecnos, 2012. 288p.

MARSHALL, David. The Polis and Its Analogues in the Thought of Hannah Arendt. *Modern Intellectual History.* Vol. 7, Issue 1, 2010, p. 123-149.

MCCARTHY, Michael. *The Political Humanism of Hannah Arendt.* London: Rowman & Littlefield Publishers, 2012. 360p.

MOMMSEN, Wolfgang. *Max Weber. Sociedad, política e historia.* Barcelona: Editorial Laia, 1981. 333p.

MOYN, Samuel. Hannah Arendt on the Secular. *New German Critique.*Vol. 35, 2008, p. 71–96.

ORTEGA, Francisco. Biopolíticas da saúde: reflexões a partir de Michel Foucault, Ágnes Heller e Hannah Arendt. *Interface.* Vol. 8, no. 14, Botucatu, Sept./Feb., 2004. Disponível em:
http://dx.doi.org/10.1590/S1414-32832004000100002 Acessado em: 27 de setembro de 2013.

______. *Entrevista com Ágnes Heller.* Col. Pensamento Contemporâneo. Rio de Janeiro: EDUERJ, 2003. 54p.

______. Hannah Arendt, Foucault e a reinvenção do espaço público. *Trans/Form/Ação.* Vol. 24, no. 1, Marília, 2001. Disponível em: http://dx.doi.org/10.1590/S0101-31732001000100015. Acessado em: 20 de abril de 2012.

PIRES, Joelma Lúcia Vieira. Condi(a)ção humana, política e liberdade. In: BUENO, Roberto. (Org.). *Filosofia & Política: tensões entre liberdade, poder e democracia.* Madrid: Dykinson, 2013.

POCOCK. John. G. A. A angústia republicana. Entrevista a Cícero Araújo. *Lua Nova.* [On-line] No. 51, (Sem mês), 2000, p. 31-40. Acessado em: 6 de outubro de 2013. Disponível em:<http://www.redalyc.org/articulo.oa?id=67313607003> ISSN 0102-6445

______. *El momento maquiavélico.* 2ª. Ed. Madrid: Tecnos, 2008. 672p.

______. Virtue, Rights, and Manners. A Model for Historians of Political Thought. In: POCOCK. John. G. A. *Virtue, commerce, and history.* Cambridge: Cambridge University Press, 1985.

RIGSBY, Ellen. The Failure of Success: Arendt and Pocock on the Fall of American Republicanism. *Theory and Event.* Vol. 6, 1, 2002.

SAUQUILLO, Julián. La radicalización del uso público de la razón. (Foucault, lector de Kant). *Δαιμων. Revista de Filosofía.* Nº 33, 2004, p. 167-185.

_______. Democracia y cultura de masas. (La encrucijada ético-política de Mill, Tocqueville y Weber). *Doxa*, vol. 15-16, 1994, p. 321-337.

_______. *Michel Foucault: una filosofía de la acción*. Madrid: Centro de Estudios Constitucionales, 1989.

_______. Poder político y sociedad normalizada en Michel Foucault. *Revista de Estudios Político* (Nueva Época). No. 56, Abril-Junio, 1987, p. 181-203.

SCHMITT, Carl. La constitución de la libertad. In: ZARKA, Yvez-Charles. Un detalle nazi en el pensamiento de Carl Schmitt. Barcelona: Anthropos Editorial, 2007. P. 61-64.

______. *El Leviathan en la teoría del estado de Tomas Hobbes*. Granada: Comares, 2004.

______. Hugo Preuß. Il suo concetto di Stato e la sua posizione nella dottrina tedesca dello Stato. In: SCHMITT, Carl. *Democrazia e liberalismo*. Milano: Giuffrè, 2001. P. 87-123.

______. *A crise da democracia parlamentar*. São Paulo: Scritta, 1996. 133p.

______. La doctrina del Derecho en el Fascismo y en el Nacionalsocialismo. In: *Escritos de Política Mundial*. Buenos Aires: Ediciones Heracles, 1995a. P. 67-68.

______. Estado totalitario y Neutralidad Internacional. In: *Escritos de Política Mundial*. Buenos Aires: Ediciones Heracles, 1995b. P. 75-80.

______. La doctrina del Derecho en el fascismo y en el nacionalsocialismo. (1936). In: CAGNI, Horacio. (Org.). *Escritos de Política Mundial*. Buenos Aires: Ediciones Heracles, 1995c. P. 67-68.

______. Die Lage der europäischen Rechtswissenschaft. In: SCHMITT, C. *Verfassungsrechtliche Aufsätze aus den Jahren 1924-1954*. Berlin: Duncker & Humblot, 1985.

SENNETT, Richard. *O declínio do homem público. As tiranias da humanidade*. São Paulo: Cia. das Letras, 1988. 448p.

SIEGELBERG, Mira L. Things Fall Apart: J. G. A. Pocock, Hannah Arendt, and the Politics of Time. *Modern Intellectual History*. Vol. 10, Issue 01, April, 2013, p. 109-134.

STEINBERG, Jules. *Hannah Arendt on the Holocaust*. Col. Symposium Series, v. 62. Lewiston, New York: Edwin Mellen Press, 2000. 290p.

SZAKOLCZAI, ARPAD. *Max Weber and Michel Foucault: Parallel Life-Works*. Col. Routledge Studies in Social and Political Thought. London: Routledge, 2013.

TORRES, Ana Paula Repoles. *Direito e política em Hannah Arendt*. Col. Humanística. São Paulo: Loyola, 2013.

WEBER, Max. *Escritos Políticos*. (Ed. Joaquín Abellán). Madrid: Alianza Editorial, 1991. 370p.

_______. *El político y el científico*. Introd. Raymond Aron. Trad. cast. Francisco Rubio Llorente. Madrid: Alianza Editorial, 1981. 231p.

WOLIN, Richard. Carl Schmitt: L´existencialisme politique et l´État total. *Les Temps Moderns*. 45° année, Février, 1990, no. 523, p. 50-88.

WOOD, Gordon S. *The Creation of the American Republic 1776–1787*. Chapel Hill: University of North Carolina, 1998.

TRUTH IN POLITICS

Ágnes Heller

A century ago Max Weber gave two lectures of the greatest significance: *Politics as a Vocation and Science as a Vocation.* Both shared a theoretical observation about the character of the modern world. The moderns live, according to Weber, in a pluralistic, polytheistic universe. There are different spheres, with their own norms and rules, their own deities. He distinghished among the following spheres: science, economy, politics, law, art and religion. He did not attributed a separate sphere to ethics, presupposing that since each sphere has its own intrinsic norms they have their own ethics. Certainly not their own morality, since morality is not specific sphere. It is permitted, in Weber's view to criticize a sphere from the standpoint of another, yet is dangerous and even lethal in the modern world if one sphere superimposes its own norms on the other. For example economy on politics or vice versa, politics on law, science on art and so on.

The world changed in many respects during the last one hundred years. Class society was replaced by mass society, the relation between science and technology became far more close. European history of the 20 century with two world wars, two totalitarian systems, several dictatorships and millions of corpses divide our age and from that of Weber. The structure of the modern world has since rapidly spread, and by now almost the whole globe became modern in Weber's understanding, even if the separations of the spheres is not everywhere defended against fundamentalist intrusion. In the aftermath of the nightmare of WW2, the collapse of the colonial powers, Weber's description of modernity regained its relevance, with certain kind of modifications. It performs a dual function. That of description and that of a regulative norm.

This paper is addressed solely to the concept of truth, and especially to the concept of truth in the sphere of politics. I raise the question how it differs, if it differs at all, from the understanding of "truth" within the other spheres of the modern world.

In most traditional societies the different shades of meaning and use of truth were not differentiated. All in all the same can be said about the elementary level of contemporary daily life. We normally understand what is termed true or untrue in our environment, we do not need to reflect on them constantly from a meta level. Only in times of crises, in times of clashes among values, civilizations, do even everyday actors raise the question whether what has been accepted as true, is really true, or something else is rather true? Yet philosophy has always taken a meta-theoretical position. Philosophy, since Socrates, emerged as a dialogical practice to cast doubts about the truth claim of everyday thinking or common sense. What was or is, accepted in everyday life as true, is at best termed a true opinion, yet never a true knowledge. True knowledge is in philosophy always examined knowledge.

Thus, philosophy vests its authority not in deciding whether this or that is true, but in raising the question what truth is, and what the truth is. Philosophy is not just seeking answers as to whether this is the case or not, but it is seeking Truth itself, the concept of Truth, the idea of Truth, the criteria of Truth (with capital T). Perhaps this is why Weber has not enumerated philosophy among the spheres of the modern world. Philosophy asks namely universal questions, that is, since the modern spheres exist, it questions all of them. As we know, religious and philosophical truth have been distinguished since the birth of philosophy. Christ said: "I am the Truth" what meant: follow be, believe in me. Pilate asked: "what is truth?" He thus leaped into another sphere, for this was not a religious but a philosophical question. Already for the simple reason, that it was not an answer but a question.

But let me return briefly to daily life and thinking. True and false are categories of value orientation. There is no society for there can be none, where true is not told from false. What can be true or false? First and foremost knowledge can be true or false. True knowledge is the kind of knowledge one receives as ready-made. This knowledge might be self evident, or at least unchecked. This kind of true knowledge can be a so called truth of fact, yet also truth of world explanations. The other source of true knowledge is personal experience, which normally does not contradict the truth of ready-made world explanation. The knowledge of facts and values or norms can hardly be distinguished on this level. If your act is guided by true knowledge your act is right, if you act guided by false knowledge, your act is wrong. Although in a complex social structure, even before the birth of modernity, facts are more or less also interpreted, be they just taken over or based on personal experience, a kind of knowledge must remain unchecked, taken for granted. Fix unquestioned knowledge offers security, certainty necessary for personal and social life even beyond the sphere of everyday.

Norms and rules are applied to concrete situations. Not even a very simple social world can advice you for the proper application of rules in all situations, even if does in most of them. But in a more complex society judgment begins to play an important role. Right judgment is based on true knowledge. Based on false knowledge the judgment will be wrong. What can be the source of false knowledge from which wrong judgment follows? Either mistake, due to ignorance, wrong interpretation, or lie. Both cases result in disorientation. Judgment will be wrong so will be choice. Lying, telling untruth deliberately misleads, misinforms the actors. Whether it is wrong to lie, to whom and when, is a question I cannot deal with here. But it is normally presupposed that one takes responsibility for speaking or not speaking the truth, when and why.

Not even a very simple social world can present all truth of facts. In a more complex society one has to found out what the case is, what really happened, with whom and where. Detective work begins. Even if it is strongly prejudiced, since one presupposes the result before starting, since the world explanation itself is ready made and taken for granted, up to a degree such search remains open ended. And finally it can strengthen a crisis of the dominating world already underway.

In the daily life of a more complex society, modern society included, true knowledge serves as a mediation between the known and the unknown. Something known as true serves as the trampoline to proceed further. In the daily life of modern society less and less kinds of knowledge are accepted as self evident. Even if they are accepted as true (as most results of natural sciences everyday actors do not even understand) the suspicion that it can also be proven false, that truth may be just an opinion, got widespread. The acclamation "I want to know the truth" that accompanies the quest for true knowledge, the detective work since the emergence of civilization, gets also applied since the down of modernity on the dominating world views, world explanations. Moderns want to know the Truth about whether God exists, whether there are morally privileged civilizations or not, whether modern science brings happiness or causes havoc.

Within the different spheres of modernity these very divergent understandings and interpretations of truth will be specified, elevated on a higher, mostly exclusive rank according to the specificity of the sphere.

In the sphere of religions the overwhelming concept of truth is revelatory truth. The source of the revelation is transcendent. By saying "I am the truth" Jesus revealed his divine character. "I am the truth" means: follow me, believe in me, for in following me, believing in me, you are in the Truth. When Pilate answered with a question 'What is Truth?" he spoke from the position of philosophy. There is no revelation for philosophy. Questions concerning Truth need to be answered with de demonstration, arguments. Truth should be proven by human reason or understanding. Divine Truth is revealed by divine powers, philosophical, Truth must be arrived at by rational arguments or demonstration. Still, there is something common between the religious and the metaphysical-philosophical concept of truth: both are absolute. In addition the opposite of Truth is in both cases Untruth. What is untruth? Something false, erroneous? Untruth results from prejudices, ignorance, lack of sincerity or of understanding, egoism, bad instincts.

What about the aesthetic sphere? What does someone mean when speaks about a work of art as "true'? Truth in art refers also to a revelatory experience. Yet, in the case of arts, it is not God who reveals Truth, neither do humans demonstrate it rationally. The work itself reveals its own truth. What is the opposite of Truth in the sphere of art? Also Untruth, but in this case lack in authenticity, lie or lack of poetic power. None of them has anything to do with ignorance, error, bad demonstration.

What is the place of "truth of facts" "'truth of theory" in the three cases of revelatory truth? In the sphere of art absolutely nothing. First of all, there is no theory. Instead of theory there are genres, but the revelatory truth of a work of art is not dependent of its suiting into a genre, especially not in modernity. Novelist frequently emphasize that their characters are not modeled on living persons (even if they are) and that their story is entirely invented. To the contrary, the stories of religions were accepted, before modernity, as facts. Faith in the whole verified the facts. Only in modern times, when religion lost slowly its function as dominating world explanation and sciences took over, again, slowly, this particular function, became a usage to prove the factual truth of biblical stories or the stories of saints.

Where the domination concept of truth is revelatory, the process termed "falsification"' is out of question. Originally, Jewish or Christian revealed Truth did not need even verification. In early modernity verification, especially to prove Gods existence, was repeatedly tried. But while attempting to falsify a religious truth one immediately steps outside the religious sphere and enters another one.

In the case of art, critics can make a case for the truth or the untruth of a work of art, but neither of them can be proven for good. Readers, listeners, watchers can turn towards a work of art with awe or turn away from them with disappointment or even disgust but this will not by any necessity influence the next generation of readers, listeners or watchers. In this sphere neither verification nor falsification will have a lasting effect.

Philosophy offers a third option. It is perhaps not an exaggeration to say, that all significant philosophies were falsified by the next significant philosopher. Plato by Aristotle, Descartes by Leibniz, Leibniz by Kant, Kant by Hegel and so on. It is perhaps also no exaggeration to say, that no falsification did ever harm the influence of a significant philosophy. All the previously enumerated philosopher talk to us, we can love them or reject them as well as our ancestors did. Finally, one cannot falsify philosophies. One can turn away from them just as one can turn away from religious truth or the truth of a work of art. The kinds of facts philosophy constantly refers to, are the facts of human life experiences, such as thinking, knowledge, life as such, good life, morals, justice and injustice, freedom, knowledge, "being-in-the-world" and finally death. They interpret those truths of facts strongly, binds them together in a overall conception, sometimes termed "system" which points at the supreme Truth, Good and Beautiful.

None of the other modern spheres have anything to do with revealed truth. Better to say, the norm of those spheres excludes even references to them. Revealed truth has no place in the spheres of economy, of law, of sciences and of politics. The differentiation of the spheres which do not rely on revelation, mirrors already the dominant norms of modern politics, and especially of democratic politics. I mean pluralism, the differentiation of powers, checks and balances, liberties. Politics occupies a central position within those three spheres, because the actors of the political sphere have to warrant the independence of the other three, their special concept of truth and rightness, and also criticize them from on the basis of its s own concepts of truth, rightness and justice. Fundamentalist, totalitarian, and even essentially antidemocratic states are characterized by recurring once again to the revelatory concept of truth. These are the so called ideologies.

In her book on the origins of totalitarianism Hannah Arendt remarked that in totalitarian states there is no politics. Her conception sounded odd, but she was absolutely right. In modern times revelatory truth has no place in politics. Ideologies reintroduce revelatory truth in the sense that their truth is supposed to be beyond doubt. They are not open to falsification as longs the dominating power uses them. Revelation can be of religious provenance, as in Islamism, it can also be attributed to History with capital H as in communism, or to the right race, as in Nazism, but even to a kind of fundamentalist nationalism. Ideologies are superimposed on the norms and rules of other three spheres, that is on the sphere of science, law and economy. In this ideological sense reference to truth as Arendt said, must be banned from the politics of a modern democratic state.

Where there is no unquestionable truth, where there is doubt, criticism, rejection, there is also falsification. Briefly what is considered true can always be proven untrue. We know that in modern sciences only those statements, theories, conceptions can be true, which are open to falsification. Other statements are neither true or false, they do not belong to the sphere of science at all. The same can be said about modern politics. Only those political projects can be termed true, which can be proven false. The actors should presuppose that they can be proven false and there also exist instances, for example, oppositional political parties and movements which carry the message that the project is in fact wrong. This belongs to the task of the opposition, especially to the oppositional press. When no one, no institution, movement, paper says that a project in making is in fact wrong, false, some other project would be better or even the right one,there is no modern politics, state, and certainly no democracy.

What characterizes then the modern political concept of truth? I already said that modern political truth is falsifiable, it can be proven false. But as in science there are theories and statements which are neither true or false, only not acknowledged as scientific statements at all (for example that doomsday will come in 2220 or that angels were sighted in the Pacific Ocean) the same is the case in politics. One can dream for example of a world without a market or ecven without states, but such and similar statements are not political, that is politically neither true or false.

That is, there is a political discourse where only such statements can enter which can be proven politically both true or false.

Political statements can raise claim for being true if they include the truths of facts. Truth of facts are certainly always interpreted, and different interpretation may collide with one another, but there is a center, a hard core, to which all interpretations need to recur. This is very similar with the case of sciences and also of historiography. There are no two books written about WW1, which would emphasize the importance of the same events and would interpret them in the same way. Yet surely, everyone reading those books will realize the common core knowledge, without which no history book could be acknowledges as a history book about WW1 that can claim to be true or false. Political discourse is not past, but future oriented. What has to do something, change something, institutionalize something, make some judgment. But in order to do all these, one needs to know the present situation and also the situation of the past of the present. One must understand where we are standing. Understanding needs to be based on fact, all suggestions about actions to be taken need to have recourse on interpreted facts In an outbalanced, well functioning democratic political order, the discussion will take place about the interpretation of those facts. Different interpretation leads to differing projects. Contestation need to take place about the competing projects, for all of them are politically either true or false, or perhaps one truer than the other, yet all of them claims rightly participation in a authentic political debate.

Surely, interpretation of fact is never performed without prejudices. Everyone enters a discussion with some prejudices, everyone understands facts with a certain project already in mind. This is why three conditions need to be met in order "to be in the truth" in politics. All of them reminds us on the understanding of true knowledge in sciences.

First, also within the political sphere, one needs at least try to think from the standpoint of a different project than one's own. This attitude can be termed "objectivity". One must admit, that objectivity so understood is one of the conditions of true knowledge in politics.

Second, one has to presuppose that what the other party presents as true fact, they sincerely believe to be true facts, their mistakes are due to their interpretation. One does not ask questions about the other party's motivations (why they consider true what they consider true!). One enters into discussion only with the other party's interpretation. To put it bluntly, one presupposes that the other party has no undeclared motivations and they do not lie, although they may be entirely mistaken.

Third, one should not give reason for suspicion. In making a case for certain facts, one should not have hidden, undeclared motivations, particularly not of personal kind, and should not lie.

Yet, before entering the important question of lying in politics, I have to speak briefly about the second and third level of political deliberation where the question of true an false can be raised.

Up to this point, I mentioned fact and the interpretation of facts from the position of understanding. One has to understand where and how one stands before one projects a future, makes choices or plans for a change. This attitude was termed by Max Weber purposive rationality.

But values are also facts of kind, they exist, they are valid. A modern democracy is based on certain values the validation of is the duty of a democratic politician, citizens included. The foundational statement that all men are born free, that they have right to life, liberty and the pursuit of happiness, as much as equality before the law are all norms or values. Freedom of the press, religious freedom and all the liberties of a democratic state, are added to the list. These values are to be taken as self evident truths beyond questioning. In traditional philosophical language they are the principled *(archai)*. Yet since they are not given us by transcendent powers, they are not revealed, but constituted by men. Their truth need to be upheld, reconfirmed, symbolically singed by the citizens of a democratic state. Surely, not everyone in the modern world accepts those principles, they are not valid for everyone, for example not valid for racists. This is why the principles are the principles of modern age. One can question them. If one questions all of them, one places oneself outside the political sphere. This is the case in all totalitarian countries.

But let us assume that all the major principles, first of all the fundamental sentence that all people are equally born free are accepted, taken as self evident truth. It is known that one normally does nor argue for or against those principles, but argues with them. But about what?

First about the interpretation of the principles, What does liberty mean? Does it mean that everything is permitted for everyone? Are, for example, women at liberty to dress themselves as they wish? Are parents at liberty to beat their children? What does freedom of expression mean? Is everyone at liberty to express their needs? Is everyone at liberty to claim satisfaction? What happens if two of the basic values, that of Freedom and Life clash? Discussions are normally conducted about the interpretation of values and not about the values themselves.

Yet are all interpretations equally valid? Do we accept all claims for the commitment to those values as valid claims? Take for example the speech by Stalin on the 19th Congress of the Communist Party of the Soviet-Union. He claimed in this speech that it is their party that upheld the flag of civil rights that has been abandoned by the bourgeoisie. While he said it Soviet subjects were indiscriminately murdered, kept in prison, exiled. Let me repeat: how far can one accept someone's claim for having upheld those principles?

It does not come as a surprise, when pointing at all the separate modern spheres such as economy, law, science and politics. None of them let me repeat, should or can rely on revelatory truth. Ideology is the modern and phony replacement of revelatory truth. It is not a value that need to be upheld, but a kind of absolute knowledge, truth beyond the pale of questioning. If the kind of revelatory truth is traditional (religious) or ideological, the claim to an authentic interpretation of the values of modernity and especially of democracy are always open to serious doubts. Why is that so? Because in this case the interpretation of values is not open to falsification. And in the modern world (we know it from science) a theory is true if it can also be proven false. Thus an interpretation of a modern democratic principle is a true interpretation if it can be proven false. Moreover, if even those who take the interpretation to be true, may presuppose that their interpretation can be proven false.

The interpretation of a principle is the 'ultimate ratio" in politics. Political discourses can be very complex, but we are now interested only in the question of truth. The first condition of a respectable truth claim is that a discussion about the claim can take place. Moreover, that everyone who has something to say, who is interested and concerned, can participate as equal partner in the debate. I mean 'can', yet not 'should' Freedom of speech is the condition.

The most typical political discussion is the contestation of justice. The contesters say in such a case: 'what exists is unjust, something else would be just or more just" In a contestation of justice, the contesters need to refer to a main value, the value of freedom or the value of good life. Since one cannot utter the tautology such as "this is unjust because it is unjust", one needs to claim that the contested institution or measure restricts the freedom or the life chances of a group of people. Yet it is certainly not enough to point at a value, rely on it, since one has to introduce facts in support of one's claim. The facts will be naturally interpreted facts, interpreted in the spirit of the claimant. That means that an interpretation of a fact will collide with one or another interpretation of the same fact (e.g. whether general health insurance is improves life expectancy or not).

Thus two questions are raised in such a contestation: whether the claim is right or true and whether the facts which underpin the claim are true. In the sphere of politics colliding claims for interpretation of truth and right in the contestation of justice allow for negotiation, and also compromises. Let me repeat: three kinds of truth participate in the contestation. The ultimate truth of the principles themselves, the interpretation of those principles always open to contestation, and the so-called true knowledge, that is the support of facts, also interpreted, where interpretation is also open to contestation. That is, the two kinds of truth: interpretation of values and of facts are mostly not accepted by all, there will always be news contesters. The dynamic of modern society, the condition of social change, presupposes the absence of absolute in those elementary instances of truth. Contestation of truth served here as a model of all modern kind of discourses on truth. It contains contestation of distributive justice, contestation of retributive justice, or even contestation about the right to war.

Surely, there are entirely pragmatic considerations, choices, political decisions, where the guiding value is that of rationality, not directly attached to matters of justice, not even to the politically understood right or wrong. In such cases discussion is conducted among experts, yet again, only the proposition can be accepted as true that can be proven untrue

I do not want to address now the concept of the political. Only mention that I find the proposal of Schmitt not very enlightening. In my mind political are all the contestations, which have recourse on the value of freedom .Thus merely pragmatic decisions are mostly not political. Yet, and there is a yet, politics is involved in the presentation of the foreseeable consequences. All decisions, and also merely pragmatic decisions, have consequences. If the consequences are related to the value of freedom, I would include them into the cluster of the political. I cannot thus accept Arendt's proposition that all decisions on social questions are in principle apolitical. For example, what kind of aircrafts a government intends to buy is not a political issue, yet whether it should or should not buy aircrafts or rather relocate resources to other quarters, can be.

Participation in the contestation of justice can take different forms. Its most influential kind relates to matters of legislation. The institutions of legislation themselves, if they are democratic, offer territory for contestation. Needless to say, in a democracy members of the public, citizens, journalists and so on, also actively participate in the debate in the preparation of a new law. Public opinion takes its share.

Taking our share implies that people of the public have not only access to the principles, but are properly informed about their different interpretations, and about the relevant facts together with their various interpretations. Only a so-called well informed public can form an opinion about the matters at stake. Lie, misinformation mislead the public, since it prevents it to form a true opinion. True opinions are elastic, given that the principles and facts can be interpreted. They are not cases of true knowledge. This is an essential difference between the sphere of science and that of politics. True opinions are not proven true, even if they are based on solid ground. To remain open to falsification means in this case that true opinions can be shown to be untrue.

I mentioned lie and misinformation, while both can prevent actors to form a true political opinion. What is a lie what is misinformation? Who are lying, who can spread misinformation? If one answers this question in its generality, one can say that everyone participating in a political debate can lie and can spread misinformation. But if we ask the question whose lie or misinformation is the most influential in politics, the answer is normally: the politicians, the journalists the members of the clergy. For two reasons at least.

It was presupposed that they have the greatest authority in matters of truth or untruth. People may trust their opinion and judgment more than the opinion and judgment of others. Second, and this is related to the first: because they have access to the sources of information, they know better what is going on, they have also some expertise in pragmatic matters and certain political experiences.

The expectation of the public is generally not misguided. This is why the responsibility of politicians, journalists, members of the clergy are weightier than the responsibility of anyone else. At the same time, the expectation of the public can be entirely misguided if the mentioned instances, such as politician, as journalists and members of the clergy fail to live up to their responsibilities, if they spread lies and misinformation.

But what is, again, a lie, what is misinformation? We speak usually about a lie, if someone knows the truth about a matter, but since it is in his interest not to tell the truth, he decides to say the opposite or something else. This concept of truth (deliberately tell the untruth for the sake of one's pleasure or interest or in self defense) is typical in daily life and it is also one of the dominating concept of truth in the sphere of law. It is also present in politics, yet far more complicated.

In the sphere of law it is required to tell the whole truth and nothing but the truth. In the political sphere it is not permitted to say the opposite of truth, yet it is still permitted not to say the whole truth. It is a matter of judgment, dependent also on circumstances, tasks, perspectives or else, whether a person or an institution of authority tells the whole truth or keeps something back. In fact, this can also be the case in daily life. As Kant once wrote in a letter: not to volunteer to tell the whole truth is not a lie, but if asked, one is to answer truthfully. Surely we do not need a Kant for it, it is enough to have read Moliere's Misanthrope.

But what if someone utters a truth claim truthfully? Is it to be by always as truth? What we are familiar with in daily life is also typical in the political sphere, Political actors, journalists, members of the clergy and others can mislead one without lying, without telling the public the opposite of what they believe to be true. They can also mislead the public by telling them sincerely what they believe to be true. Actors of daily life can also lie themselves, but by lying themselves they do not mislead others.

Instances of authority, be the authority deserved or undeserved, can mislead the public by lying themselves. For while lying themselves they mislead the others whom they do not tell lies.

Let me turn here to Kant's and Arendt's conception of judgment, without trust there is no life, thus there is no political life either. But in modern politics trust cannot be unconditional. There are no more kings by God's grace. All men are equally endowed with reason and conscience. Thus, despite granting one or the other person or institution the gift of trust, modern men and women keep the final judgment to themselves. What gives them, us, the right to keep the ultimate judgment in matters of political opinion, choice, decision to ourselves? Is this right unconditional? Can we unconditionally trust our own independent judgment? The answer is obviously not.

One can trust one's own judgment under the same condition one trusts a judgment of someone else. One needs to be committed to the modern values, one has find out what the cases are, one who relates judgments to modern values, and to find out what the cases are, one has to check information as much as one is able to do and admit one's fallibility. It is thus one orients oneself in matters of truth in the political sphere.

Admitting fallibility is the common norm in all modern spheres of the polytheistic world (economy, law, politics). But in no other spheres so necessary as in politics. Rhetoric, the art of persuasion plays a role in all the previously mentioned spheres, but in none of them does it occupy such an eminent place than in politics. It is far less typical to persuade people in matters biophysics or matters of investment than in politics, since it is only in politics that rhetoric can be crowned with success.

To admit fallibility is the greatest virtue of a politician, and one of the great virtues of citizens.

O ESTADO TOTAL ENTRE DIALÉTICA E DECISÃO: UMA ABORDAGEM A PARTIR DO PENSAMENTO DE CARL SCHMITT

ALEXANDRE FRANCO DE SÁ[1]

A partir de 1930, com a agudização da crise da República de Weimar, marcada pela substituição de Brüning por von Papen como Chanceler do Reich e pela ascensão eleitoral dos partidos nazi e comunista –os quais ocupam, a partir de então, a maioria dos lugares parlamentares–, Carl Schmitt introduz na Alemanha, em 1931, o conceito de "Estado total". O conceito de *stato totalitario* tinha sido criado por Giovanni Amendola como categoria crítica em relação ao Estado fascista italiano. Com ele se queria assinalar um Estado marcado pela eliminação da vitalidade social, pela proibição dos partidos e pela limitação das liberdades. Tendo em conta este contexto, o seu uso por Schmitt, a sua utilização para a descrição da situação política de um Estado de direito pluripartidário, garante das liberdades liberais e dos direitos democráticos, não poderia deixar de ter, antes de mais, uma consciente dimensão irónica. Schmitt sabe que, ao usar para a caracterização da República de Weimar o mesmo termo usado para a crítica do fascismo como um "totalitarismo", ele sugere que, na Alemanha, o Estado liberal possuiria uma espécie de cabeça de Janus: uma figura na qual o rosto que aparecia à superfície, o seu aspecto liberal e democrático, escondia uma realidade bem diferente. Como se explica por parte de Schmitt uma tal sugestão? Como se pode compreender que Schmitt veja num democracia liberal a emergência de um Estado total? Esta é a questão de que parte a nossa reflexão.

Para abordar uma tal questão, é importante ter em conta, antes de mais, que Schmitt usa o conceito de "Estado total" como uma categoria central do seu pensamento jurídico e político. Neste sentido, o seu uso não se restringe à designação de traços do regime constitucional alemão seu contemporâneo, mas dirige-se à tentativa de captar o Estado liberal da modernidade, representado aqui pela República de Weimar, à luz de conceitos que permitam uma sua compreensão mais profunda, através do seu enquadramento numa dinâmica histórica que o dota de um sentido que o ultrapassa. A passagem onde mais explicitamente se mostra esta tentativa de enquadramento encontra-se num artigo de 1931 intitulado *A Viragem para o Estado Total*, texto que Schmitt incluirá no livro *O Guardião da Constituição*. Nele, o Estado total aparece como o ponto culminante de um processo

---

[1] Professor Auxiliar do Departamento de Filosofia, Comunicação e Informação da Universidade de Coimbra. Doutor em Filosofia pela Universidade de Coimbra (2007). Mestrado em Filosofia pela Universidade de Lisboa (1998). Graduado em Filosofia pela Universidade Católica Portuguesa (1994). Tem experiência na área de Filosofia. Atuando principalmente nos seguintes temas: Heidegger, Ética, Ocidente, Ontologia. Currículo Lattes: http:// buscatextual.cnpq.br/buscatextual/visualizacv.do?id=K4351518T6

histórico que ele caracteriza como dialético e que percorreria, enquanto dialético, três marcos fundamentais. Escreve Schmitt acerca da viragem para o Estado total:

> A poderosa viragem pode-se construir como parte de um desenvolvimento dialético que decorre em três estádios: desde o Estado absoluto do século XVII e XVIII, passando pelo Estado neutro do liberal século XIX, até ao Estado total da identidade entre Estado e sociedade. (SCHMITT, 1996, p. 79).

A ilustração de um tal percurso histórico através da noção de dialética não é aqui a poderosa viragem pode-se construir como parte de um desenvolvimento dialético que decorre em três estádios: desde o Estado *absoluto* do século XVII e XVIII, passando pelo Estado *neutro* do liberal século XIX, até ao Estado *total* da identidade entre Estado e sociedade. (SCHMITT, 1996, p. 79).

A ilustração de um tal percurso histórico através da noção de dialética não é aqui uma referência vaga ou algo despiciendo. Pelo contrário: a alusão à dialética implica não apenas a assunção do princípio de que o percurso entre as fases do Estado moderno, no desenvolvimento da sua história, constitui um processo necessário, como também –e sobretudo– a noção de que o fundamento de uma tal necessidade se encontra afinal *in nuce* na própria origem do processo. Assim, se Schmitt afirma que a viragem para o Estado total se dá como o resultado de um processo dialético que se origina no Estado absoluto dos séculos XVII e XVIII e que é mediado pelo Estado liberal e neutro do século XIX, uma tal afirmação implica dizer outras duas coisas. Por um lado, implica dizer que na essência do Estado absoluto está contido todo o desenvolvimento histórico posterior, que desemboca na transição do Estado liberal para o Estado total. Por outro lado, implica afirmar que, no que respeita ao Estado liberal, a sua verdadeira essência, aquilo a que Hegel chamaria a sua "verdade", longe de estar na sua configuração política concreta, reside antes no próprio percurso histórico que lhe está subjacente e que conduz, como diz Schmitt, ao Estado total. Por outras palavras: implica afirmar que o Estado liberal traz ínsito o Estado total e é constituído, na sua mais íntima essência, pelo seu anúncio. Importa, então, reflectir sobre estas duas afirmações.

Se a origem que determina todo o desenvolvimento do processo dialético se encontra no Estado absoluto, importa encontrar o elemento que neste mesmo Estado se constitui como o motor de todo o processo no qual se desenvolve a história do Estado moderno. Segundo Schmitt, um tal elemento encontra-se na resposta à necessidade de ultrapassar as guerras religiosas que dilaceraram a Europa nos séculos XVI e XVII, através daquilo a que chamou a neutralização política do plano teológico. Se o político, na sua fenomenalidade, pode ser caracterizado como o plano no qual se torna possível o antagonismo mais extremo, através da diferenciação entre amigo e inimigo, dir-se-ia que o Estado moderno aparece precisamente com a missão de concentrar em si mesmo o monopólio dessa diferenciação, tornando impossível que o âmbito teológico se constitua como critério para o estabelecimento de guerras e de relações de inimizade. A partir da emergência do Estado moderno, os teólogos, para usar uma expressão de Albericus Gentilis, dever-se-iam silenciar nos assuntos políticos: *Silete theologi in munere alieno.* E, neutralizando o teológico, o Estado moderno emerge precisamente como um Estado absoluto, no sentido em que concentra sobre si, solitária ou, o que é o mesmo, absolutamente, a responsabilidade por uma decisão incontestada e inapelável, capaz de instaurar, em virtude precisamente do seu carácter incontestado, a ordem e paz dela decorrente.

São conhecidas as referências de Schmitt, desde a publicação em 1922 de *Teologia Política,* ao fundamento teológico-político do poder estatal: do mesmo modo que a ordem do mundo estaria assente no poder criador de um Deus concebido como *potentia absoluta,* assim também a ordem do Estado assentaria na decisão de uma vontade absoluta e soberana. Esta vontade não poderia deixar de ser caracterizada quer como a condição e a base para que a ordem por ela criada pudesse vigorar, quer como um poder transcendente e livre, marcado, na sua relação com a ordem, pela sua possibilidade de, enquanto origem da ordem, decidir sobre as situações excepcionais em que tal ordem poderia ser quebrada. Pensado como *potentia absoluta* principialmente desvinculada de qualquer ordem, o Estado moderno parte daquilo a que Schmitt chama um decisionismo fundamental. E é a partir de um tal decisionismo que Schmitt caracteriza o Estado moderno por uma dupla capacidade. Por um lado, se o Estado moderno se baseia num poder soberano que surge, enquanto soberano, como uma *potentia absoluta* originariamente desvinculada de qualquer ordem, este poder soberano não pode deixar de ser identificado através da sua capacidade de decidir sobre a necessidade de se subtrair à própria ordem vigente. Noutros termos, um tal poder soberano não pode deixar de ser assinalado, de acordo com a formulação lapidar da primeira frase de *Teologia Política,* como "quem decide sobre o estado de exceção" (SCHMITT, 1996, p. 13). Por outro lado, o poder soberano que está na origem do Estado moderno, determinado pela possibilidade de se subtrair à ordem por si criada, suspendendo excepcionalmente a sua aplicação, é marcado por reduzir tal ordem a um carácter ocasional ou indiferente. A partir de uma abordagem decisionista, a soberania é caracterizada pela capacidade de decidir uma ordem política e jurídica independentemente do conteúdo normativo da ordem que venha a ser por ela decidida. Se o poder soberano se determina pela sua capacidade de decidir um "estado de excepção", tal quer dizer que a soberania não pode deixar de assinalar o Estado moderno como a origem da ordem jurídica e, nesta medida, como uma autoridade anterior e superior a esta mesma ordem. Como escreve Schmitt, num conhecido passo de *Teologia Política*:

> O caso excepcional manifesta a essência da autoridade estatal o mais claramente possível. Aqui, a decisão isola-se da norma jurídica, e (para o formular de modo paradoxal) a autoridade mostra que ela, para criar direito, não precisa de ter direito [ou razão]. (*Ibid.*, p. 19).

A partir da sua origem na neutralização do plano teológico e na pacificação de o caso excepcional manifesta a essência da autoridade estatal o mais claramente possível. Aqui, a decisão isola-se da norma jurídica, e (para o formular de modo paradoxal) a autoridade mostra que ela, para criar direito, não precisa de ter direito [ou razão]. *(Ibid.*, p. 19).

A partir da sua origem na neutralização do plano teológico e na pacificação de uma Europa assolada pelas guerras de religião, o valor do Estado moderno decorre de *que* seja produzida uma ordem, independentemente do conteúdo da ordem que venha a ser produzida. Assim, dir-se-ia que na origem do processo dialético que desembocará no aparecimento do Estado total se encontra a emergência de um Estado essencialmente agnóstico e teologicamente neutro, isto é, um Estado que efectiva a ordem e a justiça não na medida em que decide algo que seja justo, mas na medida em que determina a justiça como aquilo que por ele é decidido enquanto tal. Daí que Schmitt adopte como lema do decisionismo próprio do Estado moderno a conhecida expressão de Thomas Hobbes: *auctoritas, non veritas facit legem.* Tal quer dizer que, segundo a noção que constitui o fundamento do Estado moderno, a decisão instauradora da ordem não decorre de uma "verdade" que lhe esteja subjacente como seu fundamento ou como a fonte da sua legitimidade, mas que se passa exactamente o contrário, ou seja, que é a decisão originária, livre e desvinculada de um poder absoluto que está na base de uma ordem cujo fundamento se encontra não na natureza, mas na própria decisão soberana. A partir de 1931, ao aludir ao processo dialético que desemboca no Estado total do século XX, Schmitt fala do Estado absoluto que se encontra na origem deste mesmo processo como um *Regierungsstaat*, um "Estado de governação", isto é, como um Estado no qual é o próprio acto de governar que, ao representar a comunidade política governada, transforma uma multidão numa unidade política ordenada. Dir-se-ia que, segundo Schmitt, o Estado de governação consiste no Estado no qual –para usar a conhecida expressão de Hobbes no capítulo XVI do *Leviathan*[2]– é a unidade do representante e não a unidade do representado que constitui a unidade de uma pessoa política. Tal quer dizer que o Estado de governação se determina como o Estado explícita e abertamente decisionista. Nele, é uma decisão soberana originária que não só funda o estado civil ou a própria ordem política representada, mas suporta continuamente esta mesma ordem na medida em que encerra a possibilidade de uma excepção que, mesmo do decurso da normalidade, está sempre presente como uma possibilidade latente.

É o Estado de governação que não pode deixar de desencadear o processo dialético ao suscitar a reacção contra o seu poder absoluto. Uma tal reacção corresponde dialeticamente ao momento da negatividade, na medida em que se trata precisamente da introdução de um Estado determinado, na sua essência, como a negação do próprio poder absoluto depositado no poder constituinte do representante soberano do Estado XX. Um tal Estado caracteriza-se, enquanto negação do Estado de governação, pela introdução de leis que vinculem o exercício do poder soberano e que limitem, nessa medida, a própria soberania. E se o momento dialético da negação do Estado de governação não pode deixar

2 "A Multitude of men, are made *One* Person, when they are by one man, or one Person, Represented; so that it be done with the consent of every one of that Multitude in particular. For it is the *Unity* of the Representer, not the *Unity* of the Represented, that maketh the Person One". (HOBBES, 1996, p. 114).

de ser introduzido pela vinculação do soberano a leis, tal quer dizer que um tal momento constitui a base para o aparecimento de um novo tipo de Estado, um Estado de legislação, um *Gesetzgebungsstaat*, cuja essência consistirá precisamente no aparecimento de um órgão legislador –um parlamento– capaz de limitar o exercício absoluto do poder. Schmitt alude a esta negação dialética do Estado de governação, a qual gerará a emergência do Estado de legislação próprio do parlamentarismo liberal, como a eclosão de uma revolta contra o governo absoluto, revolta essa que, uma vez triunfante, o forçará, a contragosto, a aceitar a limitação do seu poder através de um contrato. Num tal contrato, limitador do poder do governo, desaparece o poder absoluto no qual coincidiriam governar e constituir, bem como a função representativa de um soberano em cuja pessoa a própria unidade política de uma multidão se constituiria e tornaria presente. E o desaparecimento deste poder absoluto do governo decorre, segundo Schmitt, de este, enquanto representante do Estado, se encontrar agora confrontado com uma outra instância representante, o parlamento, no qual a própria sociedade, na sua pluralidade, deveria encontrar a sua representação própria. Assim, na emergência de um Estado de legislação caracterizado na sua essência como uma negação e superação dialética do poder absoluto exercido no Estado de governação, seria ao parlamento, na sua negação do poder absoluto, que caberia exercer a função de guardar a constituição liberal própria do Estado de legislação.[3]

O carácter dialeticamente negativo do Estado de legislação assinala na constituição deste mesmo Estado um componente duplo que torna o exercício do poder intrínsecamente limitado. Assim, para além do seu componente político, Schmitt assinala na constituição deste Estado, já desde a sua *Doutrina da Constituição* de 1928, um componente de Estado de direito, um *rechtsstaatlicherBestandteil,* o qual consistiria precisamente na limitação do exercício do poder político através do estabelecimento quer de direitos fundamentais dos indivíduos quer de um princípio organizatório de separação e mútua limitação de poderes.[4] Um tal componente constitucional, limitador do exercício do poder político, indica, para Schmitt, que a verdade dialética do Estado de legislação, parlamentar e liberal, consiste na sua negatividade contraposta à emergência do poder absoluto ou soberano que funda o Estado moderno. Dir-se-ia que o Estado de legislação consiste essencialmente na negação da soberania e, neste sentido, na limitação ou relativização do poder do Estado. É a partir desta relativização do poder estatal que Schmitt, assinalando a sua negatividade dialética, afirma, de acordo com a conhecida passagem de *O Conceito do*

[3] "É sempre pressuposto que o parlamento, a assembleia legislativa, enquanto representante do povo ou da sociedade –ambos, povo e sociedade, podem ser identificados apenas enquanto os dois se contrapõem ainda ao governo e ao Estado–, vê diante de si um Estado de funcionários independente dele, forte e monárquico, enquanto parceiro do pacto constitucional. O parlamento, enquanto for representação popular, torna-se aqui no verdadeiro guardião e garante da constituição, pois o opositor contratual, o governo, só fez o contrato contra-vontade". (SCHMITT, 1996d, p. 77-78).

[4] "O componente de Estado de direito, com os dois princípios –direitos fundamentais (como princípio de repartição) e divisão de poderes (como princípio organizatório)–, não contém, considerado só por si, qualquer *forma* de Estado, mas apenas uma série de limites e controles do Estado, um sistema de garantias da liberdade burguesa e da relativização do poder estatal". (SCHMITT, 1996d, p. 200).

Político, que não há propriamente "uma política liberal pura e simples, mas sempre apenas uma crítica liberal da política". (SCHMITT, 1996a, p. 69).

A consideração do liberalismo não como uma posição política, mas como uma «crítica liberal da política», a qual encontra o seu fundamento precisamente na posição dialética do Estado de legislação como uma negação do Estado de governação, permite compreender a marca fundamental com a qual Schmitt aborda o Estado liberal ou parlamentar de partidos. Na medida em que é essencialmente constituído pela negação do Estado de governação, o Estado de legislação, surgido da revolta liberal e da limitação parlamentar do poder estatal, caracteriza-se pela destituição do Estado em relação ao poder absoluto que originariamente o caracterizava. No Estado de legislação, o Estado já não tem o estatuto de representante constituinte da sociedade política por ele representada. E tal quer dizer que o governo, enquanto representante do Estado, terá agora um poder essencialmente limitado e circunscrito, encontrando-se agora vinculado às normas emanadas do representante da sociedade –o parlamento– e já não estando autorizado, nessa medida, a decidir medidas excepcionais capazes de debelar eventuais situações de crise. Segundo Schmitt, no caso da República de Weimar, esta limitação do poder estatal manifesta-se sobretudo numa interpretação normativista da sua Constituição, em particular do seu art. 48°. Se este artigo atribuía ao Presidente do Reich, enquanto Chefe do Estado, o poder para tomar medidas excepcionais diante de situações de crise, podendo suspender liberdades e direitos protegidos constitucionalmente e recorrendo, se necessário fosse, ao uso das forças armadas, uma leitura normativista da Constituição não poderia deixar de interpretar a Constituição de maneira a circunscrever normativamente a capacidade de actuação do poder executivo. É ao restringir a capacidade de actuação do Estado e do seu representante que o Estado de legislação não pode deixar de atribuir ao parlamento o papel do guardião da constituição.

O carácter dialeticamente negativo do Estado de legislação torna-se aqui, a partir desta referência ao parlamento como o guardião da sua Constituição, maximamente visível. Um tal Estado é, segundo Schmitt, o Estado em que esta Constituição está entregue às circunstâncias políticas e ao jogo dos interesses partidários no parlamento, o Estado em que, nessa medida, a substância da constituição, os seus princípios e valores últimos, bem como a sua forma política fundamental, carecem de protecção face a eventuais ataques de partidos dotados de força parlamentar. Se, no Estado de governação, o soberano aparecia como uma instância pessoal capaz de decidir sobre um estado de excepção, avaliando a situação concreta e assumindo a possibilidade de ultrapassar as normas para proteger a própria ordem, dir-se-ia que no Estado de legislação, no Estado em que cabe ao parlamento, ao mesmo tempo, guardar a constituição e rever o texto constitucional mediante procedimentos normativamente estabelecidos, a ordem política e a constituição, longe de estarem protegidos, estão dependentes dos partidos que ocupam o próprio parlamento. Uma tal dependência torna-se particularmente problemática com a emergência da propaganda e da mobilização de grandes massas da população por parte de partidos ideológicos fortemente organizados, tal como ocorre no século XX.

Para Schmitt, longe de continuar a ser um fórum de discussão pública e de deliberação livre, segundo o modelo do século XIX, o parlamento torna-se aqui tanto na sede da disputa entre partidos que procuram conquistar o poder, ocupando o Estado e transformando-o segundo a sua "visão do mundo", como no lugar onde os vários interesses e influências, representados também pelos partidos, são discreta ou secretamente negociados. Desde 1923, com a publicação de *A situação histórico- intelectual do parlamentarismo hodierno,* Schmitt traça um retrato completamente desencantado da impossibilidade de encontrar no sistema parlamentar mais do que uma plataforma para que os partidos conquistem o poder e transformem o Estado, e a sua constituição, de acordo com as suas perspectivas e visões do mundo: "A situação do parlamentarismo é hoje tão crítica porque o desenvolvimento da moderna democracia de massas fez da discussão pública argumentativa uma formalidade vazia" (SCHMITT, 1996b, p. 10), escreve Schmitt, em 1926, no prefácio à 2ª edição desse livro. E acrescenta:

> Os partidos já não surgem hoje como opiniões em discussão, mas como grupos de poder social e económico uns contra os outros, calculam os interesses e as possibilidades de poder de ambos os lados e fazem, com base neste fundamento fáctico, compromissos e coligações. As massas são conquistadas através de um aparelho de propaganda cuja maior eficácia repousa num apelo aos interesses e às paixões mais próximos. O argumento, em sentido autêntico, desaparece. (SCHMITT, 1996b, p. 11).

A crise do parlamentarismo no século XX, consequência do carácter meramente negativo do Estado liberal na dialética do Estado moderno, aponta para o advento de um outro tipo de Estado que constitui a sua consumação. Schmitt chama a este tipo de Estado um *Verwaltungsstaat,* um Estado de administração. Contudo, ao contrário do que se passa na transição do Estado de governação para o Estado de legislação, a transição entre este e o Estado de administração não é introduzida como uma simples eliminação do primeiro e a sua substituição pelo segundo. Pelo contrário: esta transição tem agora o carácter de uma superação verdadeiramente dialética, na qual aquilo que é negado ou superado –o Estado de legislação– não é simplesmente ultrapassado pelo momento dialético seguinte, mas é nele conservado, embora de forma transformada, na medida em que é ele que traz já ínsita, na sua própria verdade, essa mesma transformação dialética.

Toda a crítica de Schmitt ao Estado de legislação assenta, assim, em que este é analisado como contendo em si, a partir da sua própria essência, a sua transformação em Estado de administração. Tal quer dizer, portanto, que o Estado de legislação não abandona a sua configuração institucional para se tornar Estado de administração, mas que se passa precisamente o contrário, ou seja, que é dentro do próprio Estado de legislação, dentro de um Estado liberal e parlamentar, que o advento de um Estado de administração pode ocorrer. A partir de 1930, Schmitt dedica particular atenção a esta transformação imanente do Estado de legislação em Estado de administração, caracterizando-o através de três processos essenciais que convergem naquilo a que se poderia chamar a substituição da decisão política por um governo meramente burocrático.

O primeiro processo que Schmitt assinala na transformação do Estado de legislação em Estado de administração consiste na perda pelo Estado do seu carácter diferenciado enquanto instância representativa da sociedade e constituinte da sua unidade política. Se o Estado de legislação se tinha caracterizado pela introdução de uma dupla representação do Estado e da sociedade, retirando ao Estado o monopólio da representação política, bem como a consequente prerrogativa de defender a ordem constitucional através da possibilidade de uma decisão soberana, este Estado torna-se paulatinamente num "Estado pluralista", ou seja, num Estado que não é senão uma estrutura inserida num complexo plural de instâncias que se articulam no seio da sociedade. Como afirma Schmitt: "O Estado torna-se num grupo social ou associação que, na melhor das hipóteses, está *junto*, e de modo nenhum acima das outras associações" (SCHMITT, 1994a, p. 152). Por outras palavras, o Estado de legislação liberal torna-se Estado de administração, antes de mais, na medida em que nele não pode deixar de se consumar aquilo a que se poderia chamar uma des-soberanização do Estado diante da sociedade, num processo no qual a sociedade assume o estatuto de uma entidade política auto-organizada da qual o Estado é apenas um dos componentes. Como escreve Schmitt, em 1930, num texto que reflecte directamente sobre a situação alemã, a propósito do pensamento de Hugo Preuss, um dos principais mentores da Constituição da República de Weimar:

> O Estado é agora "auto-organização" da sociedade. Enquanto que a burguesia alemã do século XIX se integrava numa ordem estatal existente e as instituições monárquicas eram o quadro fixo no qual eram recolhidos os novos elementos sociais, doravante está entregue às forças da sociedade organizarem-se como Estado. Já não há integração num Estado existente, mas é o próprio Estado que é integrado. (SCHMITT, 1994a, p. 152).

A consumação do Estado de legislação num Estado pluralista, no qual o Estado aparece como uma instituição social entre outras, não pode deixar de se articular intrinsecamente com um segundo processo pelo qual o Estado de administração emerge. Este segundo processo prende-se directamente com a perda pelo Estado do seu estatuto originário de representante da unidade política da sociedade, e pela sua redução a uma sede na qual vários grupos sociais, e em particular os vários grupos económicos e financeiros, não podem deixar de expressar e tentar impor os seus interesses. Reduzido a uma organização entre outras num Estado pluralista, o Estado de legislação torna-se agora num Estado económico no qual vários interesses contraditórios disputam influência e protagonismo numa estrutura essencialmente policrática, caracterizada pelo fato de nela nenhuma instância ter a prerrogativa política de uma última decisão unificadora. Como escreve Schmitt:

> Enquanto consequência de uma tal policracia, mostra-se uma falta de linhas orientadoras unitárias, uma desorganização e uma ausência de planeamento, mesmo um ser contra o planeamento, cujo alcance é particularmente grande porque o Estado, desde há muito, tomou a viragem para o Estado económico. (SCHMITT, 1996d, p. 92).

Tornando-se Estado económico e policrático, o Estado de legislação configura-se como Estado de administração precisamente por esta falta de planeamento e por esta incapacidade de assegurar a unidade política através de leis que expressem uma efectiva vontade política que lhes esteja subjacente. Num tal Estado económico e policrático, as leis não são já o resultado de uma vontade legisladora propriamente dita, mas o legislador torna-se agora, como Schmitt dirá mais tarde (*cf.* SCHMITT, 1985, p. 404), um *motorisierter Gestzgeber*, um legislador motorizado, cujas leis se confundem com simples medidas tomadas no contexto de um processo burocrático que decorre automaticamente, sem qualquer deliberação, decisão responsável ou racionalidade prospectiva que lhe esteja subjacente.

Finalmente, o terceiro processo que marca a transformação do Estado de legislação em Estado de administração segue-se desta sua redução a um Estado pluralista e económico. Se no Estado de legislação o Estado se transforma numa instituição social entre outras, e se através disso ele se torna numa policracia na qual vários interesses expressam a sua influência, tal quer dizer que este mesmo Estado, reduzindo-se à auto-organização administrativa da sociedade, se converte num aparelho vazio, disputado por múltiplos poderes que, expressando-se através dos partidos, procuram ocupá-lo e, através dele, intervir socialmente. Por outras palavras: num tal Estado pluralista e económico, no qual o Estado de legislação se converte num Estado de administração, o Estado desaparece como entidade diferenciada da sociedade, e a sociedade, na pluralidade dos seus interesses e tendências, ocupa o próprio Estado, politizando todas as dimensões da vida social. Como escreve Schmitt: A sociedade que se tornou Estado torna-se um Estado económico, um Estado cultural, um Estado assistencial, um Estado providência, um Estado curador; o Estado que se tornou na auto-organização da sociedade e que, consequentemente, já não se pode objectivamente separar dela, abrange tudo o que é social, isto é, tudo aquilo que diz respeito à vida em comum dos homens. Já não há nele qualquer área frente à qual o Estado pudesse observar uma neutralidade incondicional no sentido da não-intervenção. Os partidos nos quais se organizam os diferentes interesses e tendências sociais são a própria sociedade que se tornou num Estado de partidos, e, como há partidos determinados económica, confessional, culturalmente, também já não é possível ao Estado permanecer neutro diante do económico, do confessional, do cultural. No Estado que se tornou na auto-organização da sociedade nada há que, pelo menos potencialmente, não seja estatal e político (*cf.* SCHMIT, 1996d, p. 78-79).

É a partir desta sobreposição entre Estado e sociedade, e da consequente politização da totalidade das dimensões da vida social, que Schmitt pode começar a falar num Estado total. O Estado total significa, então, no pensamento schmittiano, que o Estado de legislação, tornando-se um Estado de administração pluralista e económico, burocrático e policrático, se torna incapaz de se diferenciar qualitativamente da própria sociedade, não podendo deixar de se imiscuir em todas as áreas da vida social, de servir todos os interesses que assolam a sociedade e de coincidir quantitativamente com ela. Como escreve Schmitt, em *Legalidade e Legitimidade*:

> Um Estado pluralista de partidos torna-se "total" não por fortaleza e força, mas por fraqueza; ele intervém em todas as áreas da vida porque tem de satisfazer as reivindicações de todos os interessados. (SCHMITT, 1993a, p. 89).

Na transição de 1932 para 1933, na véspera da chegada ao poder do nazismo um Estado pluralista de partidos torna-se "total" não por fortaleza e força, mas por fraqueza; ele intervém em todas as áreas da vida porque tem de satisfazer as reivindicações de todos os interessados. (SCHMITT, 1993a, p. 89).

Na transição de 1932 para 1933, na véspera da chegada ao poder do nazismo na Alemanha, Schmitt procurará analisar explicitamente a República de Weimar como um Estado liberal que se desenvolve, de acordo com o seu desenvolvimento imanente, como Estado total. Num artigo em que aborda a continuação do desenvolvimento do Estado total na Alemanha, é possível ler:

> Este tipo de Estado total é um Estado que se imiscui indiferenciadamente em todas as áreas objectuais, em todas as esferas da existência humana, não conhecendo de todo qualquer esfera livre do Estado porque já não pode de todo diferenciar. Ele é total num sentido puramente quantitativo, no sentido do mero volume, e não da intensidade e da energia política. O actual Estado de partidos pluralista, na Alemanha, desenvolve este tipo de Estado total. [...] O actual Estado alemão é total por fraqueza e ausência de resistência, por incapacidade de fazer face ao assalto dos partidos e dos interesses organizados. (SCHMITT, 1994c, p. 213).

A afirmação por Schmitt de um movimento dialético pelo qual o Estado liberal se converte num Estado total torna-se, a partir daqui, inteiramente inteligível. Esta afirmação indica que o Estado de legislação, ao negar a possibilidade de uma decisão soberana representante do Estado, adquire já por si o destino de se converter num Estado de administração pluralista, económico e total, no qual o Estado se torna numa instância social entre outras, apropriada por grupos sociais e por interesses económicos que se procuram impor socialmente através dessa mesma apropriação. Assim, se Max Weber tinha procurado encontrar no parlamento uma instância política que poderia fazer frente ao domínio da burocracia, evitando as consequências da emergência de um Estado de administração, Schmitt contrapõe-se à posição de Weber na medida em que, no seu entender, o Estado de legislação, liberal e parlamentar, traria já consigo, na sua verdade ou essência, o Estado de administração, sendo por isso que a consumação deste mesmo Estado de legislação não poderia deixar de coincidir –como se poderia observar na República de Weimar– com a emergência de um Estado total. Para Schmitt, se era a partir daquilo a que se poderia chamar uma dialética imanente que o Estado de legislação se teria de converter em simples administração, tornando-se num Estado pluralista, económico e total, a ultrapassagem de um tal Estado de administração, e o restabelecimento de uma autoridade política do Estado na sua relação com a sociedade por ele representada, longe de poder consistir na remissão ao momento dialético anterior, deveria evocar a própria ultrapassagem da série dialética que tinha conduzido do Estado absoluto dos séculos XVII e XVIII ao Estado pluralista, económico e total que, no século XX, consumava o Estado liberal do século XIX. Uma tal ultrapassagem requereria, portanto, não simplesmente a ultrapassagem do Estado de administração, mas a ultrapassagem do princípio fundamental que estaria subjacente a todo o desenvolvimento dialético do Estado moderno. E este princípio consistia, como vimos, numa neutralização do teológico e na emergência de um decisionismo que pensa a decisão soberana como sendo a fonte originária de toda a ordem, como sendo uma *potentia absoluta* que estaria desvinculada, nessa medida, de qualquer ordem subjacente.

Por conseguinte, a pergunta pela ultrapassagem do Estado total não pode deixar de se tornar presente, no pensamento de Schmitt, como a pergunta acerca de como seria possível a superação do decisionismo próprio do Estado moderno. O decisionismo perpassa diferentemente por todos os estádios dialéticos do Estado moderno, desde o Estado absoluto, pensado como estando assente na soberania de uma decisão constituinte da ordem política, até ao Estado de legislação liberal, o qual se baseia num vínculo normativista a normas que, no entanto, não podem deixar de ser estabelecidas de um modo decisionista pelo próprio legislador. Face a este decisionismo que atravessa toda a dialética do Estado moderno, Schmitt tentará pensar a soberania já não como uma pura decisão originária fundadora da ordem, mas como uma decisão sempre essencialmente dirigida à efectivação de uma ordem concreta sem cuja referência a própria decisão não passaria de uma abstracção concretamente inexistente. Partindo de uma abordagem teológico-política, dir-se-ia que se o decisionismo partia de uma representação da decisão soberana como uma *potentia absoluta*, a tentativa schmittiana de ultrapassar o decisionismo do Estado moderno tenta pensar esta mesma decisão soberana como uma *potentia ordinata*, isto é, como uma potência vinculada pela sua natureza a uma ordem originária de que ela é já, na sua própria essência, a condição essencial da concretização.

É neste sentido que Schmitt começa a evocar um "pensar da ordem concreta" no qual a figura que serve de modelo para a decisão soberana já não é propriamente o soberano hobbesiano, mas o Papa da Igreja romana, cuja infalibilidade, longe de estar assente na pura e simples afirmação de um poder absoluto, aparece agora como o resultado do vínculo de uma decisão inapelável a uma ordem primordial que esta mesma decisão representa e torna presente. Como escreve Schmitt, no pequeno livro em que elabora o pensar da ordem concreta, a par de decisionismo e normativismo, como um terceiro tipo de pensamento jurídico:

> O dogma católico romano da *infalibilidade* da decisão papal contém fortes elementos jurídico-decisionistas; mas a decisão infalível do Papa não funda a ordem e a instituição da Igreja, mas pressupõe-na; o Papa só é infalível, enquanto cabeça da Igreja, em virtude do seu ofício, e não é o infalível que, pelo contrário, é o Papa. (SCHMITT, 1993c, p. 22).

A partir desta abordagem, a decisão soberana aparece sempre como a concretização de uma ordem a cuja efectivação se encontra primordialmente vinculada, tal como uma tal ordem concreta só pode existir na e através da possibilidade de uma decisão soberana, infalível ou inapelável. Este vínculo essencial entre decisão e ordem seria, para Schmitt, um princípio que superaria o decisionismo próprio do Estado moderno e, nessa medida, a abertura da possibilidade de pensar o Estado para além da dialética da modernidade. É esta tentativa de pensar o Estado para além da dialética do Estado moderno que o conduz a evocar a necessidade de um "Estado total qualitativo", para o qual cita como exemplo alguns traços do Estado fascista italiano *(cf.* SCHMITT, 1994c, p. 212): um Estado baseado na capacidade política de assumir a sua autoridade através do controlo da propaganda, dos partidos, dos interesses e da monopolização dos mecanismos de mobilização popular. E é esta mesma tentativa de pensar um Estado situado para além da modernidade que o levará também à tentação de pensar o "Estado do Führer" do nacional-socialismo, então emergente na Alemanha, como uma superação do dualismo liberal entre Estado e sociedade, e como um Estado no qual a autoridade política seria restabelecida através de uma liderança, uma *Führung*, assente num movimento cujo dinamismo articularia numa unidade uma tríade constituída por Estado, movimento e povo[5]. Foi, então, esta tentativa de superar a modernidade, de saltar para fora da dialética interna do Estado moderno, que esteve subjacente ao percurso do pensamento político de Schmitt ao longo da década de 1930, e que cunhou, inclusivamente, todo o seu destino posterior.

REFERÊNCIAS BIBLIOGRÁFICAS

HOBBES, Thomas. *Leviathan.* Ed. Richard Tuck. Cambridge: Cambridge University Press, 1996.

SCHMITT, Carl. *Der Begriff des Politischen.* Berlin: Duncker & Humblot, 1996a.

______ . *Die geistesgeschichtliche Lage des heutigen Parlamentarismus.* Berlin: Duncker & Humblot, 1996b.

______ . *Politische Theologie.* Berlin: Duncker & Humblot, 1996c.

______ . *Der Hüter der Verfassung.* Berlin: Duncker & Humblot, 1996d.

______ . Staatsethik und pluralistischer Staat. In: SCHMITT, C. *Positionen und Begriffe im Kampf mit Weimar-Genf-Versailles.* Berlin: Duncker & Humblot, 1994a.

______ . Die Wendung zum totalen Staat. In: SCHMITT, C. *Positionen und Begriffe im Kampf mit Weimar-Genf-Versailles.* Berlin: Duncker & Humblot, 1994b.

______ . Weiterentwicklung des totalen Staates in Deutschland. In: SCHMITT, C. *Positionen und Begriffe. im Kampf mit Weimar-Genf-Versailles.* Berlin: Duncker & Humblot, 1994c.

______ . *Legalität und Legitimität.* Berlin: Duncker & Humblot, 1993a.

______ . *Verfassungslehre.* Berlin: Duncker & Humblot, 1993b.

______ . *Über die drei Arten des rechtswissenschaftlichen Denkens.* Berlin: Duncker & Humblot, 1993c.

______ . Die Lage der europäischen Rechtswissenschaft. In: SCHMITT, C. *Verfassungsrechtliche Aufsätze aus den Jahren 1924-1954.* Berlin: Duncker & Humblot, 1985.

______ . *Staat, Bewegung, Volk.* Hamburg: Hanseatische Velagsanstalt, 1933.

______ . *Hugo Preuss: sein Staatsbegriff und seine Stellung in der deutschen Staatslehre.* Tübingen: Verlag von J. C. B. Mohr, 1930.

[5] Cf. aqui Carl Schmitt, *Staat, Bewegung, Volk*, Hamburg, Hanseatische Velagsanstalt, 1933.

O POSITIVISMO JURÍDICO COMO COMBINAÇÃO DE DECISIONISMO E DE NORMATIVISMO: UM ESTUDO A PARTIR DE SCHMITT

Delamar José Volpato Dutra

1. DECISÃO, ORDEM E DIREITO NA TEOLOGIA POLÍTICA (1922)

Schmitt foi um pensador político e jurídico. Mais do que isso, foi um pensador que buscou pensar a união dos dois aspectos. Com efeito, uma ordem jurídica tem dois elementos, decisão e norma. Em tempos normais, o elemento de decisão recua a um mínimo, ao passo que em tempos excepcionais, a norma se reduz ao mínimo da autoconservação do Estado. Em razão de nos tempos de normalidade a decisão recuar a um mínimo imperceptível, o normativismo jurídico pode se sustentar na ilusão de que vige por suas próprias determinações normativas. Para o normativismo, a lei "não é voluntas, mas ratio" (SCHMITT, 2003a, p. 150). Um exemplar de teoria à qual Schmitt comete o normativismo é aquela de Kant. Esta seria o modelo de uma teoria na qual não imperaria pessoa alguma, mas a lei (*cf.* SCHMITT, 2003a, p. 151). Na verdade, sem embargo das teses sobre Kant, o exemplar perfeito de normativismo é Agostinho, para quem, "Nam mihi lex esse non videtur, quae justa non fuerit" (SAINT AUGUSTIN, 1952, I, V, 11), proposição que foi acompanhada por Santo Tomás, "non lex sed legis corruptio". (TOMAS DE AQUINO, I-II, q. 95, r. 4).

A rigor, não se pode dizer que Kant oblitere a decisão, haja vista, para ele, o povo ter que "suportar mesmo um abuso do poder supremo considerado insuportável" (KANT, 2005, p. 320). Contudo, ainda que Kant honre a decisão soberana a não mais poder, o seu normativismo é suficiente para que haja leis nulas e injustas. A nulidade e a injustiça, porém, não desafiam a desobediência, mas a crítica com vistas à reforma da lei . É de se lembrar que nem o Leviathan honra inteiramente o decisionismo, haja vista, segundo Schmitt, Hobbes ter cometido a distinção entre fé e culto, neutralizando, com isso, a esfera da fé em relação aos poderes do Estado (ver SCHMITT, 2004).

Um dos pontos centrais do texto de 1922 é que "the legal idea cannot realize itself" (SCHMITT, 1985, p. 28). Ou seja, uma ideia jurídica, considerada de forma pura, sem interferência de qualquer elemento externo a ela, não pode se tornar realidade: "in its purity can never become reality" (SCHMITT, 1985, p. 30). Para que se torne realidade é preciso "adds an element that cannot be derived either from the content of the legal idea or form the content of a general positive legal norm that is to be applied. Every concrete juristic decision contains a moment of indifference from the perspective of content, because the juristic deduction is not traceable in the last detail to its premises and because the circumstance that requires a decision remains an independently determining moment" (SCHMITT, 1985, p. 30). Com isso, Schmitt detecta a necessidade de um elemento externo à norma jurídica para que ela possa ser uma ordem efetiva. Como se percebe, essa é uma posição diametralmente oposta àquela de Kelsen que exclui metodologicamente todo componente alheio ao direito.

O mencionado elemento é algo que se furta à determinação pela norma, o que implica a consideração de um aspecto essencial da ordem jurídica que se põe além dos limites da norma, embora seja o que possibilite a realização da própria norma. Nesse sentido, ele não deixa de observar, já em 1922, que a busca da certeza da decisão é um atributo de viés sociológico que calcula a segurança em razão de interesses comerciais. Portanto, não concerniria a um interesse propriamente jurídico. O interesse jurídico pela decisão, portanto, não concerne à certeza e à segurança, mas ao julgamento de um fato concreto a partir de princípios legais gerais *(cf.* SCHMITT, 1985, p. 31). Na verdade, a passagem das normas gerais para a aplicação a um caso concreto não pode ser feita sem uma *auctoritatis interpositio (cf.* SCHMITT, 1985, p. 31). Ora, a autoridade é o elemento que aplica a norma a um caso, mediante uma decisão:

> [...] the decision becomes instantly independent of argumentative substantiation and receives an autonomous value. [...] That constitutive, specific element of a decision is, from the perspective of the content of the underlying norm, new and alien. Looked at normatively, the decision emanates from nothingness. (SCHMITT, 1985, p. 31-2).

Esse é o modelo decisionista de Hobbes que, no cap. XXVI do Leviathan, na essência, opõe justamente verdade, conteúdo, e autoridade:

> In civitate constituta, legem naturae interpretatio non a doctoribus et scriptoribus moralis philosophiae dependent, sed ab authoritate civitatis. Doctrinae quidem verae esse possunt: sed auctoritas, non veritas, facit legem. (HOBBES, 2010, cap. XXVI).

Para resumir:

> In the independent meaning of the decision, the subject of the decision has an independent meaning, apart from the question of content. What matters for the reality of legal life is who decides. Alongside the question of substantive correctness stands the question of competence. (SCHMITT, 1985, p. 34).

Schmitt acrescenta, ainda, que Hobbes teria conectado o decisionismo com o personalismo do monarca *(cf.* SCHMITT, 1985, p. 33). Não obstante, a conexão que Schmitt estabelece entre o decisionismo e o personalismo parece mais forte do que aquele de Hobbes, haja vista a aderência de Schmitt ao personalismo se dever à sua caracterização da democracia como um relativismo político, ao passo que, para Hobbes, sua adesão à monarquia se deveu a uma questão de conveniência.

Com efeito, para Hobbes, "the Power in all formes, if they be perfect enough to protect them, is the same" (HOBBES, 1968, ch, XVIII). A preferência de Hobbes pela monarquia se deve a uma questão de conveniência ou aptidão para produzir a paz e a segurança, sendo as principais as seguintes: na monarquia haveria a coincidência entre o interesse privado do soberano e o interesse público do povo, ao passo que na democracia não; na monarquia operaria só a inconstância própria da natureza humana, ao passo que na democracia operaria também a inconstância do número (cf HOBBES, 1968, ch. XIX). Nesta obra de 1922 ele não explica por que a democracia é caracterizada como relativismo político, mas se for considerada a obra posterior, daria para estatuir a hipótese de que se deveu, na verdade, à conexão estreita que ele detecta entre democracia e individualismo, um vínculo ou acusação, aliás, que ele dirigirá ao próprio Hobbes (ver HOBBES, 1968).

O que caracteriza o decisionismo, portanto, é a oposição entre auctoritas e veritas *(cf* SCHMITT, 2004, p. 93). Schmitt explica, com precisão, o que pode ser extraído do ensinamento da dicção hobbesiana do poder soberano, a saber, a decisão da autoridade constituída adiciona algo que não estaria contido no conteúdo da norma. De forma ainda mais importante, esse algo seria indiferente ao conteúdo, de tal forma que, se a decisão fosse pensada como um silogismo no qual a norma ocupasse a posição da premissa maior e o fato a posição da premissa menor, na conclusão, ou seja, na sentença, haveria um elemento não contido nas premissas, sendo tal elemento aquele da autoridade, justamente o que determina o conteúdo concreto, bem como sua efetividade, indiferente à justiça do mesmo.

Isso desacopla o predicado da força de uma decisão daquele de sua fundamentação, da evidência de sua verdade moral: "a força jurídica de uma decisão é algo distinto do resultado de sua fundamentação" (SCHMITT, 2004, p. 92). Tudo o que importa é que se estabeleça a autoridade como aquela que tem competência para decidir, pois, apostrofa ele, "qualquer um poderia remeter-se a um conteúdo correto se não existisse uma instância última. Por conseguinte, o problema é o da competência: a qualidade jurídica do conteúdo de um preceito nem sequer permite levantar esse problema, muito menos resolvê-lo *(cf* SCHMITT, 2004, p. 92).

O caráter de decisão que segundo Schmitt está na base do direito, pode ser visto operando inclusive nas decisões judiciais, como por exemplo, no julgamento do STF sobre a Lei da "Ficha Limpa" e hipóteses de inelegibilidade, bem como no caso das uniões homoafetivas.

O primeiro caso se refere à Lei complementar n. 135/2010. Um dos questionamentos feitos a esta lei na ADC 29, ADC 30 e ADI 4578 foi o de ferir o princípio da inocência estatuído na Constituição da República Federativa do Brasil, art. 5°., inciso LVII: "ninguém será considerado culpado até o trânsito em julgado de sentença penal condenatória". Segundo a argumentação do STF "a presunção de inocência admitiria exceções por não ser absoluta. Ademais, frisou [a ministra Weber] que o postulado não seria universalmente compreendido como garantia que perdurasse até o trânsito em julgado e que irradiaria efeitos para outros ramos do direito. No campo eleitoral, especialmente no que se refere à elegibilidade, consignou a prevalência da proteção do público e da coletividade".

No segundo caso, estava em questão o art. 226, §3°., da Constituição da República Federativa do Brasil, in verbis, "Para efeito da proteção do Estado, é reconhecida a união estável entre o homem e a mulher como entidade familiar, devendo a lei facilitar sua conversão em casamento". Para o STF, na ADI 4277/DF 2011, "A Constituição não interdita a formação de família por pessoas do mesmo sexo. Consagração do juízo de que não se proíbe nada a ninguém senão em face de um direito ou de proteção de um legítimo interesse de outrem, ou de toda a sociedade, o que não se dá na hipótese sub judice". Na ADPF 132/RJ 2011 assentou o STF que "Não há como fazer rolar a cabeça do art. 226 no patíbulo do seu parágrafo terceiro". Por isso, decidiu no sentido do reconhecimento da "união entre parceiros do mesmo sexo como uma nova forma de entidade familiar". Por fim, no RE 477554 AgR/MG, o STF argumentou que "a extensão, às uniões homoafetivas, do mesmo regime jurídico aplicável à união estável entre pessoas de gênero distinto justifica-se e legitima-se pela direta incidência, dentre outros, dos princípios constitucionais da igualdade, da liberdade, da dignidade, da segurança jurídica e do postulado constitucional implícito que consagra o direito à busca da felicidade".

Ora, o constituinte não desconhecia relações homoafetivas. Se ele não tivesse querido excluir outras relações, poderia ter formulado o conceito de união estável sem se referir a homem ou mulher ou, então, poderia ter referido aos casos minoritários. Portanto, dizer que Constituição não exclui outros casos é um elemento interpretativo com base em uma decisão, cuja a essência última não é causada por um conteúdo, mas decorre simplesmente do fato de o STF deter uma parcela da autoridade última de decidir. Há que se mencionar que uma Constituição é um documento composto de justiça e de positividade. Ela pode errar, como errou, provavelmente, em relação ao tratamento dos direitos políticos dos analfabetos. E ela, quem sabe, errou no que diz respeito ao que se considera correto no que concerne às relações homoafetivas. Seja como for, isso demandaria uma reforma da Constituição. Portanto, a decisão do STF levanta uma questão concernente a quem pode reformar a constituição.

No outro caso, o STF deveria ter exercido seu papel contra-majoritário no seu sentido mais pleno, ou seja, contra a maioria popular que deu início à lei. Onde se encontra o elemento decisório que não está propriamente na norma? No primeiro caso, ao excepcionar, o STF, por um ato de soberania, de poder, excluiu da incidência da norma constitucional uma determinada situação que aparentemente a norma não excluíra. No segundo caso, o STF inclui uma situação que aparentemente a norma constitucional não incluíra.

Seja como for, o ponto de Schmitt consiste em dizer que o elemento decisório se manifesta melhor quando ele exorbita da norma, como são os exemplos em tela. Porém, esses casos apenas mostram o que é operante em qualquer ação judicial ou legislação, ou seja, o que sustenta o conteúdo normativo é a decisão. É justamente isso que os normativismos de todos os matizes obliteram, incluso, para Schmitt, o positivismo jurídico, isso na medida em que, como se verá, opera no positivismo uma formulação possível do normativismo.

A problemática apresentada até aqui é indicativa do caráter dependente do direito em relação à soberania, à autoridade, ao poder. Cabe perguntar, então, no que reside, de forma realmente importante, a dependência do direito em relação à soberania? Ora, a frase que abre a obra de 1922 é a seguinte: "Sovereign is he who decides on the exception" (SCHMITT, 1985, p. 5). Na exceção é exatamente onde se manifesta a decisão, a qual, como visto, permanece invisível em tempos normais, gerando a impressão de que a norma opera despida do elemento que a efetiva, a saber, a vontade. Porém, quando a exceção se faz necessária, a norma perde a validade e vige a soberania. Afinal, então, o que faz a soberania durante a suspensão da norma. Segundo Schmitt, ela instaura a ordem. Se ela instaura a ordem por meio da exceção é porque, certamente, ela mantém a ordem exatamente nos períodos normais. A norma só pode operar em uma situação normal, cuja ordem ela própria não pode estabelecer. Pudesse ela estabelecer a ordem, não se faria necessário o estado de exceção em nenhuma hipótese.

Cabe, finalmente, a pergunta: o que é a ordem? A ordem é o avesso da anarquia. A anarquia pode ser entendida como o estado de guerra caracterizado por Hobbes. Por isso, apregoa Schmitt, o que vige no estado de exceção não é a anarquia, mas uma ordem, embora não a ordem jurídica: "Because the exception is different from anarchy and chaos, order in the juristic sense still prevails even if it is not of the ordinary kind" (SCHMITT, 1985, p. 12). É a ordem que o estado de exceção põe no lugar do sistema caótico do estado de guerra. Portanto, pode-se conjecturar que ela tenha elementos normativos mínimos, como aqueles necessários à autoconservação da estrutura de garante de uma situação ordenada: "The decision frees itself from all normative ties and becomes in the true sense absolute. The state suspends the law in the exception on the basis of its right of self-preservation, as one would say" (SCHMITT, 1985, p. 12). É por isso que o decisionismo não seria um poder arbitrário, sem vínculo com normatividade alguma:

> Mas é também certo que uma tal defesa não surge, no pensamento schmittiano, como a defesa de um poder arbitrário, absolutamente desvinculado e, nessa medida, irracional, mas como a defesa de um poder ligado a uma ordem e a uma razão, de um poder cuja existência se manifesta como imprescindível e, consequentemente, como racionalmente justificável. (SÁ, 2009a, p. 20).

Dito de outro modo, o Estado é mais importante que o direito. É melhor a ordem do que o direito. Por isso, a autoconservação do estado é uma ordem superior à ordem à jurídica:

> The existence of the state is undoubted proof of its superiority over the validity of the legal norm. The decision frees itself from all normative ties and becomes in the true sense absolute. The state suspends the law in the exception on the basis of its right of self-preservation, as one would say. (SCHMITT, 1985, p. 12).

Desse modo, a autoconservação daquilo que institui a ordem porta um direito superior àquele da própria ordem jurídica. Vertida em linguagem hobbesiana, a ordem é o que assegura o fim do estado de guerra, o que significa a garantia de se viver tanto quanto a natureza permite que se viva: "Para Hobbes, é então na preservação da vida dos indivíduos integrados no seu seio que o Estado encontra a justificação racional do seu poder ilimitado". (SÁ, 2009a, p. 24).

Logo, o indivíduo é a base e fim desse estado, pois é deles que o mesmo se compõe, como suas partes. Ou seja, "o poder soberano deve então existir não porque a sua existência seja em si mesma um bem, mas porque ela é o garante da não ocorrência do pior de todos os males" (SÁ, 2009a, p. 26). Trata-se, bem entendido, de um tipo de paradoxo: "Por um lado, Hobbes atribui ao Estado soberano um poder absoluto e ilimitado. Por outro, caracteriza-o como o resultado de um acordo entre os indivíduos que voluntariamente estabelecem entre si um pacto" (SÁ, 2009a, p. 27). A partir disso se compreende os contorcionismos da teoria schmittiana para evitar a todo custo essa consequência individualista do pensamento de Hobbes, bem como explica, também, por que, em última análise, Schmitt é um crítico de Hobbes bem como por que é a teologia que fornece a ele os fundamentos de sua teoria política.

2. ORDEM CONCRETA, DECISÃO E DIREITO EM *ÜBER DIE DREI ARTEN* (1934)

O texto de 1922, *Teologia Política*, sustenta o decisionismo em uma dupla perspectiva: sob o viés político, como uma teoria da soberania e, sob o viés jurídico, como crítica ao normativismo. Nesta obra ele caracteriza a democracia como um relativismo político e como sendo oposta ao liberalismo. Ao longo da década de 1920, Schmitt tratará com mais vagar da democracia, tanto no texto de 1923, sobre a democracia parlamentar, quanto no de 1928 sobre a Constituição. Nesse particular, nos primeiros textos de Schmitt, o conceito de soberania é apresentado como coextensivo àquele do decisionismo. Na *Teologia Política*, uma tal formulação opera de maneira robusta, incluso com um viés monárquico *(cf.* CRISTI, 2011, p. 353), de forte inspiração no pensamento conservador e contrarrevolucionário do século XIX . O encontro de Schmitt com a democracia ocorre já no texto da *Teologia Política* de 1922, em seguida com toda força na obra sobre a democracia parlamentar de 1923 e ganha musculatura no seu estudo Teoria da Constituição de 1928.

Considerando (*a*) o anarquismo que a obra de 1922 combate, como bem mostra o último parágrafo do livro, –"authority and anarchy could thus confront each other in absolute decisiveness and form a clear antithesis" (SCHMITT, 1985, p. 66)- *(b)* em consonância com o conservadorismo do século XIX, ao qual ele adere, (c) bem como considerando o mencionado relativismo político da democracia, vê-se, então, por que Schmitt esboça clara preferência pelo princípio monárquico da representação, em detrimento do princípio democrático da identidade. Nesse particular, ele se refere a Rousseau de forma crítica, pois com a identificação que Rousseau fizera entre a vontade geral e a vontade do soberano, o povo se tornara o soberano, com a implicação de que "The decisionistic and personalistic element in the concept of sovereignty was thus lost" (SCHMITT, 1985, p. 48). Logo em seguida, no texto de 1923, Rousseau é usado de forma positiva na definição de democracia que ele oferta e que a retira do território do relativismo político, via a noção de homogeneidade.

É nesse contexto de redescrição e reinterpretação da democracia, bem como da publicação de O conceito do político que, em dois textos de 1934 (*cf* SCHMITT, 1985, p. 1-4; ver SCHMITT, 1996a) no prefácio à segunda edição da *Teologia Política* e em *Über die drei Arten*, o decisionismo e o personalismo são reconfigurados de forma diferente da maneira como tinham sido relacionados no texto 1922, pois ele justamente atenua o elemento do personalismo na redefinição do decisionismo, o qual, agora, opera de maneira fortemente despersonalizado, via instituições ou ordens concretas. A hipótese que se pretende defender é a de que tal operação se deveu justamente ao encontro de Schmitt com a democracia na década de 1920, a qual, ao longo do tempo, ele consegue formulá-la de forma palatável ao seu conservadorismo de matiz anti-individualista, bem como palatável ao seu decisionismo, sem maltratar a necessidade de combater o anarquismo e manter a ordem. Ademais, a configuração do decisionismo que ele apresenta em 1934 honra, de alguma forma, a estabilidade do conteúdo defendida pelo normativismo.

Defende-se a tese, portanto, de que o texto de 1934, *Über die drei Arten*, apresenta a teoria jurídica que corresponde a três clivagens fundamentais de sua obra: a concepção de democracia esboçada em 1923 no texto sobre o parlamentarismo; o conceito de política apresentado na obra de 1927, *O conceito do político*; a Teoria da Constituição da obra de 1928. Pode-se dizer que o decisionismo continua, para Schmitt, o grande teorema da política e do direito, só que com matizes diferentes. Antanho, ele fora mobilizado, na *Teologia Política* de 1922, como característica da soberania no âmbito político e contra o normativismo no âmbito jurídico. Porém, se em 1922 operava dois tipos originais de pensamento jurídico, agora, operam três:

> I now distinguish not two but three types of legal thinking; in addition to the normativist and the decisionist types there is the institutional one. I have come to this conclusion as a result of discussions of my notion of 'institutional guarantees'. (SCHMITT, 1985, p. 2).

Em suas formas puras, decisionismo, normativismo e ordem concreta são três manifestações normais, escorreitas, do pensamento jurídico:

> Whereas the pure normativist thinks in terms of impersonal rules, and the decisionist implements the good law of the correctly recognized political situation by means of a personal decision, institutional legal thinking unfolds in institutions and organizations that transcend the personal sphere. (SCHMITT, 1985, p. 3).

Sem embargo, estas três formas podem sofrer distorção, ou seja, podem sofrer uma mutação de sentido. O normativismo pode se transformar na operação mecânica da burocracia estatal. O decisionismo pode se tornar um momento fugaz. Por seu turno, o pensamento da ordem concreta pode se esfacelar nos vários estamentos e pequenas associações da sociedade civil. Eis o que ele afirma:

> And whereas the normativist in his distortion makes of law a mere mode of operation of a state bureaucracy, and the decisionist, focusing on the moment, always runs the risk of missing the stable content inherent in every great political movement, an isolated institutional thinking leads to the pluralism characteristic of a feudal-corporate growth that is devoid of sovereignty. (SCHMITT, 1985, p. 3).

Nessa reformulação que ele oferta do pensamento jurídico que apela a três formas possíveis de tratamento do mesmo, o próprio fundamento teológico da soberania é reinterpretado, *vis-à-vis,* finalmente, a decisão papal só ser infalível na medida em que o pontífice de Roma é o papa e não enquanto ele é um homem qualquer:

> El dogma catolico-romano de la infalibilidad de la decisión papal contiene también elementos jurídicos fuertemente decisionistas; sin embargo, la decisión infalible del papa no funda el orden y la institución de la Iglesia, sino que la presupone: el papa es infalible solo como cabeza de la Iglesia, en virtud de su dignidad, pero no lo es como hombre. (SCHMITT, 1996a, p. 27-28).

De fato, segundo Schmitt, a decisão tem como pressuposto uma ordem *(cf.* SCHMITT, 1996a, p. 27). Não é a decisão que cria a ordem, mas esta última já é pressuposta. Com isso, ele opera uma reinterpretação da tese básica da *Teologia Política,* segundo a qual uma decisão de Deus ou do papa obrigariam simplesmente por serem uma decisão deles. Não, agora, a própria ideia de Deus é portadora de uma certa ordem:

> Cuando el jurista y teólogo Tertuliano dice: 'Estamos obligados a algo, no porque es bueno sino porque Dios lo manda' (neque enim quia bonum est, idcirco auscultare debemus, sed quia deus praecipit), esta afirmación suena a decisionismo jurídico; pero al estar subyacente en su pensamiento la idea cristiana de Dios, falta todavia la imagen consciente de un desorden total, [...] La decisión impenetrable de un Dios personal esta, en tanto se crea en Dios, siempre «en orden» y no es una pura decisión. (SCHMITT, 1996a, p. 27-28).

Desse modo, não há mais só a decisão, mas a decisão e algo mais, uma certa ordem pressuposta. Isso repercute, inclusive, na sua interpretação do dogma papal da infalibilidade: qual seria o sentido de uma declaração papal de que Deus não existe ou de que a Bíblia é um livro falso, escrito por profetas delirantes?

No que concerne ao conceito de democracia homogênea, pode-se vislumbrar a sua correlação com o tipo jurídico que pensa o direito a partir de uma ordem concreta. Se a homogeneidade for bem compreendida, ela não pode ser criada do nada. Ela tem que ser pressuposta. Homogeneidade é uma questão de identidade, a qual não se põe simplesmente por um ato de decisão. A decisão pode manter, melhorar ou tornar mais segura uma dada homogeneidade. Ainda que Schmitt não negue a criação de uma identidade pela soberania, seria difícil pensar em criar uma identidade a partir do nada, ao menos se for pensada a durabilidade de uma ordem democrática. Ora, é a homogeneidade como característica da democracia que força Schmitt a ter que revisar o seu conceito decisionista de política ou ao menos a circunscrevê-lo a partir de pequenas instituições da sociedade, cujo paradigma é a própria filosofia do direito de Hegel. Schmitt faz isso a partir de uma reinterpretação do próprio dogma papal da infalibilidade, como apontado acima.

Contudo, poder-se-ia referir tal mudança em seu pensamento como sendo decorrente não só de uma reinterpretação da teologia política, mas também de sua interpretação decisionista de Hobbes. Schmitt tem razão ao afirmar que o estado de guerra representa a dissolução de qualquer ordem pré-existente. O estado de guerra é um caos, um nada de ordem. Contudo, o soberano tem ainda que instituir uma ordem, sendo que essa ordem não é despida de conteúdo, como se o conceito de ordem fosse puramente indeterminado. A fusão entre autoridade e poder, portanto, não é tão completa quanto sustenta Schmitt. Hobbes é suficientemente sutil para reconstruir o conceito de autoridade em uma base naturalista. Dito de outro modo, em seu sistema é o medo o motor da ordem que deve ser instituída. Por isso mesmo, a ordem que é instituída não pode gerar um medo maior do que aquele medo que opera na constituição da ordem ela mesma.

O medo em questão é o medo da morte. Portanto, se a ordem instituída gerar um medo de morrer maior do que o medo da morte operante no estado de natureza, o que suporta o vínculo do sujeito à ordem instituída se desfará. Dito claramente, a ordem que se institui tem que assegurar a vida dos seus aderentes: "El protego ergo obligo es el cogito ergo sum del Estado" (SCHMITT, S/l: Katariche, s/d, p. 32). Tal determinação tem conteúdo suficiente para gerar consequências normativas, tais quais as leis naturais ou as liberdades do súdito tratadas no cap. XXI do *Leviathan*.

O decisionismo se põe no século XVII com dissolução das ordens concretas existentes. Justamente por isso o Estado hobbesiano é um Estado agnóstico em relação às ordens concretas pré-existentes em dissolução e conflitivas entre si. É o que Schmitt sustenta no seu texto sobre Hobbes, não sem um tom de crítica. A ordem de tal Estado é a ordem da convivência pacífica entre os homens, mediante uma decisão que institui uma normalidade agnóstica. Nesse diapasão, Sá se pergunta se é possível decidir a partir de um nada, um vácuo absoluto de ordem: "será possível decidir uma ordem sem pressupor uma ordem originária que fundamente e oriente a própria decisão"? (SÁ, 2008, p. 6). Seria justamente da impossibilidade de decidir no vácuo que teria surgido na teoria schmittiana o pensamento da ordem concreta como o verdadeiro fundamento da decisão. Para Schmitt, o decisionismo de Hobbes funde *auctoritase potestas,* pois a decisão soberana

> Es *summa auctoritas* y *summa potestas* a la vez. Quien instaura la paz, la seguridad y el orden es soberano y tiene toda la autoridad. [...] La decisión soberana no se explica jurídicamente ni desde una norma, ni desde un orden concreto, ni

> encuadrada en un orden concreto. Solo la decisión funda tanto la norma como el orden. (SCHMITT, 1996a, p. 30).

Segundo uma tal interpretação, a ordem "surge de una nada normativa y de una concreta falta de orden" (SCHMITT, 1996a, p. 31). Trata-se do paradigma do decisionismo: a decisão faz a passagem da desordem à ordem. Não há um ordem prévia ou norma que legitime a decisão. Logo, entende-se por que ela extrapola o âmbito jurídico.

3. A CRÍTICA AO POSITIVISMO JURÍDICO

O combate ao positivismo jurídico foi, certamente, um dos objetivos mais importantes da obra política de Schmitt: "The ultimate target of his political thought was the German theory of legal positivism" (KENNEDY, 2000, p. XXV). No texto *Teologia Política* de 1922 ele acusa Kelsen de ter resolvido o problema da soberania negando-a (*cf.* SCHMITT, 1985, p. 21). Isso acontece porque o positivismo, tanto em Kelsen, quanto em Mill, em razão da sua busca por objetividade, rejeita a arbitrariedade, –que Schmitt escreve entre aspas–, e quer banir da mente humana toda exceção.

Trata-se de uma metafísica da objetividade que ignora a soberania, cuja definição se dá exatamente pelo poder de estabelecer a exceção. De fato, "it would be possible to view Kelsen's jurisprudence as the ideology of the lawyer-bureaucrat practicing in changing political circumstances" (SCHMITT, 1985, p. 44-45). Segundo ele, o positivismo é como uma obra literária, não um conceito rigoroso. No fundo, não se trataria de uma sociologia de conceitos, mas de uma sociologia psicológica. Dito claramente, tratar-se-ia de uma determinação psicológica de busca de segurança que maltrataria o que realmente é característico do conceito de soberania, o qual "transcends juridical conceptualization oriented to immediate practical interest". (SCHMITT, 1985, p. 46).

Pode-se dizer que o positivismo é uma forma de entender e operacionalizar o decionismo e o normativismo. Aliás, uma forma criticável, porque a busca fanática por segurança –expectation– cria um sistema teratológico: nele o normativismo se torna autocontraditório e o decisionismo degenerado (*cf.* SCHMITT, 1985, p. 3). É degenerado porque o soberano se vincula à sua própria decisão. É contraditório porque o normativismo deveria se basear no direito natural ou na lei da razão e não em normas que foram ditadas pelo Estado: "Not resting on natural right or the law of reason, merely attached to factually 'valid' norms". (SCHMITT, 1985, p. 3).

Em *Über die drei Arten*, ele afirma: "Este ultimo [positivismo] oscila entre el decisionismo de la construcción estatal dictatorial de Hobbes y el normativismo del pensamiento jurídico-racionalista tardio, entre dictadura y Estado de derecho burgués" (SCHMITT, 1996a, p. 52-53). A partir desse texto se pode afirmar que, como jurista, a crítica ao normativismo atinge agora o positivismo. De fato, no prefácio de 1934 à *Teologia Política,* este último é classificado como normativismo deteriorado (*cf.* SCHMITT, 1985, p. 3). O principal argumento para considerar o positivismo uma forma de pensamento jurídico degenerada é a sua excessiva preocupação com a segurança.

Ao longo da histórica, o predicado da segurança foi justificado tanto por Hobbes, por Kant ou Bentham, ainda que por razões diversas. Em Kant, ele é justificado por razões de justiça: "a doutrina do direito quer ver determinado o seu de cada um (com precisão matemática)" (KANT, 2005, p. 233). Isso porque o sistema jurídico é concebido por Kant como um sistema de segurança: "pois somente é constituição civil o estado jurídico, pelo qual apenas é assegurado a cada um o seu" (KANT, 2005, p. 256), o que ele conecta com a teceria fórmula de Ulpiano, "dá a cada qual o seu". (KANT, 2005, p. 237).

Para Hobbes, a segurança é a condição mesma do pacto social, como formulado pela segunda lei de natureza . A segurança, portanto, é uma condição para a paz, uma condição para sair do estado de guerra. Deveras, o Leviathan estabelece "the mutual Relation between Protection and Obedience" (HOBBES, 1968, ch. XLVII). Como sustenta Schmitt, "El protego ergo obligo es el cogito ergo sum del Estado". (SCHMITT, S/l: Katariche, s/d, p. 32).

Bentham, por seu turno, é caracterizado por Schmitt como o fanático da segurança, ou seja, por ter uma preocupação excessiva, cega e facciosa com ela. Tal excesso poderia significar que ele desconsideraria outros aspectos importantes do direito, como a correção, a justiça, ou, na avaliação de Schmitt, outros valores políticos que têm que ser considerados e que justificariam o sacrifício da utilidade, exatamente aquilo que seria protegido pelo princípio da segurança. De fato, segundo Bentham, o principal objetivo do direito é a segurança, sendo a segurança justificada em razão da sua utilidade , ou seja, do prazer que as expectativas podem proporcionar no cálculo da felicidade: "Every injury which happens to this sentiment produces a distinct, a peculiar evil, which may be called pain of disappointed expectation". (BENTHAM, 1838-1843, p. 555).

O direito de propriedade, segundo ele, é uma expectativa estabelecida. Nos termos dessa argumentação, toda a legislação deve se conformar a uma expectativa geral. Disso, Bentham deduz o princípio da anterioridade da lei, pois só com tal princípio é que a expectativa poderia ser formada. Essa determinação vale também para a aplicação da lei, o que implica uma posição não hermenêutica, mas mecânica, em relação à aplicação da lei. Ou seja, a lei não pode ser interpretada, "the laws should be literally understood" (BENTHAM, 1838-1843, p. 587). A justificativa que ele oferta para tal, a partir da expectativa, é a seguinte: é melhor uma lei obscura e incoerente, pois ela pode ser conhecida previamente pelo sujeito, do que uma sentença que não pode ser conhecida previamente, o que a torna arbitrária:

> When the law is difficult, obscure, incoherent, the citizen has always a chance of knowing it: it gives a blind warning, less efficacious than it might be, but always useful: the limits of the evil which may be suffered are at least perceived. But when the judge dares to arrogate to himself the power of interpreting the laws, that is to say, of substituting his will for that of the legislator, every thing is arbitrary—no one can foresee the course which his caprice may take. (BENTHAM, 1838-1843, p. 587).

Na sua visão, isso levaria a uma tirania jurídica. Nesse diapasão, é interessante anotar que, segundo Montesquieu, nos governos despóticos o juiz é a regra. Em tais regimes não existe lei. Já, nos governos republicanos, segue-se a lei e não a vontade de alguém : «Plus le gouvernement approche de la république, plus la manière de juger doit être fixe [...] dans le gouvernement républicain, les juges suivent La lettre de la loi» (MONTESQUIEU, 1951, p. 311, L. VI, ch. 3). Ele alega que a aplicação da lei deveria ser feita por seres inanimados, que não interpretassem, mas só agissem como que mecanicamente: «Les juges de la nation ne sont [...] que la bouche qui prononce les paroles de la loi, des êtres inanimés qui n'en peuvent modérer ni la force ni la rigueur .. ». (MONTESQUIEU, 1951, p. 404, L. XI, ch. 6).

A crítica ao positivismo no texto de 1922 se deu pela afirmação do decisionismo contra o normativismo que a seu modo também o positivismo sustenta. A teoria de Kelsen seria um exemplar desse tipo de normativismo. Ao fundir Estado e ordem jurídica, bem como ao fechar a abóboda do sistema jurídico com o conceito de uma norma fundamental, Kelsen, como sustentou Schmitt, resolvera o problema da ligação do direito à soberania, negando a soberania. A crítica a este ponto reside na afirmação de que

> The legal form is governed by the legal idea and by the necessity of applying a legal thought to a factual situation, which means that it is governed by the self-evolving law in the widest sense. Because the legal idea cannot realize itself, it needs a particular organization and form before it can be translated into reality. (SCHMITT, 1985, p. 28).

Sá sustenta que o decisionismo de Schmitt não implica arbitrariedade, porque isso significaria identificar o direito com a violência: "Segundo a argumentação schmittiana, se o direito fosse meramente o resultado de uma vontade detentora do poder suficiente para o instituir, então o direito não se poderia diferenciar essencialmente de um qualquer exercício de violência; então –como escreve claramente Schmitt– 'o poder do assassino em relação à sua vítima e o poder do Estado em relação ao assassino, não seriam, na sua essência, diferentes'" (SÁ, 2009a, p. 13). Portanto, tal teoria não implicaria uma espécie de irracionalidade do direito. Não, ela é uma tese teórica da insuficiência do normativismo que tende a obliterar o elemento da decisão:

> [...] partilhando com o normativismo a intenção de assegurar ao direito a sua essencial racionalidade, Schmitt contesta não esta exigência de racionalidade do direito, mas a conclusão normativista de que uma tal exigência implicaria imediatamente uma abordagem da lei como essencialmente desvinculada da decisão que a efectiva. Só tendo presente o ponto preciso em que a tese normativista é contestada se pode compreender adequadamente a crítica de Schmitt ao normativismo. Uma tal crítica baseia-se em caracterizar a posição normativista não propriamente através da reivindicação da racionalidade do direito –reivindicação essa de que Schmitt também participa–, mas através da exigência de que esta racionalidade do direito signifique a determinação do poder que o institui como um poder essencialmente limitado. (SÁ, 2009a, p. 14).

Ou seja, "poder pelo qual a lei é aplicada não pode deixar de ser um poder que, na efectivação dessa mesma lei, é absoluto" (SÁ, 2009a, p. 16). Isso é o que se encontra formulado na tese de que o soberano é o que pode decretar a exceção:

> Se toda a lei se cumpre enquanto lei, se toda a norma se aplica e efectiva enquanto norma, a partir de um poder que a aplica e efectiva, a possibilidade de o poder a ultrapassar, suspendendo-a ou anulando-a, é algo constitutivo dessa mesma lei na sua efectivação. (SÁ, 2009a, p. 17).

Como apontado acima, a defesa do direito de uma ordem que exorbita a ordem jurídica e cuja manutenção implica, inclusive, a suspensão da ordem jurídica, não é irracionalidade. Irracionalidade seria o anarquismo. O que pretende destacar é que no texto de 1934 se observa uma mudança no modo como ele critica o positivismo. Se no texto de 1922 a defesa do decisionismo pode ser lida como o que se põe a partir de uma falha no normativismo, haja vista o normativo, para sua eficácia, depender de o poder querer torná-lo, via coação, uma determinada ordem, agora, em 1934, a defesa da ordem concreta como fundamento se coloca a partir do que se poderia considerar uma falha no decisionismo. Como já apontado, o decisionismo é atrelado ao momento, por isso, é instável, o que implica arriscar o perdimento de um conteúdo estável (*cf.* SCHMITT, 1985, p. 3).

Considerando que o problema central com o decisionismo é o da estabilidade, –um problema já tratado por Hobbes, que considerou a democracia instável–, é possível, então, perceber a possível acurácia dessa tese interpretativa. Com isso, defende Sá, o pensamento da ordem concreta significaria uma superação do decisionismo (*cf.* SÁ, 2008, p. 6). Na verdade, trata-se de uma outra forma de entender o decisionismo, qual seja, em conexão com a ordem concreta, a qual supera o caráter pessoal do decisionismo e não perde o conteúdo estável, evitando o risco de anarquia. Portanto, se o normativismo se constitui em uma espécie de ilusão de que a norma regule sem uma vontade que a efetive, o decisionismo, por seu turno, é instável.

Uma instabilidade que já Hobbes detectara ao tratar de sua preferência pela monarquia (cf HOBBES, 1968, chap. XIX). Desse modo, no conceito de uma ordem concreta, a decisão pode finalmente se reconciliar com um conteúdo estável, depositado justamente em uma ordem que é concreta na sociedade.

Na verdade, não se trata de uma superação do decisionismo, mas da sua reconfiguração em novas bases, de tal forma a evitar algumas de suas inconveniências, em razão dos próprios objetivos que a política porta em Schmitt, dentre as quais a capacidade de dispor de poder e força para combater o inimigo. Ora, um sistema instável é inapto para isso. Tendo isso em vista é que se pode considerar que a sua proximidade com a teologia lhe fornece uma nova possibilidade interpretativa, a saber, a ideia de igreja e de comunhão, que lhe permitirá sustentar o caráter absoluto da soberania, tal qual formulado por Bodin e Hobbes, inclusive a soberania do povo, sem comungar com as premissas individualistas de Hobbes. Sob o ponto de vista filosófico, Hegel é mobilizado para tal empreitada:

> El Estado de Hegel, por el contrario, no consiste en la paz civil, la seguridad y el orden de un funcionalismo legal previsible y coactivo. No es ni mera decisión soberana, ni una 'norma de normas', ni una combinación alternativa entre excepción y legalidad de ambas representaciones del Estado. Es un concreto orden de órdenes, uma institución de instituciones. (SCHMITT, 1985, p. 3).

Portanto, a referência a Hegel denota também um posicionamento crítico em relação a Hobbes "Embora se aproprie implicitamente da argumentação hobbesiana naquilo a que se poderia chamar uma primeira elaboração do pensamento decisionista, Schmitt não pode deixar de participar das críticas de Hegel a uma tal argumentação" (SÁ, 2009a, p. 28), como aquela do §258 da sua filosofia do direito. O texto de 1934 é a maturidade de um sistema que combina as teses políticas e jurídicas de Schmitt no qual o individuo não é o ator principal.

O pensamento de uma ordem concreta encontra guarida, portanto, no pensamento de Hegel, um crítico justamente do contratualismo de Hobbes, que parece instrumentalizar o direito para uma finalidade comercial (*cf.* SCHMITT, 1996a, p. 51). Já na *Teologia Política* o sistema de Hegel houvera sido caracterizado como "coletivismo" (SCHMITT, 1985, p. 29): "But Hegelianism, like every rationalist system, thus negates the individual as accidental and inessential, and elevates the whole systematically into an absolute" (SCHMITT, 2000, p. 58). Hegel foi, inclusive, classificado como um pensador de estirpe política em O conceito de político, ainda que com uma face de Janus *(cf.* SCHMITT, S/l: Katariche, s/d, p. 38). De fato, Hegel é crítico do estado burguês e porta uma concepção forte de Estado com uma definição do inimigo *(cf.* SCHMITT, S/l: Katariche, s/d, p. 39). É desse modo que Schmitt se refere a Hegel:

> Todas las teonas individualistas del contrato del derecho racional abstracto, se ven aqui examinadas por Hegel con una superioridad soberana; la familia y el matrimonio son reconocidos de nuevo como comunidades naturales; la interpretacion de Kant del matrimonio como un contrato mutuo de individuos necesitados de sexualidad es calificado como algo «vergonzoso» *(Rechtsphilosophie,* §75); la sociedad civil queda articulada en un gran orden general mediante los estamentos, con sus especiales dignidades, y mediante las «corporaciones», y todo ello subordinado al Estado. Así se daba el fundamento teorico necesario para hacer inofensiva, tanto como fuera posible en la realidad del siglo XIX, la aspiracion a la totalidad de la sociedad civil contractual. (SCHMITT, 1996a, p. 51-52).

CONCLUSÃO

Entre a pureza de uma decisão que se sustenta a partir do nada e a concretude da comunidade de formas de vida prévias, poder-se-ia pensar em determinações analíticas da própria ordem que o soberano tem que decidir instituir, o que pode variar de um sistema mínimo que proíbe o homicídio a um sistema mais amplo que protege a liberdade liberal agnóstica. Poder-se-ia falar de condições de possibilidade de qualquer ordem. Se Schmitt tivesse acessado o problema via Hobbes e não via teologia, talvez pudesse ter chegado a uma solução diferente para o problema do decisionismo. Ora, mesmo teologicamente, a decisão do papa porta limites claros. Como já declinado, qual o sentido de uma declaração papal de que Deus não existe ou de que a Bíblia é um livro falso, escrito por profetas delirantes?

Não há que se falar aqui da reedição de formas de vida concretas, justamente as ruínas sobre as quais o soberano, de acordo com Hobbes, institui uma nova ordem. A analogia com a teologia é improcedente porque toma como modelo da associação política uma comunidade de valores particulares, calcados na fé. Transposto para o domínio político, tal modelo só pode assumir determinações totalitárias. Não por nada Schmitt detecta em Hobbes o pai da liberdade de fé, o pai do liberalismo. Claro, se o *Leviathan* se institui sobre as ruínas das ordens concretas que se desfizeram, a nova ordem pública terá que se instituir sobre determinações mais universais, como, no caso de Hobbes, o medo da morte.

No percurso da instituição dessa ordem, a decisão não opera no vácuo, mas se vincula ao medo que gera a ordem, podendo se dar ao luxo de tratar a fé como um assunto privado, pois o que mantém a ordem não depende da fé, mas do medo da morte. Um sistema baseado na identidade e homogeneidade, em uma ordem concreta da vida, precisa mobilizar os recônditos da alma para se constituir. Eis o totalitarismo. Uma ordem que se mantém para proteger a vida pode abdicar desse domínio. Isso distingue Hobbes de Rousseau, bem como distingue a democracia liberal da democracia totalitária. Ao analisar Hobbes, Schmitt se apercebe que o abandono da fé ao terreno do agnosticismo despe de alma o Leviathan e o converte de um Deus poderoso em um mecanismo de segurança.

De fato, para ele, a distinção Hobbesiana entre faith e confession é fator de enfraquecimento do *Leviathan*. Esse "foi o gérmen letal que destruiu desde dentro o poderoso Leviathan e que pôs em agonia terminal o Deus mortal" (SCHMITT, 2004, p. 51). Para ele, essa brecha de liberdade "deixa sem alma o Leviathan" (SCHMITT, 2004, p. 52), haja vista o acesso à interioridade lhe ter sido retirada. Ora, "as coisas divinas não podem ser impostas externamente" (SCHMITT, 2004, p. 56). Essa é a porta pela qual entra a opinião privada e a subversão; não é outro o fundamento de sua crítica ao parlamentarismo, na medida exata em que este destrona o Leviatã (HABERMAS, 2007, p. 71).

Essa leitura de Hobbes permanece oculta em O conceito do político, contudo, a noção de um direito à autoconservação do Estado não pode ser compreendida com acurácia sem essa interpretação, de tal forma que a torção interpretativa da década de trinta pode ser vista tanto sobre o eixo da teologia, quanto também da filosofia de Hobbes. Talvez, a vantagem de ter operado a partir de Hobbes, e não a partir da teologia, tivesse conduzido Schmitt a uma consideração não totalitária e não homogenia de democracia, nem ressuscitado o conceito de ordem concreta de matiz hegeliana. Ora, é justamente em *O conceito do político* que Schmitt observa a correlação entre proteção e ordem:

> El *protego ergo obligo es el cogito ergo sum* del Estado [...] Hobbes comprobó esta verdad en las peores épocas de la guerra civil porque en uma situación como ésa

> desaparecen todas las ilusiones legitimistas y normativistas con lãs cuales a las personas, durante las épocas de seguridad estable, les place autoengañarse em materia de realidades políticas. (SCHMITT, S/l: Katariche, s/d, p. 32).

Não se pode deixar de ver em uma afirmação como essa o eco do último parágrafo do *Leviathan,* segundo o qual, tudo que o obra intentou foi "the mutuall Relation between Protection and Obedience" (HOBBES, 1968, ch. XLVII). Como sustenta Schmitt, "El protego ergo obligo es el cogito ergo sum del Estado". (SCHMITT, S/l: Katariche, s/d, p. 32).

Em epítome, o texto de 1934 se mostra central na teoria de Schmitt, pois o pensamento jurídico da ordem concreta é capaz de conjugar a teoria política do decisionismo que houvera sido mobilizada na *Teologia Política* contra o normativismo com a estabilidade, o que se mostra deveras importante se for considerado que um dos objetivos centrais de Schmitt é o combate à anarquia. Ademais, é capaz de agregar também o conceito de democracia, desde que ela seja compreendida a partir da homogeneidade. Ora, não há como não vincular a ordem concreta com a homogeneidade exigida pela igualdade democrática. Nada melhor do que uma ordem concreta para homogeneizar e dar identidade. Essas formulações honram também o conceito de política como amigo-inimigo, pois a estabilidade pode ser considerada um fator importante no enfrentamento do inimigo.

Por fim, se mostra eficaz no combate ao positivismo, o qual é agora interpretado como uma mistura indevida de decisionismo e normativismo, mistura que acaba deformando a ambos, na medida em o que decisionismo fica a meio-caminho, vinculado a seu próprio passado, e o normativismo se deforma ao abdicar do direito racional e se atrelar à inércia dos desígnios de um legislador positivo que decide.

REFERÊNCIAS BIBLIOGRÁFICAS

AGAMBEN, Giorgio. *Homo sacer: o poder soberano e a vida nua I.* [H. Burigo: Homo sacer: il potere sovrano e la nuda vita I]. Belo Horizonte: Ed. da UFMG, 2002.

AQUINO, Tomás. *Suma teológica.* São Paulo: Loyola, s/d [9 volumes].

ARENDT, Hannah. *Crises of the Republic.* New York: Harcourt Brace Jovanovic, 1969.

______. *On Revolution.* New York: Penguin, 1977.

______. *The Origins of Totalitarianism.* San Diego, New York, London: Harcourt Brace, 1976 [1951].

BENTHAM, Jeremy. Anarchical Fallacies: Being an Examination of The Declarations of Rights Issued during The French Revolution. In: BENTHAM, Jeremy. *The Works of Jeremy Bentham.* 11 v.; V. 2. Edinburgh: William Tait, 1838-1843, [1780].

______. Pannomial Fragments. In: BENTHAM, Jeremy. *The Works of Jeremy Bentham.* 11 v.; V. 3. Edinburgh: William Tait, 1838-1843.

______. Principles of Morals and Legislation, Fragment on Government, Civil Code, Penal Law. In: BENTHAM, Jeremy. *The Works of Jeremy Bentham.* 11 v.; V. 1. Edinburgh: William Tait, 1838-1843.

BERNSTEIN, Richard J. The Aporias of Carl Schmitt. *Constellations.* V. 18, n. 3, 2011, p. 403-430.

BODIN, Jean. *Les six livres de la République.* Chicoutimi: Université du Québec, 2011.

BUENO, Roberto. *Uma interpretação conservadora revolucionária do político e da ditadura: o potencial totalitário de Carl Schmitt.* Tese de doutorado em direito. UFPR, 2011, a qual será brevemente publicada.

CALDWELL, Peter C. Controversies over Carl Schmitt: A Review of Recent Literature. *The Journal of Modern History.* V. 77, n. 2, 2005, p. 357-387.

CRISTI, Renato. Schmitt on Constituent Power and the Monarchical Principle. *Constellations*. V. 18, n. 3, 2011, p. 352-364.

DWORKIN, Ronald. *Taking Rights Seriously*. London: Duckworth, 1977.

HABERMAS, Jürgen. *Direito e democracia: entre faticidade e validade*. [2 v.]. [Trad. F. B. Siebeneichler: Faktizität und Geltung: Beiträge zur Diskurstheorie des Rechts und des demokratischen Rechtsstaats]. Rio de Janeiro: Tempo Brasileiro, 1997.

HEGEL, G. W. F. *Linhas fundamentais da filosofia do direito ou direito natural e ciência do Estado em compêndio*. A sociedade civil. [Trad. Marcos Lutz Müller]. Textos didáticos. 2. ed., Campinas: n. 21, 2000.

______. Linhas fundamentais da filosofia do direito ou direito natural e ciência do Estado em compêndio. O estado. [Trad. Marcos Lutz Müller]. *Textos didáticos*. Campinas: n. 32, 1998.

HOBBES, Thomas. *Leviathan, or Matter, Form, and Power of a Commonwealth Ecclesiastical and Civil*. [Edited by C.B. Macpherson]. London: Penguin, 1968 [1651].

KANT, Immanuel. *A metafísica dos costumes*. [Tr. J. Lamego]. Lisboa: Fundação Calouste Gulbenkian, 2005.

______. *A paz perpétua e outros opúsculos*. (Trad. A. Morão). Lisboa: E. 70, 1988.

KELSEN, Hans. *Teoria pura do direito*. [J. B. Machado: Reine Rechtslehre]. 3. ed., São Paulo: Martins Fontes, 1991.

KENNEDY, Ellen. Introduction: Carl Schmitt's Parlamentarismus in its Historical Context. In: SCHMITT, Carl. *The Crisis of Parliamentary Democracy*. 6. ed., [Trans. by Ellen Kennedy: Die geistesgeschichtliche Lage des heutigen Parlamentarismus]. Cambridge: MIT Press, 2000 [1923], p. XIII-XLIX.

______. Carl Schmitt and the Frankfurt School. *Telos*. V. 71, 1987, p. 37-66.

McCORMICK, John P. *Carl Schmitt's Critique Of Liberalism: Against Politics as Technology*. Cambridge: Cambridge University Press, 1999.

RAWLS, John. *A Theory of Justice*. [Revised Edition]. Oxford: Oxford University Press, 1999.

SÁ, Alexandre Franco de. *Do Decisionismo à Teologia Política. Carl Schmitt e o Conceito de Soberania*. Covilhã: Lusofia Press, 2009a. [http://www.lusosofia.net/textos/sa_alexandre_franco_de_o_conceito_de_teologia_politica_e_decisionismo_como_ficcao.pdf].

______. *O conceito de Teologia Política no Pensamento de Carl Schmitt e o Decisionismo como Ficção Jurídica*. Covilhã: Lusofia Press, 2009b. [http://www.lusosofia.net/textos/sa_alexandre_franco_de_o_conceito_de_teologia_politica_e_decisionismo_como_ficcao.pdf].

______. Decisão, Crença e o Sentido da Ordem Concreta no Pensamento de Carl Schmit t. Covilhã: Lusofia Press, 2008. [http://www.lusosofia.net/textos/sa_alexandre_franco_de_decisao_e_crenca.doc.pdf].

SAINT AUGUSTIN. *De libero arbitrio*. [Oeuvres de Saint Augustin; VI. Dialogues Philosophiques ; edição de F. J. Thonnard]. 2. ed., Paris: Desclée, 1952.

SCHMITT, Carl. *Legalidade e legitimidade*. [T. L. C. Romão: Legalität und Legitimität]. Belo Horizonte: Del Rey, 2007 [1932].

______. *Teologia política*. [E. Antoniuk: Politische Theologie; Politische Theologie II]. Belo Horizonte: Del Rey, 2006.

______. *El Leviathan en la teoría del estado de Tomas Hobbes*. [Trad. F. J. Conde]. Granada: Comares, 2004 [1938].

______. *Teoría de la Constitución*. [F. Ayala: Verfassungslehre]. Madrid: Alianza, 2003a, [1928].

______. *Verfassungslehre*. Berlin, 2003b, [1928].

______. *The Crisis of Parliamentary Democracy*. 6. ed., [Trans. by Ellen Kennedy: Die geistesgeschichtliche Lage des heutigen Parlamentarismus]. Cambridge: MIT Press, 2000 [1923].

______. *Sobre los tres modos de pensar la ciencia jurídica*. [M. Herrero: Über die drei Arten des rechtswissenschaftlichen Denkens]. Madrid: Tecnos, 1996a [1934].

______. *The Leviathan in the State Theory of Thomas Hobbes: Meaning and Failure of Political Symbol*. Westport, London: Greenwood Press, 1996b [1938].

______. The State as Mechanism in Hobbes and Descartes [1937]. In: SCHMITT, Carl. *The Leviathan in the State Theory of Thomas Hobbes: Meaning and Failure of Political Symbol*. Westport, London: Greenwood Press, 1996c [1938], p.91-104.

______. *O conceito do político*. [Trad. Álvaro L. M. Valls: Der Begriff des Politischen]. Petrópolis: Vozes, 1992 [1927, 1932].

______. *Political Theology: Four Chapters on the Concept of Sovereignty*. [Trans. by George Schwab: Politische Theologie: Vier Kapitel zur Lehre uon der Souveränität]. Cambridge: The MIT Press, 1985 [1922, 1934].

______. Die Diktatur: Von den Anfängen des modernen Souveränitätsgedankens bis zum proletarischen Klassenkampf. Munich & Leipzig: Duncker & Humblot, 1928 [1921].

______.El concepto de lo político. [Trad. Dénes Martos]. S/l: Katariche, s/d [1927, 1932].

SIEYÈS, Emmanuel Joseph. *Qu'est-ce que le tiers état?* Paris: Éditions du Boucher, 2002 [1789].

SLOMP, Gabriella. *Carl Schmitt and the Politics of Hostility, Violence and Terror.* New York: Palgrave Macmillan, 2009.

WALDRON, Jeremy. Kant's Legal Positivism. *Harvard Law Review*. N. 109, 1995-1996, p. 1535-1566.

WHEELER, Brett R. Law and Legitimacy in the Work of Jürgen Habermas and Carl Schmitt. *Ethics & International Affairs*. N. 15, v. 1, 2001, p. 173-183.

FUNDAR A LIBERDADE. ARENDT E A CONSTITUIÇÃO

HELTON ADVERSE[1]

Hannah Arendt não pode ser considerada uma pensadora do direito, mas uma pensadora do político que reserva um lugar importante, no âmbito de suas reflexões, para as questões jurídicas. De meu ponto de vista, a linguagem que Arendt fala não é a da jurisprudência e sim aquela que J. G. A. Pocock denominou de "linguagem da virtude". De modo muito esquemático, Pocock distingue dois "vocabulários" predominantes na história do pensamento político *(cf.* POCOCK, 1985, p. 40): o primeiro, de maior alcance e de enraizamento muito profundo no terreno filosófico, seria o vocabulário jurídico, constituído em torno da ideia de "lei" e, mais originariamente, em torno da idéia de "lei natural". De acordo com Pocock, este vocabulário, embora tenha prevalecido na cultura ocidental por muitos séculos (e exatamente por isso), não deve fazer esquecer a existência de um outro idioma, que faz a economia das categorias jurídicas ou, ao menos, não lhes concede um papel preponderante; trata-se, então, do vocabulário da virtude, estreitamente associado com o humanismo cívico e com a tradição republicana (*cf.* POCOCK, 1985, p. 38).

Como este não é o lugar apropriado para reconstituir a argumentação de Pocock, gostaria de chamar a atenção para o elemento que, segundo ele, está no centro das distinções entre essas diferentes tradições de pensamento: o conceito de liberdade, no primeiro caso, é associado ao direito, adquirindo um aspecto marcadamente negativo *(cf.* POCOCK, 1985, p. 40), uma vez que consiste em *liberdade de,* ou seja, a possibilidade de um cidadão (mais especificamente, um *burguês)* de "praticar seus próprios afazeres protegido pelos direitos e imunidades que a lei assegura" (POCOCK, 1985, p. 40). Em contrapartida, no idioma republicano, está articulada "uma concepção positiva de liberdade", em cujo núcleo está a convicção de que o "[...] *homo,* o *animale politicum,* estava constituído de tal maneira que sua natureza era completada apenas na *vita activa,* praticada no *vivere civile,* e que a *libertas* consistia na liberdade de restrição à prática de tal vida". (POCOCK, 1985, p. 40-41).

---

[1] Helton Machado Adverse é Professor Associado do Departamento de Filosofia da Universidade Federal de Minas Gerais (UFMG). Doutor em Filosofia pela Universidade Federal de Minas Gerais (2003). Mestre em Filosofia (Conceito CAPES 6 / UFMG). Tem experiência na área de Filosofia, com ênfase em Filosofia Política Moderna e do Renascimento e História da Filosofia. Graduação em Psicologia (Fundação Mineira de Educação e Cultura). Currículo Lattes: http://buscatextual.cnpq.br/buscatextual/visualizacv.do?id=K4798638H9

Em que pese o forte esquematismo e o caráter programático dessas distinções, com o evidente colorido berliniano[2], elas me parecem pertinentes para situar Arendt frente à tradição do pensamento político. Acredito que ela está muito mais próxima da tradição republicana do que daquela que, sem muito rigor, poderíamos chamar de "liberal". Porém, a divisão esquemática logo revela suas limitações quando torna-se evidente o fato de os dois vocabulários serem, não raras vezes, combinados, ou um tomar algo de empréstimo de outro. Certamente, uma orientação ou outra prevalece, de modo que é possível identificar, sem grandes prejuízos hermenêuticos, uma filosofia política com alguma dessas tradições. No que concerne à obra de Arendt, estou muito inclinado a considerá-la uma pensadora da linhagem republicana que confere grande relevância a certas categorias jurídicas, como "lei" e "constituição".

Antes, porém, de iniciarmos a análise desses temas na obra de Arendt, vale a pena fazer um esclarecimento: no contexto da tradição republicana, essas noções sempre desempenharam uma função importante. De Cícero a Rousseau, passando por Maquiavel e Harrington, a idéia de liberdade jamais se dissocia da idéia de lei. O ponto crucial que diferencia o republicanismo de uma tradição "jurídica" é aquele concernente ao "direito", especialmente em sua dimensão privada. Por isso, não penso ser necessário referir-me aqui às diferentes concepções de liberdade (não interferência, não dominação), tema dominante nos debates recentes acerca das relações entre republicanismo e liberalismo[3], mas ao problema mais específico da relação entre liberdade e lei.

O texto em que Arendt se detém mais longamente sobre a relação ente o político e o jurídico é, certamente, o livro *Sobre a revolução*. Com efeito, não somente Arendt retoma, de modo um pouco mais sistemático, algumas das considerações que havia feito sobre a noção de lei em sua relação com a política, mas, pela primeira vez, se decide a enfrentar um dos temas maiores da filosofia política e da filosofia do direito das duas primeiras décadas do século XX, isto é, o tema da constituição. É preciso notar que Arendt realiza esse movimento no contexto da análise das revoluções francesa e americana, desenvolvendo, sobre esse pano de fundo histórico, suas teses mais polêmicas acerca do destino político da modernidade, denunciando o processo de *despolitização* que a caracteriza desde o começo do século XIX.

Para ilustrar esse processo (e dar início ao exame do problema da constituição em Arendt) vale a pena referir-se ao tema principal do capítulo 3 de *Sobre a revolução*, ou seja, a "busca da felicidade". Segundo Arendt, essa expressão, presente na Declaração de Independência dos Estados Unidos redigida por Thomas Jefferson, teve seu sentido original esquecido. Comportando inicialmente uma ambigüidade –pois indicava tanto a felicidade individual quanto a "felicidade pública"– a expressão irá, após o momento revolucionário, perder sua acepção política em favor

---

[2] Junte-se a isso o fato de Pocock inserir nessa divisão sua tese de que o republicanismo renascentista era de matriz aristotélica.

[3] As referências maiores são, certamente, os livros de P. Pettit (ver PETTIT, 1997) e de Q. Skinner (ver SKINNER, 1998). Para uma discussão pormenorizada sobre as diferentes concepções de liberdade na tradição republicana e na liberal, ver SPITZ, (1995) e também Larmore (In: NADEAU; WEINSTOCK, 2004, pp. 83-103).

de uma acepção privada, sendo integrada na lista dos direitos individuais a serem garantidos pelo poder público (ver ARENDT, 1990, p. 124-40). Este estreitamento de significado é, então, emblemático para Arendt porque a afirmação dos direitos individuais, embora um elemento inegavelmente importante nos movimentos revolucionários do século XVIII, não pode ser o objetivo primeiro de uma revolução em seu sentido mais pleno. Se isso ocorre, temos o indício de que a revolução perdeu seu espírito original, qual seja, fundar a liberdade.

O que está no centro da argumentação de Arendt é a diferença entre *liberdade* e *liberação*[4]. A luta pelo reconhecimento dos direitos individuais marca a revolta contra as formas opressivas de dominação de governos despóticos. Porém, essa reivindicação, por si só, não é o suficiente para fundar uma *república,* forma de governo na qual os cidadãos tem assegurado o direito de participar ativamente do exercício do poder. A proteção dos direitos individuais é, assim, perfeitamente compatível com as formas autocráticas de governo, ao passo que a fundação da liberdade (tomada em um sentido positivo, quer dizer, como uma capacidade para a ação no espaço público) requer a constituição de um estado republicano. Este é, sem dúvida, um dos principais pontos de apoio para a tentativa de inscrição do pensamento de Hannah Arendt na tradição republicana em sua vertente mais radical, isto é, aquela que ficou denominada, a partir dos trabalhos de Hans Baron e de Pocock, de "humanismo cívico"[5]. Sem colocar em xeque essa interpretação (que me parece inteiramente plausível), gostaria de examinar o seguinte problema: qual a relação entre a "produção" de uma constituição e a fundação da liberdade, de um lado, e a afirmação dos direitos individuais, de outro? Formulando de modo diferente: quais são os laços que Arendt identifica entre os processos revolucionários (seja aquele que obtém êxito seja aquele que fracassa) com a elaboração de uma constituição?

Diz Arendt: "Nas condições modernas, o ato de fundação é idêntico à criação *(framing)* de uma constituição" (ARENDT, 1990, p. 125). Trata-se, aqui, de um juízo de fato, de uma constatação histórica, mas que evidencia a sensibilidade de Arendt às condições sob as quais fazemos política na modernidade. A ação política, embora seja um fim em si mesmo, como Arendt havia afirmado em *A condição humana* (ver ARENDT, 1958), não pode dispensar a referência a uma dimensão jurídica e institucional[6]. Mas como a constituição pode desempenhar esse papel?

Na tradição do pensamento jurídico, frequentemente o constitucionalismo esteve associado ao esforço de impor limitações ao poder político[7]. A partir do século XVII, esta resistência ao poder estará articulada, sobretudo, em torno da noção de direito individual (passo, propositadamente, ao largo do problema da

[4] Distinção que Arendt estabelece desde o primeiro capítulo do livro. Ver, por exemplo, pp. 31 e ss.

[5] Para uma aproximação entre o pensamento de Arendt e a tradição republicana ver, entre outros, o livro de Margaret Canova (ver CANOVAN, 1992, p. 201-252). No que concerne aos pontos de convergência entre Arendt e o chamado "humanismo cívico", ver KOHN, (2005, p. 138-148).

[6] Um dos poucos autores a chamar a atenção para esse aspecto do pensamento de Arendt é J. Waldron, como vemos em "Arendt's Constitutional Politics" (In: VILLA, 2000, p. 201-219). Ainda mais recentemente, este tópico foi desenvolvido por Andreas Kalyvas (ver KALYVAS, 2006, p. 187-291).

[7] Para essas considerações, baseio-me fortemente nos estudos de Olivier Beaud (ver BEAUD, 2009, p. 1-29) e de G. Stourzh (ver STOURZH, 1988, p. 159-193; 1979, p. 347-367).

fundamentação desses direitos). Não é, contudo, esta função crítica que Arendt destaca na noção de constituição: antes, é seu papel mais positivo que lhe interessa, isto é, sua capacidade de estabelecer a moldura jurídica na qual o poder político (que não deve ser confundido com o governo) deverá ser exercido. Como veremos, essa ideia de constituição, apesar do evidente parentesco com sua acepção antiga, clássica, aristotélica, irá adquirir um sentido muito peculiar na obra arendtiana. Para compreendê-lo, gostaria de avançar os seguintes pontos: em primeiro lugar, a constituição, como resultado das ações humanas no espaço político, não é obra de um perito, um *expert* em matéria política. Antes, a formulação de uma constituição é a tarefa primeira dos cidadãos quando desejam assegurar a continuidade do espaço político em que exercem sua liberdade. Trata-se, portanto, de "estabelecer os limites do novo domínio político e de definir as regras em seu interior" (ARENDT, 1990, p. 126) com as quais seria possível preservar, para as futuras gerações, não somente a liberdade e a felicidade públicas, mas também o espírito revolucionário que estava na origem do novo corpo político.

Se retivermos a proposição de Arendt segundo a qual a constituição não pode ser reduzida a um conjunto de leis fabricadas por um legislador, então poderemos perceber algumas afinidades com a distinção schmittiana entre constituição em seu sentido absoluto e constituição em seu sentido relativo. A constituição em seu sentido absoluto expressa uma totalidade, isto é, o modo concreto de existência de uma unidade política (*cf.* SCHMITT, 2008, p. 59), ao passo que a constituição em seu sentido relativo é simplesmente um conjunto de leis individuais (*cf.* SCHMITT, 2008, p. 67). (Essa distinção implica a diferença entre constituição e lei constitucional, a primeira referindo-se à forma concreta de existência política de um povo e a segunda a uma norma legal que regula um de seus aspectos). Gostaria de fazer uma longa citação de Schmitt para esclarecer este ponto:

> O primeiro significado de constituição = a condição concreta, coletiva da unidade política e da ordem social de um estado particular. A unidade política e a ordem social é parte de todo estado. Ela é, em outras palavras, algum princípio de unidade e ordem, alguma autoridade decisória que é definitiva em caso de conflitos de interesse e de poder. Podemos nomear esta condição coletiva de unidade política e de ordem social uma constituição. A palavra, então, designa não um sistema ou uma série de princípios e normas legais, de acordo com os quais a formação da vontade do estado e o exercício da atividade do estado se regulam, e na obediência do qual a ordem é evidente. Antes, ele designa realmente o estado concreto, individual, tal como o Reich alemão, a França ou a Inglaterra, em sua existência política concreta. O estado não *tem* uma constituição, que se forma a si mesma e funciona de acordo com a vontade do estado. O estado *é* constituição; em outras palavras, uma condição realmente presente, um *status* de unidade e ordem. O estado deixaria de existir se esta constituição, mais especificamente, esta unidade e ordem, deixassem de existir. A constituição é sua 'alma', sua vida concreta e sua existência individual. (SCHMITT, 2008, p. 59-60).

Desnecessário dizer que Arendt não acompanha Schmitt em vários aspectos de sua teoria constitucional, sobretudo no que concerne ao fundamento da constituição, que Schmitt, seguindo Sieyès, identifica com o *poder constituinte,* o que equivale a dizer que, segundo seu ponto de vista, a constituição é a manifestação de uma vontade coletiva e, portanto, um dispositivo político inseparável do exercício da soberania. Ora, no que concerne a este último aspecto, a concepção arendtiana de constituição se quer alheia à categoria de soberania e revela-se estranha à idéia de unidade política.

No que diz respeito a esse caráter central da constituição, poderíamos ainda nos perguntar se sua elaboração, não reduzida a uma mera "fabricação" levada a cabo por especialistas, não teria uma dupla relevância política: em primeiro lugar, como é evidente no conceito absoluto de constituição, ela expressa a forma do estado; em segundo lugar, ela poderia ser compreendida como "atividade", o que nos levaria de volta ao texto de Schmitt, mais especificamente a seu conceito "positivo" de constituição. Nesta acepção, a constituição é compreendida como derivando de um *ato* do poder constituinte segundo o qual o corpo político estabelece *(põe)* a forma e tipo de sua unidade política. Trata-se, portanto, de uma *decisão* consciente, realizada por intermédio daquele que detém o poder constituinte, a partir da qual um povo provê para si mesmo uma constituição *(cf.* SCHMITT, 2008, p. 75-76). *O que permite a aproximação desta concepção àquela presente no texto de Arendt é o fato de a constituição estar fortemente ligada à prática política de um povo e seu fundamento ser de natureza política.* Com efeito, o conceito positivo de constituição é incompatível com qualquer normativismo: a constituição não é capaz de extrair de si mesma ou da correção de suas normas seu princípio de validade:

> Lingüisticamente, talvez seja ainda possível dizer que a constituição 'estabelece a si mesma' sem imediatamente notar o caráter estranho desta maneira de falar. Contudo, que a constituição 'estabeleça a si mesma' é obviamente sem sentido e absurdo. A constituição é válida em virtude da vontade política que a estabelece. Qualquer tipo de norma legal, mesmo a lei constitucional, pressupõe que tal *vontade* exista. (SCHMITT, 2008, p. 76).

Arendt, como é bem sabido, lançará severas críticas ao conceito de vontade, mostrando sua incompatibilidade com a condição humana da pluralidade. No entanto, ela parece compartilhar a convicção de que a constituição deve ser integrada no conjunto das atividades políticas realizadas pelos homens. Ela não é, portanto, o resultado dessa atividade; antes, ela consiste em uma de suas formas privilegiadas. Em termos schmittianos, a decisão (que é a constituição) se confunde com o próprio exercício do poder político. Em Hannah Arendt, a liberdade pública é também experimentada na definição da forma que deve adquirir o corpo político. Nesse sentido, a discussão que envolve federalistas e antifederalistas não se situa em um registro *pré* ou *extrapolítico,* mas é essencialmente política[8].

---

[8] Ao entender a constituição como uma decisão positiva (manifestação, portanto, da vontade política), é compreensível que Schmitt tome como paradigma do constitucionalismo moderno a Revolução Francesa. Ao entender a constituição como decorrente da atividade política (ação e discurso), Arendt somente poderia se interessar pela constituição americana, mas isso, por si só, não explica, evidentemente, seu interesse pelo constitucionalismo americano. Como veremos mais adiante, é de grande relevância para Arendt o fato de ser estranha aos americanos a idéia de *nação,* assim como o caráter arbitrário do poder constituinte. Este

O segundo ponto que gostaria de discutir concerne ao modo como a constituição, uma vez tomada em uma acepção essencialmente política, cumpre seu papel de "estabilizadora" das relações políticas. Para isso, preciso me deter sobre os capítulos 4 e 5 de *Sobre a revolução*, onde Arendt esclarece, mais uma vez na contracorrente do positivismo jurídico, que a constituição, por um lado, 1) deve ser tomada em uma acepção eminentemente política e, por outro, 2) deve ter um enraizamento simbólico[9].

1) Como vimos, Arendt havia equacionado a fundação dos corpos políticos na modernidade com a elaboração de uma constituição. No capítulo 4, caberá esclarecer que a nova constituição não visa a um simples restabelecimento da ordem. Coerente com suas análises do sentido do termo "revolução" na modernidade (que implica um novo começo e tem por finalidade fundar a liberdade), Arendt irá afirmar que a constituição coincide com a criação de um novo espaço político em que a liberdade deve ser conservada *(cf.* ARENDT, 1990, p. 142). Nesse sentido, Arendt rejeita a redução do problema da constituição em termos de "governo constitucional", assim como havia rejeitado a possibilidade de uma revolução permanente. Isso porque nos movimentos políticos que resultaram em um governo constitucional (especialmente aqueles ocorridos no período do entre-guerras), as constituições não foram uma conseqüência da revolução; antes, elas foram "obra de experts" cujo propósito era "deter a corrente da revolução, e se elas também servissem para limitar o poder, era o poder do governo assim como o poder revolucionário do povo cuja manifestação havia precedido seu estabelecimento" (ARENT, 1990, p. 144). Desconfiando, portanto, da possibilidade de uma autêntica "ciência da fundação"[10], Arendt privilegia um sentido específico do termo *constituição*: trata-se, como já havia afirmado Thomas Paine, não de um ato de governo, "mas de um povo constituindo um governo" (ARENDT, 1990, p. 145).[11] Mas com qual finalidade ele o faz? Na perspectiva de Arendt, a tarefa primeira da constituição, ao menos no caso americano, é "estabelecer sistemas de poder" com os quais o exercício da liberdade possa ser assegurado, e não garantir direitos *(cf.* ARENDT, 1990, p. 147-8).

A vantagem de se insistir nessa acepção política de constituição é que ela afasta Arendt daqueles que interpretam o constitucionalismo americano em chave liberal. A exemplo que irão fazer, já nos anos 1960, B. Baylin e G. Wood, a interpretação arendtiana reforça o matiz republicano do movimento revolucionário do Estado Unidos, colocando, então, no centro de suas preocupações não o problema da "limitação do poder" e a "proteção dos direitos", mas o da criação de poder. E

último aspecto pode ser melhor compreendido se tivermos em mente o papel que o modelo contratualista desempenhou no republicanismo americano: a fonte do poder não é a vontade da nação, mas o acordo mútuo, o contrato e a promessa que vinculam os homens. A esse respeito, ver SCHEUERMAN, (1998, p. 252-280).

[9] A respeito, ver BIGNOTTO, (2011, p. 41-58). Ao "simbólico", N. Bignotto acrescenta "imaginário".

[10] Ver o artigo de N. Bignotto, "Arendt e a Revolução Francesa", citado acima.

[11] A referência é a passagem de *Rights of man* em que Paine afirma que "uma constituição não é algo somente no nome, mas de fato; ela não tem uma existência ideal, mas real e onde não pode ser produzida em uma forma visível ela não existe. Uma constituição é algo antecedente a um governo, e um governo é apenas uma criatura da constituição". (PAINE, 1989, p. 89).

como a constituição pode operar dessa maneira? Para Arendt a influência de Montesquieu, e de sua teoria da divisão dos poderes, é uma das razões que permitem explicar o sucesso do empreendimento americano. A concepção de constituição, presente em *O espírito das leis,* foi, de acordo com Arendt, fundamental para que os americanos pudessem encontrar a expressão jurídica de sua experiência política, isto é, da liberdade. Montesquieu aparece, então, aos olhos de Arendt não como o proto-liberal que havia preconizado a divisão dos poderes como um mecanismo de controle das instâncias de poder, mas sim como o pensador que compreendeu pela primeira vez que a constituição, no sentido de arranjo institucional no qual o "poder detém o poder", vincula fortemente o poder e a liberdade[12]. Por qual via?

A descoberta de Montesquieu de que "o poder detém o poder" concernia, segundo Arendt, à "natureza do poder, e esta descoberta está em contradição tão flagrante com todas as noções convencionais sobre esta matéria que ela quase foi esquecida, apesar do fato de que a fundação da república na América ter sido largamente inspirada por ela" (ARENDT, 1990, p. 151). Mas qual o sentido da proposição? Para Arendt é preciso complementá-la para que revele toda sua profundidade: a "apenas o poder detém o poder" devemos acrescentar: "sem destruí-lo, sem colocar a impotência no lugar do poder" (ARENDT, 1990, p. 151), porque o poder pode, claro, ser destruído pela violência. Por outro lado, a frase indica que não é possível controlar *(to check)* o poder pelas leis porque o que elas limitam não é o poder, mas a violência, ou seja, "a força multiplicada de alguém que monopolizou o poder de muitos" (ARENDT, 1990, p. 151). As leis não podem limitar o poder pela simples razão de que elas se originam do poder. Elas podem limitar a ação individual que ameaça a preservação do espaço político, mas não a fonte a partir da qual este vem a existir. É por isso que Arendt pode dizer que no "conflito entre lei e poder, raramente a lei emergirá como vencedora" (ARENDT, 1990, p. 151). Por fim, o sentido da expressão "apenas o poder detém o poder" é completamente distinto daquele que lhe é atribuído tradicionalmente. Não é a suspeita do poder (que expressa a mais profunda falta de confiança no político) que inspirava as reflexões de Montesquieu; muito menos estava ele primordialmente concernido com o estabelecimento de controles institucionais ao exercício do poder. Para Arendt, Montesquieu compreendeu o seguinte:

> O poder pode ser parado, mantido intacto, apenas pelo poder, de modo que o princípio da separação de poder não somente provê uma garantia contra a monopolização do poder por uma parte do governo, mas realmente provê uma espécie de mecanismo, construído no próprio coração do governo, através do qual novo poder é constantemente gerado sem, contudo, ser capaz de crescer em demasia e se expandir em detrimento de outros centros de poder. (ARENDT, 1990, p. 151).

[12] É precisamente essa associação íntima entre constituição e liberdade que confere ao pensamento de Montesquieu, segundo O. Beaud (cujas análises, neste ponto, convergem com a de Arendt), seu caráter inovador. Ver BEAUD, (2009, p. 11).

Essas considerações tocam diretamente o problema maior da formação da república americana: como estabelecer uma união entre estados confederados que não implique a diminuição de seus poderes. Na linguagem da época, como reconciliar as vantagens da monarquia nos assuntos externos com as da república nos assuntos internos. O grande desafio dos americanos era então "erigir um sistema de poderes que controlariam e equilibrariam *(check and balance)* de tal modo que nem o poder da união nem o de suas partes, os estados devidamente constituídos, diminuiriam ou destruiriam um ao outro" (ARENDT, 1990, p. 152). Os fundadores da república, especialmente Madison, estavam convencidos de que a constituição do poder da união não apenas era compatível, mas dependia da conservação do poder dos estados. O que interessa observar, porém, é que nesse sistema em que o "poder gera poder" detectamos a presença de uma concepção de poder político muito distante daquela que predominava no outro lado do atlântico e orientava a prática política dos homens de ação: *o poder é incompatível com a soberania.* A grande inovação dos americanos em política, segundo Arendt, era "a consistente abolição da soberania no interior do corpo político da república", isto é, "o *insight* de que no domínio dos afazeres humanos a soberania e a tirania são o mesmo". (ARENDT, 1990, p. 152).

Qual concepção de constituição podemos, finalmente, extrair dessas considerações de Arendt? Se, de maneira geral, foi destacado seu caráter eminentemente político, é necessário chamar a atenção para seu sentido específico de arranjo institucional com o qual é possível estreitar o laço entre poder e liberdade. A constituição surge, neste contexto preciso, como um aparato que, tendo sua origem na ação em conjunto, é responsável por dispor no interior do corpo político as relações de poder de modo a garantir seu incremento e a manutenção da liberdade. Os americanos, ao implementarem um sistema federalista e ao adotar o princípio da divisão dos poderes, fundaram, pela primeira vez na modernidade, um estado no qual não somente eram dadas as garantias constitucionais de proteção dos direitos individuais, mas também eram conservados os princípios que animam o empreendimento revolucionário: a criação de um espaço público em que os seres humanos podem agir e exercitar sua liberdade. Em poucas palavras, os americanos inventaram uma forma de exercício do poder político que nada tinha a ver com a soberania, entendida como supremacia política e jurídica (logo, como forma de dominação). A constituição, assim, embora tenha também o sentido de lei suprema (law *of the land),* está a serviço da igualdade política porque traduz na linguagem institucional a igualdade que os homens conheciam no momento em que a ela deram origem.

2) Arendt, porém, deve ainda esclarecer o sentido "simbólico" de constituição, mostrando que uma de suas funções primordiais é estabilizar o corpo político na medida em que introduz um princípio de autoridade.

Essa função da constituição apenas pode ser compreendida à luz das reflexões de Arendt acerca da perda da autoridade na modernidade, as quais não posso aqui reconstituir. No entanto, acredito ser suficiente para meus propósitos fazer notar a sensibilidade de Arendt ao problema crucial para a filosofia política moderna:

a falta de um fundamento último para a política ou, na linguagem de Arendt, a perda do absoluto. A ausência desse fundamento, dessa fonte transcendente é, na verdade, uma decorrência necessária da modernidade, uma vez que, "rompido o fio da tradição", a adoção de referenciais definitivos e absolutos para orientar nossas ações no campo político cede lugar à incerteza e indeterminação.

Mas a perda da normatividade do passado está longe de decidir o destino político da modernidade porque, juntamente com ela, nos é restituída a capacidade de dar significação ao contingente do tempo presente, ao mesmo tempo em que amplia nosso horizonte de ação[13]. O maior obstáculo, identificado por Arendt, está em encontrar um elemento que impeça que o exercício da liberdade resvale em pura arbitrariedade, que o poder se transforme em violência destruidora. O desafio, portanto, é encontrar um princípio que norteie a ação sem enrijecê-la a ponto de lhe retirar a espontaneidade. Este princípio irá fazer as vezes da autoridade na medida em que irá assegurar uma continuidade no tempo entre ações de hoje e aquelas do passado. Mas, diferentemente da autoridade em sua acepção tradicional, esta nova autoridade, e o princípio que a informa, devem ser imanentes (ver KALYVAS, 2006, p. 242).

Em que pese o caráter paradoxal do termo "autoridade imanente" (que, diga-se de passagem, Arendt não utiliza), o que está em jogo é precisamente a possibilidade de institucionalizar o campo da ação política, assegurando-lhe um grau relativo de ordem, sem recorrer a um elemento que o transcenda. Para Arendt isso é possível se este princípio for remetido à própria ação e, mais especificamente, àquela ação característica de todo processo revolucionário, isto é, a fundação. Ora, o passo que resta a Arendt dar é aquele que consiste em atrelar, seguindo a história revolucionária americana, este princípio à própria constituição, pois ela será o correlato institucional do ato de fundação, o qual traz consigo a autoridade. Esta autoridade nada tem a ver com a crença em um legislador imortal nem mesmo com as chamadas "verdades evidentes" referidas no preâmbulo da Declaração de Independência dos Estados Unidos; muito menos seria ela uma nova forma de absoluto para conferir validade às leis e ao governo. Trata-se antes da autoridade no sentido romano. E em que ela consiste? Para os romanos,

> [...] a autoridade não estava posta nas leis, e a validade das leis não derivava de uma autoridade acima delas. Ela era incorporada por uma instituição política, o senado romano –*potestas in popolo,* mas *auctoritas in senatu*– e o fato de que a câmara alta foi nomeada de acordo com essa instituição romana é muito sugestivo, visto que o senado americano tem pouco em comum com o modelo romano, ou mesmo com o veneziano; ele mostra claramente como a palavra se tornou cara ao espírito dos homens que se sintonizaram com o espírito da 'antiga prudência'. (ARENDT, 1990, p. 199).

[13] O que está em questão aqui é a concepção arendtiana de História, com sua recusa a todo determinismo e a categórica rejeição da noção de progresso. No que concerne à ampliação da capacidade de ação, ela é, como espero mostrar em seguida, mais claramente manifesta na experiência política, tipicamente moderna, da fundação. A respeito deste tema (e em cotejamento com Walter Benjamin) vale a pena ler o artigo de Cantinho (ver CANTINHO, 2007, p. 231-243).

Contudo, os americanos não reconhecerão o senado como a sede da autoridade, introduzindo uma mudança frente à tradição romana: o lugar da autoridade será deslocado para o ramo judiciário do governo, mais precisamente, a Suprema Corte. Esta mudança, longe de se dever a uma incompreensão da história institucional romana, captura o que há de essencial no espírito romano, a saber, a distinção entre poder e autoridade. Isso porque o judiciário é, entre os ramos do poder, precisamente aquele mais fraco (como Montesquieu já havia observado), uma vez que as cortes de justiça não possuíam nem Força nem Vontade, mas meramente juízo.[14] Ao lado dessa fraqueza, isto é, sua incapacidade de agir, a outra prova de que a sede da autoridade, no sistema americano, é a Suprema Corte consiste na permanência no cargo. Tendo em vista a independência dos juízes, indispensável para que cumpram corretamente sua tarefa de guardiões da Constituição, Hamilton havia defendido a permanência dos membros da Suprema Corte de modo vitalício. Arendt, porém, percebe aí não um requisito para a imparcialidade e sim um elemento de continuidade; uma continuidade, vale a pena observar, que permite transformar a Suprema Corte em uma espécie de Assembléia Constitucional em constante sessão, como definira W. Wilson.

Há, assim, uma grande diferença entre a autoridade romana e a americana. A romana, centrada no Senado, era uma atividade política, consistindo basicamente no dar conselhos; a americana, como podemos ver, é uma autoridade legal, consistindo na interpretação. Essa diferença se explica por suas diferentes origens: enquanto a Suprema Corte deriva sua autoridade da Constituição, o senado romano deriva seu poder do fato de ser integrado pelos representantes dos *patres*, isto é, os *maiores*, os fundadores de Roma. Os fundadores da cidade se tornavam presentes por meio dos senadores e, com eles, estava presente também "o início, o *principium* e o princípio, daquelas *res gestae* que formava a história do povo de Roma. Pois *auctoritas*, cuja raiz etimológica é *augere*, aumentar e crescer, dependia da vitalidade do espírito de fundação, em virtude do qual era possível aumentar, crescer e alargar as fundações como haviam sido lançadas pelos ancestrais". (ARENDT, 1990, p. 201).

Arendt faz notar que, no contexto romano, a conservação do princípio de autoridade era assegurada pela tradição, isto é, pela linha contínua de sucessores dos pais fundadores. Por esse motivo, "estar na autoridade" significava estar ligado ao começo, à fundação da cidade, em um sentimento de *pietas*. Este era o ponto central da experiência política romana: o alto valor concedido à fundação derivava de sua capacidade única de dar início a uma comunidade política ao mesmo tempo em que estabelecia a condição de sua preservação. O ato de fundar era, assim,

[14] A fonte de Arendt é Hamilton, *Federalista 78*. Reproduzo a passagem na íntegra: "Quem quer que considere com atenção os diferentes departamentos do poder deve perceber que em um governo no qual eles são separados uns dos outros o judiciário, por causa da natureza de suas funções, será sempre o menos perigoso aos direitos políticos da constituição porque ele disporá de menor capacidade para prejudicá-los ou feri-los. O executivo não apenas dispensa as honras, mas segura a espada da comunidade. O legislativo não apenas comanda a bolsa, mas prescreve as regras pelas quais os deveres de cada cidadão deverão ser regulados. O judiciário, pelo contrário, não tem influência sobre a espada ou a bolsa, nenhuma direção sobre a força ou sobre a riqueza da sociedade e não pode tomar qualquer resolução ativa. Podemos verdadeiramente dizer que ele não possui nem Força nem Vontade, mas apenas juízo (*judgment*) e deve, por fim, depender da ajuda do braço executivo mesmo para a eficácia de seus julgamentos". (HAMILTON, 2003, p. 378).

compreendido como a ação política por excelência e aquele capaz de realizá-la dava mostra da mais elevada virtude política. Arendt lembra a passagem do *De republica* em que Cícero afirma que "não há nada em que a virtude humana se aproxime mais intimamente da divina do que na fundação de cidades ou na preservação daquelas já fundadas" (I, 7). Entrelaçavam-se nesse mesmo ato a autoridade, a religião e a tradição, constituindo, diz Arendt, a "espinha dorsal" da história romana do começo ao fim, a autoridade aparecendo como o elemento capaz de ligar o passado ao futuro, a constância à mudança, o velho e o novo.

Não é difícil compreender a força atrativa que pôde exercer sobre os revolucionários do século XVIII a concepção romana de fundação. Com efeito, eles se encontravam diante da difícil tarefa de encontrar um fundamento sólido para o estado que acabavam de construir: como assegurar sua perpetuidade? Como impedir que ele se destrua sob o efeito do tempo? Como conferir legitimidade àquilo que é recém-criado, isto é, que não pode se beneficiar da sanção da antiguidade? O conceito romano de autoridade era atraente porque "sugeria que o ato de fundação inevitavelmente desenvolve sua própria estabilidade e permanência, e a autoridade nesse contexto não é nem mais nem menos do que uma espécie de 'aumento' em virtude do qual toda inovação e todas as mudanças permanecem atadas à fundação, a qual, ao mesmo tempo, elas aumentam e fazem crescer" (ARENDT, 1990, p. 202). A coincidência entre fundação e conservação era a própria essência do espírito romano que os americanos foram capazes de revigorar na elaboração de sua constituição.

Por esse motivo, os americanos entenderam por "constituição" sobretudo o ato de fundação, sendo o documento escrito que dele resulta merecedor de respeito e adoração na medida em que porta a marca do espírito revolucionário. A função propriamente jurídica da constituição é subalterna à sua função política. No âmbito da teoria constitucional, a constituição é, de modo geral, definida como um dispositivo jurídico que enquadra o poder político. Assim, Dieter Grimm entende que sua intenção primeira é "reger, globalmente e unitariamente, por uma lei superior a todas as outras normas, o poder político em sua formação e modos de exercício".[15] Os textos de Arendt parecem formular um conceito muito diferente, uma vez que a constituição transcende a dimensão jurídica. Se ela deve reger as leis ordinárias (essa é a função jurídica da *law of the land),* ela nada tem a ver com seu princípio de validação. Em última instância, acredita Arendt, as leis ordinárias encontram o fundamento de sua validade no pacto, isto é, nas promessas que os seres humanos mutuamente se fazem. Quanto à constituição, ela está enraizada na história política de um povo, desempenhando, assim, um papel político na medida em que é a instituição por meio da qual *os princípios de ação ganham visibilidade.* Mas por meio dela o próprio ato de fundação ganha visibilidade e se mantém vivo na memória dos cidadãos. Estas são suas funções políticas primordiais, mais importantes do que as questões legais que a constituição possa resolver: "Poderíamos estar tentados a predizer que a autoridade da república estará segura e intacta na medida em que o próprio ato, o começo como tal, for relembrado toda

[15] D. Grimm, citado por Olivier Beaud. Ver BEAUD, (2009, p. 1).

vez que surgirem questões constitucionais no sentido estrito da palavra". (ARENDT, 1990, p. 204).

A lembrança institucionalizada: eis como Arendt parece entender a constituição em seu sentido simbólico. Ela mantém vivos os princípios (*principles*) que estiveram no princípio *(beginning)*. Desse modo, ela resolve o problema do absoluto na fundação dos corpos políticos. Com efeito, a fonte da autoridade termina por ser referida ao próprio ato de fundação, dispensando a presença de qualquer elemento transcendente, extra-mundano para assegurar a legitimidade.

Ao longo deste excurso pelo livro de Arendt sobre as revoluções, tenho a impressão de que o problema da constituição recebe tratamentos distintos de acordo com o tema que Arendt explora em cada momento da obra. Porém, parece-me constante uma acepção essencialmente política, o que poderia, à primeira vista, aproximar a concepção arendtiana daquela típica da antiguidade, especialmente a aristotélica. Um exame mais detalhado mostra, contudo, que algo sensivelmente diferente está em questão. A primeira função política da constituição não é a de organizar as magistraturas da cidade e, em especial, aquela suprema[16], confundindo- se, assim, com o governo[17]. Identificada como o repositório dos princípios que animam a fundação do Estado e, por extensão, a própria a ação política, a constituição é a resposta que uma sociedade secularizada (isto é, que perdeu o fundamento transcendente para o poder) dispõe para resistir aos ataques do tempo traçando uma linha que vincule o passado ao presente e, consequentemente, legando para as gerações futuras a possibilidade de refundar, de reiniciar mais uma vez o corpo político. Para os mortos não oprimirem os vivos, a potencialidade criadora da ação deve ser conservada na passagem de uma geração para outra, o que somente é possível pela referência aos *princípios.*

Iniciei este texto referindo-me à distinção de Pocock entre duas "linguagens" da política. Havia sugerido que Arendt, apesar de utilizar categorias jurídicas, deveria ser alinhada junto àqueles que adotam o vocabulário da "virtude". Gostaria, agora, de explicitar o que fundamenta essa sugestão. Os princípios, que o texto constitucional deve manter vivo, não podem ser impostos por meio de um aparato coercivo. Sua validade, como princípios de ação, depende da adesão de cada cidadão. Esta adesão Platão a havia compreendido como uma virtude: a coragem, que opera, como vemos no livro três da *República,* como uma espécie de verniz passado na alma com o intuito de torná-la apta a receber as demais virtudes cívicas, ou seja, tornar a alma do guardião apta a aderir às virtudes. Arendt, por sua vez, não deixou de observar o caráter cívico da virtude da coragem que, segundo ela, é indispensável porque na política o que está em jogo não é a vida e sim o mundo *(cf.* ARENDT, 1990, p. 156). Ora, agir livremente no mundo (e para o mundo) requer a coragem. Mas este é somente um dos aspectos da ação. Se quisermos apreender sua verdadeira natureza, é preciso ainda lembrar que ela não pode ser guiada nem pelo intelecto nem pelos ditames da vontade –embora, diz Arendt, um e outro sejam necessários *(cf.* ARENDT, 1990, p. 156)–, mas inspirada por aquilo que

[16] Aristóteles, *Política,* III, 6, 1278 b.
[17] Politeuma esti re politeia. Ibidem.

Montesquieu chamou de *princípios* (a glória, a honra, o amor à pátria). Vale observar que o próprio Montesquieu identificou um desses princípios (o amor à igualdade) com uma virtude. Uma passagem do texto sobre a liberdade parece condensar em poucas linhas o argumento que tentei desenvolver ao longo deste trabalho:

> A liberdade ou seu oposto aparece no mundo sempre que tais princípios são atualizados; a aparição da liberdade, como a manifestação de princípios, coincide com a realização do ato. Os homens *são* livres –o que é distinto de possuir o dom da liberdade- enquanto agem, nem antes nem depois; pois ser livre e agir são a mesma coisa. (ARENDT, 1990, p. 152-153).

REFERÊNCIAS BIBLIOGRÁFICAS

ARENDT, Hannah. What is Freedom? In: ARENDT, H. *Between past and future*. Londres: Penguin Books, 1993, pp. 143-172.

______. *On revolution*. Nova York: Penguin Books, 1990.

______. *The Human condition*. Chicago: University of Chicago Press, 1958.

______. From Machiavelli to Marx. In: ARENDT, H. *Papers at the Library of Congress*. Disponível no site http://memory.loc.gov/ammem/arendthtm/

BEAUD, Oliver. L'Histoire du Concept de Constituition en France. De la Constituition Politique à la Constituition comme Statut Juridique de l'État. In: BEAUD, O. *Jus politicum. Autour de la notion de Constituition*, n. 3, 2009, p. 1-29.

BIGNOTTO, Newton. Arendt e a Revolução Francesa. *O que nos faz pensar*. N. 29, 2011, p. 41-58.

CANOVAN, Margaret. *Hannah Arendt. A reinterpretation of her political thought*. Cambridge: Cambridge University Press, 1992.

CANTINHO, M. J. Na Encruzilhada do Destino: Afinidades e Diferenças do Olharem Walter Benjamin e Hannah Arendt. In: FERREIRA, M. L. Ribeiro; BECKERT, C.; AMARAL, M. *Hannah Arendt: Luz e sombra. Seminário Internacional*. Lisboa: Centro de Filosofia da Universidade de Lisboa, 2007. P. 231-243.

HAMILTON, Alexander. The Federalist, n. 78. In: HAMILTON, Alexander; MADISON, James; JAY, John. *The federalist with the letters of "Brutus"*. Ed. por T. Ball. Cambridge: Cambridge Press, 2003.

KALYVAS, Andreas. *Democracy and the politics of the extraordinary. Max Weber, Carl Schmitt, and Hannah Arendt*. Cambridge: Cambridge University Press, 2006.

KOHN. C. Teoria y Práctica del Republicanismo Cívico: La Perspectiva Arendtiana. *Filosofia Unisinos*. 6, maio-agosto de 2005, p. 138-148.

LARMORE, Charles. Liberal Republican Conceptions of Freedom. In: NADEAU, C.; WEINSTOCK, D. *Republicanism: History, Theory and Practice*. Portland: Frank Cass, 2004.

PAINE, Thomas. *Political writings*. Cambridge: Cambridge University Press, 1989.

PETTIT, Philippe. *Republicanism. A theory of freedom and government*. Cambridge: Oxford: Oxford University Press, 1997.

POCOCK. John. G. A. Virtue, Rights, and Manners. A Model for Historians of Political Thought. In: *Virtue, commerce, and history*. Cambridge: Cambridge University Press, 1985.

SCHMITT, Carl. *Constitutional theory*. Trad. de J. Seitzer. Durham: Duke University Press, 2008.

SCHEUERMAN, William. E. Revolution and Constitutions. Hannah Arendt's Challenge to Carl Schmitt. In: DYZENHAUS, D. (Ed.). *Law as politics. Carl Schmitt's critique of liberalism*. Durham: Duke University Press, 1998. P. 252-280.

SKINNER, Quentin. *Liberty before liberalism*. Cambridge: Cambridge University Press, 1998.

SPITZ, J. F. *La liberté politique. Essai de généalogie conceptuelle*. Paris: PUF, 1995.

STOURZH, G. Fundamental Law and Individual Rights in the 18th Century Constitution. In: BARLOW, J. *et allii*. *The american founding. Essays on the formation of constitution*. Nova York: Greenwood Press, 1988, pp. 159-93.

______. The Declaration of Rights, Popular Sovereignty and the Supremacy of the Constitution: Divergencies between the American and the French Revolutions. In: FOHLEN, C.; GODECHOT, J. (Org.). *La révolution américaine et l'Europe.* Paris: CNRS, 1979, p. 347-367.

VILLA, Dana. (Ed.). *The Cambridge Companion to Hannah Arendt.* Cambridge: Cambridge University Press, 2000.

WALDRON, Jeremy. Arendt's Constitutional Politics. In: VILLA, Dana. (Ed.). *The Cambridge Companion to Hannah Arendt.* Cambridge: Cambridge University Press, 2000, p. 201-219.

CONDI(*A*)ÇÃO HUMANA, POLÍTICA E LIBERDADE

JOELMA LÚCIA VIEIRA PIRES[1]

INTRODUÇÃO

Na sociedade atual, os homens (genericamente os seres humanos), independentemente da sua situação social e econômica ou da sua formação, veem-se privados de ter a liberdade como condição para a realização da sua integridade humana e como orientação das suas ações. A tendência é de estarmos "todos" contribuindo de maneira dedicada, subjugada, e até desumana, a um projeto de "realização" que nos é imposto, considerando a nossa capacidade de adaptação em uma realidade estrutural inquestionável. Nesse sentido, não reconhecemos o significado da autonomia e da reafirmação da individualidade.

Diante de tal situação é imprescindível admitirmos o enraizamento da nossa condição de servidão e obediência. Esta condição impossibilita o nosso reconhecimento do significado da liberdade. De acordo com Etienne de La Boétie: "Temos, antes, de procurar saber como esse desejo teimoso de servir se foi enraizando a ponto de o amor à liberdade parecer coisa pouco natural". (LA BOÉTIE, 2009, p. 21).

Todavia, somente o amor à liberdade nos qualifica como sujeitos de nossa condição humana. Por isso, o objeto de estudo deste trabalho é analisar a condição humana com referência na autonomia e na emancipação. A principal questão é: qual a possibilidade de existência da condição humana com fundamento na liberdade? O nosso objetivo é estabelecer relação entre espaço público, política, liberdade e condição humana.

Este trabalho não tem pretensão de encontrar resposta ou respostas definitivas, mas reafirmará o amor à liberdade (que nos habilita a realizar a nossa própria individualidade), independentemente da lucidez quanto ao impedimento da estrutura política e econômica a qual estamos subjugados, mas considerando a história como conflito, contradição, resistência e superação. Decididamente, a escolha pela liberdade demanda coragem e uma intensa vontade consciente de autonomia e emancipação coletiva, mesmo que essa vontade não se manifeste

[1] Profa. Adjunta III da Faculdade de Educação da Universidade Federal de Uberlândia (Núcleo: Políticas e Gestão da Educação). Doutorado pelo Departamento de Ciências Sociais na Educação (FE-UNICAMP), mestrado em Educação (Administração Escolar) - FEUSP, especialização em Metodologia de ensino pela Faculdade de Ciências Humanas de Pedro Leopoldo (MG), graduação em Pedagogia (FAE-UFMG). Endereço eletrônico: joelmapires@uol.com.br/jlvpires@gmail.com Curriculum Lattes: http://lattes.cnpq.br/8947635181455639

coletivamente, por implicações diversas. A vontade mobiliza a nossa capacidade de agir de maneira racional e livre por meio do reconhecimento da individualidade.

É possível que o nosso anseio e vontade pela liberdade indique que, na nossa consciência, já somos um pouco livres. Concebemos a liberdade como uma prática de não-sujeição a qualquer poder exterior, que deve ser aprendida e exercitada. Como lembra Fromm: "[...] O ato de desobediência como um ato de liberdade marca o nascimento da razão [...]" (FROMM, 1986, p. 37). Contudo, a nossa ação política pela liberdade se expressa na reafirmação cotidiana da autonomia, mesmo que na realidade esta seja parcial e relativa, mas de significado político e coletivo, por uma vida de sentido e pela condição humana.

A elaboração teórica deste artigo será constituída com a contribuição das obras de intelectuais que defendem a condição humana e, por conseguinte, a liberdade, tais como, Etienne de La Boétie, Herbert Marcuse, Erich Fromm, Hannah Arendt, Cornelius Castoriadis, Ágnes Heller, Jacques Rancière, entre outros. Iniciaremos expondo que o propósito da "sobrevivência" impossibilita a condição humana e o objetivo da liberdade. Atualmente, tal propósito é inerente a um contexto de globalização dos mercados como sistema de controle de todos os aspectos da existência humana e a maioria dos homens participa na sua garantia, legitimando o funcionamento da racionalidade econômica. Nessa condição, prevalece a servidão voluntária inerente à conduta de massa em detrimento da autonomia, pois a essência dos sistemas consiste em exterminar a individualidade. A tendência é a desqualificação da individualidade e da autenticidade como expressão da "ética da personalidade".

Na sequência, analisaremos a necessidade de reafirmação da nossa individualidade para constituirmos o objetivo da liberdade com referência na emancipação coletiva, mesmo para os poucos homens que a atribuem algum sentido, somente assim podemos justificar eticamente a liberdade. Confiamos que a nossa vontade de liberdade é imprescindível para a problematização do processo de banalização do mal e de servidão voluntária. Dessa perspectiva, a condição de liberdade implica a superação da atividade e do pensamento pragmáticos e fragmentários da vida cotidiana, e a constituição da práxis na dimensão humano-genérica consciente. Para isso, é necessária coragem ao homem. Ela é fundamental para a ruptura com a dominação e a libertação do servilismo inerente à esfera privada, é a ação política que viabiliza a esfera pública.

Concluiremos analisando a condição humana como ação política, e a situação de sua ruptura no contexto atual, no qual o espaço público tem a ingerência do privado predominando a razão instrumental e a lógica do mercado, e o homem é afastado da vida política. A possibilidade de existência da condição humana está na capacidade humana de romper o círculo funcional da sociedade, por meio da ação revolucionária com fundamento na liberdade, e da relação pedagógica emancipadora que tem como princípio a igualdade não institucionalizada. Dessa perspectiva, há uma limitação da Educação formal para a viabilização da condição humana, uma vez que ela privilegia a pedagogização da sociedade, e tende a justificar a desigualdade social pela suposta desigualdade intelectual. Por isso, o processo de emancipação intelectual e política é a capacidade do indivíduo de romper com uma lógica de instituição e com a lógica social e da desigualdade. Dessa maneira, é possível a superação da alienação, de uma prática limitada à experiência particular e a reafirmação da ação política consciente sobre o significado humano genérico da atividade ético-prática.

1. ESFERA PRIVADA, INTERESSES PARTICULARES E SERVIDÃO X ESFERA PÚBLICA, POLÍTICA E LIBERDADE

A instauração de condições de liberdade tem como desafio o novo mundo da globalização dos mercados como sistema de controle de todos os aspectos da existência humana. Nesse contexto, a lógica econômica orienta o princípio de tudo relacionado às questões humanas, toda decisão de resistência e insubmissão é considerada inútil e absurda, pois a centralidade é a "sobrevivência", uma vez que na política neoliberal prevalece a ameaça constante de precarização (que concerne ao emprego e a toda condição social e existencial) e exclusão social.

A participação progressiva da maioria na reafirmação da "sobrevivência" garante o funcionamento da racionalidade econômica com fundamento no neoliberalismo, em detrimento do fortalecimento da ação política e do espaço público com referência na liberdade. Dessa maneira, prevalece à sujeição dos homens com o propósito das necessidades objetivas pelo mero consumo e a sua conformidade com padrões aceitos. Em função disso, a tendência é de que o conhecimento seja divorciado do pensamento. A ausência de pensamento e, sobretudo, a de "personalidade" verdadeira, pode contribuir para a perversidade e para a banalização do mal. Dejours afirma (2000, p. 139-140):

> Não me parece que seja possível evidenciar nenhuma diferença entre banalização do mal no sistema neoliberal (...) e banalização do mal no sistema nazista. A identidade entre as duas dinâmicas concerne à banalização e não à banalidade do mal, vale dizer, as etapas de um processo capaz de atenuar a consciência moral em face do sofrimento infligido a outrem ou de criar um estado de tolerância ao mal. No caso do neoliberalismo, o lucro e o poderio econômico são, em última instância, o objetivo visado. No caso do totalitarismo, a ordem e a dominação do mundo são o objetivo. Na racionalização neoliberal da violência, a força e o poder são instrumentos do econômico. Na argumentação totalitária, o econômico é um instrumento da força e do poder. A diferença recresce também a jusante, no que se refere aos meios empregados: intimidação no sistema liberal, terror no sistema nazista (DEJOURS, 2000, p. 139-140).

No caso do sistema neoliberal, o Estado está mais ligado à classe capitalista do que nunca e legitima o poder de tal classe, incluindo a sua definição das atuais políticas baseadas na mercantilização, que têm como característica o repasse dos custos da reprodução social (educação, saúde, entre outros) às pessoas em benefício do capital. A única constância do neoliberalismo é o ataque ao bem- estar social das pessoas, a instabilidade e o agravamento da desigualdade social, além da orientação e da subjugação da política pela economia. O controle das ações humanas e das relações sociais pela esfera econômica, expressa uma experiência totalitária, que privilegia a manipulação do homem e a sua naturalização. A radicalidade do mal é o fundamento de uma sociedade com pretensão de domínio e controle total sobre a vida, a cultura e as relações sociais.

Uma das consequências do controle do neoliberalismo é a destruição das instâncias coletivas e da condição indivíduo-sujeito, pois o indivíduo tem de responder às pressões externas de produtividade, eficiência e consumo para o interesse da acumulação de capital. A subordinação do indivíduo é um meio para alcançar os fins econômicos.

Por conseguinte, qualquer indício de expressão do conflito é compreendido como ameaça e deve ser eliminado ou administrado, para a manutenção do funcionamento da racionalidade do sistema. Em função disso, qualquer tipo de oposição deve ser integrada no sistema estabelecido.

O declínio da racionalidade crítica e, por conseguinte, da individualidade tem como referência o ajuste do indivíduo ao aparato econômico e social inerente ao desenvolvimento do capitalismo. A organização, racionalização e administração da sociedade capitalista viabiliza a possibilidade de submissão do indivíduo, sobretudo, quando este busca o seu próprio interesse. De acordo com Harvey:

> Os impactos sobre a subjetividade política têm sido enormes. Trata-se de um mundo em que a ética neoliberal do individualismo possessivo intenso e do oportunismo financeiro se tornou o modelo para a socialização da personalidade humana. É um mundo que se tornou cada vez mais caracterizado por uma cultura hedonista do excesso consumista [...]. (HARVEY, 2011, p. 144).

Quando o indivíduo visa o seu autointeresse, em detrimento da "consciência comum" e da justiça social, ele integra a massa submetida aos grupos dominantes. Dessa maneira, ele não é capaz de reafirmar a sua liberdade, por meio da resistência e autonomia, mas expressa uma adaptação que indica a anulação da sua individualidade.

Dejours (2000) reconhece o predomínio de uma passividade coletiva nas últimas décadas, desde 1980. A sua hipótese é de que as reações de indignação, de cólera e de mobilização coletiva, em prol da justiça, foram atenuadas, ao mesmo tempo em que se desenvolveram reações de indiferença e de tolerância coletiva à injustiça e ao sofrimento alheio. O autor considera que o sofrimento no trabalho forma o consentimento para participar do sistema e contribuir para o seu funcionamento.

Logo, a sustentação do poder e a banalização da injustiça social são garantidas por meio da colaboração e do consentimento de um grande número de trabalhadores. A intimidação pela manipulação política do poder, por um lado, o medo da exclusão e a sujeição, por outro lado, expressam o predomínio da relação de dominação assegurada pela servidão voluntária. Tal servidão pode ter referência na obediência pela sobrevivência, mas é a obediência pelo autointeresse que parece garantir a sua continuidade na atualidade.

Dejours analisa que o medo predomina nas novas formas de consentimento dos trabalhadores (ver DEJOURS, 2013). No entanto, o engajamento das pessoas na colaboração e no zelo com o sistema ocorre porque, uns, "pensam em tirar proveito de sua colaboração levando vantagens estratégicas, e os outros, porque pensam que, de toda forma, a resistência é inútil e sem esperança". (DEJOURS, 2013, p. 2).

Embora não considere qualquer tipo de conflito qualificativo, a autora Ágnes Heller reconhece o valor do conflito como rebelião das sadias aspirações humanas contra o conformismo (ver HELLER, 2008). Heller questiona, no mundo atual, os projetos individuais cujo sucesso é certificado "[...] pela disposição do sujeito em se adaptar às mudanças de uma sociedade que se autodefine como mundializada e imprevisível em seus rumos". (HELLER, 2002, p. 9).

Dessa perspectiva, vale ressaltar que o aprendizado da servidão ocorre pelo costume que um poder considerável exerce sobre os homens. Digno de espanto é ver milhões de homens na condição de servidão, pois enquanto houver algo de humano eles somente se subjugam ao serem forçados e enganados, não necessariamente por outros, mas por si próprios. Os homens esquecem a liberdade, uma vez subjugados, a princípio servem com constrangimento e pela força, mas os que vêm depois servem sem esforço, sem olharem outra possibilidade, por que não conheceram a liberdade (*cf.* LA BOÉTIE, 2009 e 1999).

A primeira razão que leva os homens a servirem é terem nascido e sido criados na servidão. Os homens tendem a ser o que a educação faz deles. Alguns são educados desde o berço tendo como princípio a defesa da liberdade de cada um, não toleram que alguém lhes toque na liberdade, sequer por palavras, nunca se acostumam à sujeição. Outros homens não conseguem dar significado para a liberdade, pois nunca a conheceram. O que o homem obtém pela educação e pelo costume torna-se natural e constitui-se em hábito, motivo da servidão voluntária (*cf.* LA BOÉTIE, 2009 e 1999).

Os homens não são manipuláveis indefinidamente, pois sempre existe um ponto limite no qual deixam de ser objetos e se transformam em sujeitos. No entanto, esse ponto pode surgir em lugares diferentes quando se trata de homens diferentes, "[...] um homem poderá ser arrastado a uma situação de desumanidade diante da qual outro já terá gritado 'basta'". (HELLER, 2008, p. 130).

Fromm reconhece que o homem é moldado pelas necessidades da estrutura econômica e social da sociedade, porém ele não é infinitamente adaptável, pois a sua tendência é de desenvolvimento e a liberdade é a condição fundamental para tal processo (ver FROMM, 1986). Por isso, ele constitui o seu pensamento criador e crítico. O anseio de liberdade pode ser reprimido, mas não deixa de existir como potencialidade.

É provável que a perversidade e, a própria servidão, sejam provocadas pela ausência de pensamento, uma experiência tão comum na nossa vida cotidiana. Nesse sentido, Adolf Eichmann,[2] em seu julgamento, em Jerusálem, não assumiu a sua responsabilidade pela participação criminosa no regime nazista. A sua posição

[2] Adolf Eichmann foi um funcionário do sistema nazista que agia conforme a ordem legal vigente na Alemanha naquele período. Em sua atuação como funcionário obediente e cumpridor de metas, ele foi responsável pela deportação de milhões de judeus para os campos de extermínio nazistas (ARENDT, 1999).

era a de que somente cumpriu as ordens, e o fazia da melhor e mais eficaz maneira. Ele colocou em operação a racionalidade instrumental.

Para Arendt, a posição de Adolf Eichmann não indica estupidez, mas irreflexão e obediência, a falta de pensamento, de profundidade, espírito crítico e "personalidade" verdadeira. Ele era um burocrata preocupado apenas em cumprir sua tarefa (ver ARENDT, 2010).

Em um estudo, Wright Mills, analisou os trabalhadores burocráticos *(apud* SENNETT, 1998). O autor verificou que ação política, ou até a revolta, não parece ser característica da posição de tais trabalhadores e que é difícil eles se rebelarem contra as injustiças de classe que percebem em sua educação ou em seu trabalho. Essa tendência é reafirmada quando a educação, o trabalho e até o rendimento passaram a ser sentidos como ingredientes da sua personalidade. Em suma, quando conectam os fatos de classe à sua própria personalidade. Dessa perspectiva, "[...] as pessoas não experimentam a 'alienação' em relação à instituição, mas antes um 'vínculo compulsivo' com ela, de modo que até mesmo a mais trivial das tarefas da corporação engaje seu mais sincero interesse [...]". (SENNETT, 1998, p. 404).

Os trabalhadores burocráticos são legitimados com o crescimento do aparato econômico no âmbito do capitalismo, eles estão profundamente comprometidos com os interesses particulares e são os executores das funções produtivas necessárias. Por isso, aceitam o que lhe é determinado pelas grandes empresas e organizações, e possibilitam o estabelecimento de uma nova ordem econômica e política, por meio do incremento da racionalidade, da submissão e da dominação social, visando um aparato sistêmico governado pela eficiência.

A liberdade do indivíduo eficiente consiste em responder as demandas de funcionamento do sistema econômico. Em função disso, ele deve constituir o meio mais adequado para o alcance de uma meta que não foi determinada por ele.

Conforme Dejours, o funcionamento do sistema não é sustentado somente por seus chefes, mas a colaboração maciça da grande maioria dos "executores" garante a sua eficácia (ver DEJOURS, 2000). O sistema nazista teve o consentimento e a participação de cerca de 80% do povo alemão.[3] Adolf Eichmann foi um operador zeloso do referido sistema e agia como engrenagem de uma organização que o transcendia. O autor questiona a conduta de massa e adesão coletiva no desprezo das singularidades e das personalidades individuais.

Para Neumann, no nacional-socialismo os grupos dominantes controlavam diretamente o resto da população, sem a mediação do Estado *(apud* MARCUSE, 1999). Como lembra Arendt, o terror foi utilizado como instrumento corriqueiro para governar as massas perfeitamente obedientes *(cf* ARENDT, 1989, 2011). A essência do totalitarismo é controlar todos os aspectos da existência humana, é a dominação total dos seres humanos. Segundo Marcuse:

> [...] o nacional-socialismo liquidou as características essenciais que caracterizaram o Estado moderno. Tende a abolir qualquer separação entre Estado e Sociedade transferindo as funções políticas para os grupos sociais

[3] Ver Fromm (1986 - Capítulo VI - Psicologia do nazismo).

> que de fato estão no poder. Em outras palavras, o nacional-socialismo tende ao autogoverno direto e imediato dos grupos sociais dominantes sobre o resto da população. Além disso, manipula as massas liberando os instintos mais brutais e egoístas do indivíduo. (MARCUSE, 1999, p. 31-32).

A essência dos sistemas consiste na tentativa de extirpar toda e qualquer "individualidade" e, por conseguinte, "espontaneidade", ou seja, a liberdade humana. "São os dirigentes capitalistas ou burocratas que se queixam constantemente da oposição dos homens" (CASTORIADIS, 1982, p. 101). No entanto, como afirma Fromm:

> [...] A busca da liberdade (...) é a resultante necessária do processo de individuação e da expansão da cultura. Os sistemas autoritários não podem extinguir as condições fundamentais que dão lugar a busca da liberdade, nem podem eles, tampouco, exterminar a busca da liberdade que surge dessas condições. (FROMM, 1986, p. 190).

Ágnes Heller compreende a espontaneidade e a consciência verdadeira como um ato de liberdade. Para Heller, os elementos da espontaneidade sempre devem ser conservados dialeticamente, nessa condição a espontaneidade criadora está acima da consciência conformista e a consciência criadora está acima da espontaneidade criadora. Heller afirma:

> Não é verdade, (...), que um caráter seja tanto mais social quanto mais adaptável (...). Os indivíduos não suficientemente adaptáveis a nenhum papel foram sempre autênticas personalidades, portadoras de novas tendências sociais e de novas idéias. (HELLER, 2008, p. 137).

Fromm contribui para a problematização de uma pessoa que é considerada normal em termos de ser bem ajustada (ver FROMM, 1986). Conforme o autor, ela tende a ser menos sadia, pois geralmente é bem ajustada para ser quem ela crê que deve ser, para responder o que é esperado dela socialmente. Assim, ela renuncia a sua própria individualidade e espontaneidade e tende a submeter-se às ordens reais ou supostas de forças externas.

Todavia, Heller corrobora a autenticidade como escolha existencial e radical por autodestinar-se (ver HELLER, 2002). A autora admira a nobreza de caráter, a dignidade e a decência do agir humano em não submeter-se aos acontecimentos de forma passiva e resignada, em não conformar-se com os modelos de condutas ou aspirações estabelecidos pela moral hegemônica da cultura na qual se vive. Ela compreende que, para isso, é necessário "escolher a si mesmo", e os compromissos que desejamos assumir para o resto da vida, de acordo com a "ética da personalidade". Dessa escolha depende a qualidade ética da ação e do caráter pessoal. Conforme Heller, Jane Austen, George Sand, Rosa Luxemburgo e Hannah Arendt, são exemplos de pessoas que tiveram uma vida difícil, e foram decentes, nobres de caráter e leais a si próprias, viveram segundo aquilo em que acreditavam e reconheceram tal prática como direito de todos.

Fromm, reafirma a relevância do sentimento de dignidade e da atividade espontânea. Para o autor, o sentimento de dignidade humana é a premissa para qualquer posição firme contra autoridades seculares opressoras. A atividade espontânea é a solução para a liberdade, pois ela sustenta a integridade do homem em união com o mundo e na conservação da sua individualidade, por meio da sua participação política na comunidade. Quanto mais ativo for o eu, mais forte ela será (*cf.* FROMM, 1986).

A escolha autodeterminada dos desejos implica ação e, por conseguinte, liberdade e autonomia. Tal escolha é fundamentada na reflexão e na busca de significado, considerando a atividade ético-prática.

2. AÇÃO HUMANA, VONTADE E LIBERDADES

A liberdade é constituída por meio da autonomia. No entanto, reafirmando Castoriadis, nenhuma autonomia individual, pode anular os efeitos sobre a nossa vida, da estrutura opressiva da sociedade na qual vivemos, pois ela encontra, nas condições materiais e nos outros indivíduos, obstáculos constantemente renovados. Assim, só pode permanecer truncada, mesmo para os poucos indivíduos que lhe atribuem um sentido (ver CASTORIADIS, 1982).

Mas, decididamente, a aceleração ou a frenagem do processo de banalização do mal depende da nossa vontade e da nossa liberdade *(cf.* DEJOURS, 2000). A autonomia não tem sentido se desejada individualmente, mas ela adquire significado quando desejada para todos, mesmo que a sua realização dependa da iniciativa coletiva. Quando a desejamos para todos, a nossa referência é a ética, e reafirmaremos as liberdades:

> Trata-se da liberdade no sentido de 'amor mundi', da disposição de agir e de se interessar por algo que não é da ordem da posse e, sim, do mundo comum sobre o qual o homem não tem controle algum. (AGUIAR, 2008, p. 33-34).

Para Heller, a liberdade como categoria central da ética significa um crescimento axiológico, pois nem sempre a liberdade esteve no cume da hierarquia axiológica das éticas antigas, ela somente conseguiu um lugar significativo no núcleo da ética na época em que assumiu essa mesma importância na própria realidade (ver HELLER, 2008).

A escolha ética pela liberdade adquire significado com a problematização da cotidianidade com referência na reafirmação do humano-genérico. Nessa condição, a decisão do homem eleva-se acima da cotidianidade e, por conseguinte, tende para a superação do particular-individual, mas não de maneira completa. Por isso, tal decisão é somente uma tendência, pelo fato de o homem atuar sempre como indivíduo concreto em uma situação concreta, sem abolir a sua particularidade (ver HELLER, 2008).

A arte e a ciência são formas de elevação acima da vida cotidiana que produzem objetivações duradouras, pois rompem com a tendência espontânea do pensamento cotidiano. No entanto, elas não estão inteiramente separadas deste pensamento, uma vez que artistas e cientistas têm sua particularidade individual. A homogeneização é o meio para a superação dialética parcial ou total da particularidade e para a sua elevação humano-genérico, uma vez que ela significa a concentração de toda nossa atenção sobre uma única questão e o emprego da nossa individualidade humana na sua resolução. Dessa maneira, o homem pode transformar-se inteiramente. No entanto, "[...] a transformação em 'homem inteiramente', é algo totalmente excepcional na maioria dos seres humanos". (ver HELLER, 2008, p. 45).

A atividade e o pensamento da vida cotidiana são pragmáticos e fragmentários, o conhecimento se limita ao aspecto relativo da atividade na cotidianidade. Como lembra Heller:

> O pensamento cotidiano orienta-se para a realização de atividades cotidianas e, nessa medida, é possível falar de unidade imediata de pensamento e ação na cotidianidade. As idéias necessárias à cotidianidade jamais se elevam ao plano da teoria, do mesmo modo como a atividade cotidiana não é práxis. A atividade prática do indivíduo só se eleva ao nível da práxis quando é atividade humano-genérica consciente [...]. (HELLER, 2008, p. 49).

A condição humana é reafirmada pela ação humana (práxis), mas a práxis não é compreendida simplesmente no sentido 'daquilo que o homem faz' em oposição 'aquilo que o homem pensa', pois "[...] a necessidade da razão não é inspirada pela busca da verdade, mas pela busca do significado. E verdade e significado não são a mesma coisa [...]". (ARENDT, 2010, p. 30).

O nosso engajamento subjetivo é imprescindível para a conquista da condição humana como significado, para o nosso reconhecimento como sujeito na constituição de uma existência que tem como referência a liberdade. Por isso, tal manifestação é uma ação política consciente ético-prática na reafirmação humano-genérica como problematização do autointeresse na sua particularidade. A liberdade do indivíduo depende de ele ter consciência da sua singularidade, mas também daquilo que ele tem em comum com os outros. "A significação é obra de vontade [...]". (RANCIÈRE, 2002, p. 65).

Contudo, a vontade de liberdade tem de ser a ação livre que possibilita ao homem se mover de maneira instantânea para afastar-se dos interesses da vida individual e privada e reafirmar a vida e a esfera pública, considerando uma pluralidade de sujeitos de ação política. Dessa maneira, a vontade somente pode ser associada à liberdade e possuir um significado político quando ela é a ação política e a manifestação pública.

De acordo com Arendt, a ação é a atividade que constitui a matéria da política e deve ser livre de motivos e do fim intencional como um efeito previsível, pois ela deve transcendê-los, exatamente por ser livre. Para Arendt, a liberdade é um exercício dos homens em interação e ocorre quando eles se encontram em posição de igualdade (cf JARDIM, 2011).

A práxis é a atividade política por excelência, pois somente a ação depende inteiramente da constante presença de outros, a política surge entre os homens e baseia-se na pluralidade dos homens *(cf.* ARENDT, 1997, 1998 e 2010). A práxis visa o desenvolvimento da autonomia como fim, por isso existe nela um por fazer no qual o outro ou os outros são considerados seres autônomos e sujeitos da constituição da sua própria autonomia, pois nela progridem reciprocamente a elucidação e transformação do real e a teoria emerge constantemente da própria atividade. A política pertence ao domínio de um modo específico do fazer, que é a práxis. A práxis é diferente da aplicação de um saber preliminar, mas ela é atividade consciente e só pode existir na lucidez, a vontade de lucidez de um revolucionário não é determinada por limites *(cf.* CASTORIADIS, 1982).

O projeto é o elemento da práxis, se ele é revolucionário é orientado por uma política (praxis) revolucionária autônoma e que tem como objeto uma sociedade que permita a autonomia de todos. Por isso, o referido projeto não é fundado em uma teoria completa em que a política é considerada uma técnica *(Ibid.).*

A liberdade é um conceito exclusivamente político e só pode existir em público. A razão de ser da política é a liberdade, e esta é inerente à ação. A ação política é uma condição para que os homens vivam juntos em uma organização política, sem ela a vida política seria desprovida de sentido. Os homens só podem ser verdadeiramente livres na esfera política *(cf*ARENDT 1972, 2011).

Quando o objetivo do homem é o seu interesse individual (a sua particularidade), a liberdade da vida cotidiana está em confronto com a do gênero humano. A condição para que o homem se conscientize da sua prática é a superação da alienação e, por conseguinte, da discrepância entre o desenvolvimento do gênero humano e do particular. Tal superação é possível com a tendência do gênero humano e, por conseguinte, de todo o indivíduo em alcançar a liberdade. Para alcançar a liberdade autêntica o homem tem de assumir a responsabilidade da sua ação de maneira autônoma, liberando a sua personalidade das pressões externas. A respeito diz Heller que

> [...] La humanidad será libre cuando todo hombre particular pueda participar conscientemente en la realización de la esencia del género humano y realizar los valores genéricos en su propia vida, en todos los aspectos de ésta. (HELLER, 1994, p. 217).

No contexto atual, o triunfo da personalidade individual sobre as organizações sociais, como as classes, revela uma sociedade intimista. Em função disso, as relações sociais são fragilizadas, assim como a constituição de uma sociedade política que vise ao bem social. Os objetivos coletivos são destruídos pelos interesses comuns de grupos identitários, pois os indivíduos se recusam a participar de decisões públicas e abandonam o campo da política. Temos, assim, o declínio do homem público e a hipervalorização do homem privado *(cf*SENNETT, 1998).

O homem privado tem como objetivo a preservação dos seus interesses pela dominação e opressão dos demais. A desigualdade social, a necessidade e a dominação são inerentes a esfera privada, esta corresponde ao que é próprio ao homem. Dessa maneira, o seu pensamento cotidiano orienta-se para a realização de interesses imediatos e utilitaristas. Na esfera privada o homem não exerce a ação política:

> [...] La aristocracia que defendía sus privilegios o la burguesía que defi ende la iniciativa privada han sostenido y sostienen también actualmente estas libertades cotidianas contra el progreso humano [...]. (HELLER, 1994, p. 222).

Na esfera privada, nos vínculos primários, o indivíduo está em condição de dominação, vive subjugado por autoridades ou pelo grupo social. A fuga de tal situação pode significar para o indivíduo uma condição de insegurança, na qual por não tolerar viver sozinho o seu ego não se manifesta como entidade independente, pois ele não sabe o que quer. Assim, ele tende a fugir para outros cativeiros, submeter-se a outras possibilidades de dominação, prevalecendo a sua presteza para aceitar qualquer ideologia e qualquer chefe. Ele só pode estar seguro de si mesmo se viver de acordo com as expectativas dos outros, conformando-se a tais expectativas. No entanto, existe a possibilidade de o indivíduo constituir a liberdade positiva, por meio da ruptura com os vínculos primários. Nessa condição, o indivíduo existe como ego independente, unido ao mundo e aos outros homens, expressando de maneira ativa a sua potencialidade emocional e intelectual como parte integral da humanidade *(cf.* FROMM, 1986). Segundo Fromm:

> Se o indivíduo consegue vencer a dúvida básica quanto a si mesmo e a seu lugar na vida, ele se relaciona com o mundo abraçando-o no ato de viver com espontaneidade, adquire força como indivíduo e alcança segurança. Esta segurança, todavia, difere da que caracteriza o estado pré-individualista da mesma maneira que o novo relacionamento com o mundo difere daquele de vínculos primários. A nova segurança não dimana da proteção que o indivíduo recebe de um poder superior a ele extrínseco, nem é uma segurança em que foi cancelada a qualidade trágica da vida. Ela é dinâmica; não se baseia na proteção, e sim na atividade espontânea do homem. É a segurança que só a liberdade pode dar, que não precisa de ilusões porque eliminou as condições que exigem ilusões. (FROMM, 1986, p. 208-209).

Conforme Arendt, a condição de o homem problematizar a socialização da esfera privada e superá-la é a coragem. Para a reafirmação da esfera pública, da ação política e da liberdade, é necessária ao homem coragem. A coragem é imprescindível para a libertação do servilismo (ver ARENDT, 1997). Com referência em Arendt, podemos afirmar que a coragem do homem possibilita a sua reafirmação da condição humana. Fromm considera a coragem a afirmação suprema da individualidade contra a força externa (ver FROMM, 1986).

A coragem é a qualidade humana mais relevante e uma das principais virtudes políticas, pois ela é indispensável à ação política. A coragem não está ligada aos interesses individuais da esfera privada, mas a reafirmação da esfera pública *(cf.* ARENDT, 1972).

3. EDUCAÇÃO, AÇÃO POLÍTICA, CONDIÇÃO HUMANA E LIBERDADE

A condição humana não é uma essência que determina o ser humano, pelo contrário é a existência humana, a sua condição de vida e de realização. Portanto, a condição humana não é o mesmo que a natureza humana, pois é ação política. A educação como processo educativo e formativo, como possibilidade de ação na constituição da autonomia e liberdade do homem é vinculada a condição humana. A educação para o'adestramento e a subserviência não tem relação com a condição humana da pluralidade e da possibilidade de realização qualificada da vida. A condição humana é rejeitada por tal educação, que não privilegia a espontaneidade e vontade de liberdade (*cf* AGUIAR, 2008).

Considerando a posição de Arendt, podemos afirmar que há a ruptura da condição humana no mundo contemporâneo, no qual predomina o artificialismo e a transformação do espaço público em espaço privado, com o afastamento do homem da vida política e a predominância da vida tecnificada e da descartabilidade do humano. Em função disso, o espaço público deixa de ser o lugar da manifestação do homem, com o predomínio da razão instrumental e da lógica do mercado sobre qualquer outra alternativa de o homem enxergar o mundo e a si mesmo (*cf* AGUIAR, 2008).

No entanto, Arendt confia na capacidade humana de romper com o seu círculo funcional, com qualquer tentativa de opressão, manipulação e controle, considerando a ação revolucionária como fundamento da liberdade, e manifestando-se espontaneamente como um ser singular na linguagem e na ação. Para ela a superação humana tem fundamento na natalidade (compreendida como condição de questionamento por meio da ação e da fala), a qual ela considera a essência da educação e uma das condições mais intimamente ligada à capacidade de iniciar algo novo (à ação). Nessa perspectiva, a educação com referência na liberdade e na emancipação, que respeita e reafirma a condição humana, é propícia ao florescimento humano e pode preparar o homem para assumir a vida política e o seu lugar no espaço público (*cf* AGUIAR, 2008).

A condição humana pode ser reafirmada por meio de uma relação pedagógica emancipadora que tem como princípio a igualdade, mas considerando que esta não se institucionaliza. É uma relação pedagógica de igualdade em que o mestre se declare ignorante (que assume a posição daquele que não sabe) e não se preocupe em transmitir o seu saber, mas que ignora o que o estudante tem de aprender e o deixe expressar a sua vontade, pois quem emancipa não tem de se preocupar com o que o emancipado deve aprender. Para isso, é imprescindível que o mestre seja, ele próprio, emancipado: "O que pode, essencialmente, um emancipado é ser emancipador: fornecer, não a chave do saber, mas a consciência daquilo que pode uma inteligência, quando ela se considera como igual a qualquer outra [...]". (RANCIÈRE, 2002, p. 50).

Logo, o emancipador não é um colonizador cultural, uma vez que ele recusa a idéia de que há uma cultura específica do universal, a ser oposta às culturas particulares.

Dessa perspectiva, a sua função é possibilitar o conhecimento do que o estudante ignora, mas considerando, na elaboração, o que ele sabe, deixando-o exercer sozinho a inteligência na busca do seu caminho (ver RANCIÈRE, 2003): "[...] Não há ignorante que não saiba uma infinidade de coisas, e é sobre este saber, sobre esta capacidade em ato que todo ensino deve se fundar [...]". (RANCIÈRE, 2002, p. 11).

O emancipador não vai ao encontro das pessoas para emancipá-las, ele somente se dirige a quem se dirige a ele e que tem o desejo de emancipar-se. Por isso, a lógica da emancipação implica uma decisão individual, trata com relações individuais, a relação de um indivíduo com o outro, mas que possibilita uma condição igualitária e de mediação, baseada na vontade. Todavia, tal lógica não está relacionada a uma política coletiva ou a uma "revolução cultural".

Cada vez mais, a desigualdade tem por legitimação fundamental as legitimações escolares. "[...] A escola funciona, mais fortemente do que nunca, como analogia, como "explicação da sociedade", isto é, como prova de que o exercício do poder é o exercício natural e único da desigualdade das inteligências" (RANCIÈRE, 2003, p. 200). Temos, assim, uma sociedade pedagogizada, que tem como pressuposto a existência de uma inteligência inferior e uma inteligência superior.

Quando existe uma suposição de igualdade social, justifica-se a desigualdade pela suposta desigualdade intelectual, a idéia de que uns indivíduos são menos capazes intelectualmente do que os outros, aqueles que não conseguem se adaptar, e que os selvagens tem de ser civilizados. "[...] Os amigos da igualdade não têm que instruir o povo, para aproximá-lo da igualdade, eles têm que emancipar as inteligências [...]" (RANCIÈRE, 2002, p. 11). É a crença na inferioridade da inteligência do povo que o embrutece e não a falta de instrução.

Em nossa cultura, o pensamento original é desestimulado desde o início da educação e as emoções são desencorajadas. O resultado da educação é a eliminação da espontaneidade, a substituição dos seus próprios atos psíquicos por sentimentos, pensamentos e desejos sobrepostos àqueles. A tendência é o indivíduo deixar de pensar e decidir por si mesmo, aceitar objetivos de outros como se fossem seus. Inicialmente, o indivíduo deixa de manifestar o seu sentimento, acaba desistindo do próprio sentimento (*cf.* FROMM, 1986). Diz Fromm que

> [...] É um objetivo da educação ensinar o indivíduo a não afirmar seu ego. Já na escola o menino deve aprender 'a ficar calado, não só quando é repreendido justamente, mas também, se necessário, a suportar em silêncio a injustiça [...]. (FROMM, 1986, p. 186).

As escolas funcionam, dessa maneira, como centros de mortificação do *eu*. O processo de emancipação intelectual individual é condição para a emancipação social e, por conseguinte, para a emancipação política, desde que provoque ruptura com uma lógica social e com uma lógica de instituição, "[...] um movimento de emancipação social é bem o produto de movimentos que visam, antes de qualquer outra coisa, a emancipação intelectual e individual [...]". (RANCIÈRE, 2003, p. 199).

Logo, é necessário que um indivíduo se afirme em posição antagônica ao funcionamento "normal" da lógica social, que afirme uma razão que não é a dominante e uma lógica de pensamento que não é a da desigualdade. Contudo, há uma analogia entre a emancipação intelectual e a prática política, como prática de ruptura do funcionamento da desigualdade e que significa uma situação de exceção em relação às lógicas sociais.

Nesta lógica da emancipação, a democracia pode ser a interrupção das lógicas da desigualdade, é a ruptura das lógicas que fundam um modo de governo sobre uma suposta competência, é o poder dos incompetentes. Portanto, a democracia não é uma forma de governo, uma forma institucional, ela é a própria política, o fato de que aqueles que não têm diploma de governo, nem suposta competência para fazê-lo, ajam como governantes (ver RANCIÈRE, 2003). Corroboramos a posição de Fromm:

> [...] A vitória da liberdade só será exequível se a democracia evoluir para uma sociedade em que o indivíduo, seu crescimento e sua felicidade sejam a meta e a finalidade da cultura, em que a vida não careça de nenhuma justificativa dada pelo sucesso ou qualquer outra coisa, em que o indivíduo não seja subordinado nem manipulado por qualquer força alheia a ele, quer seja o Estado ou a máquina econômica; por fim, uma sociedade em que a consciência e os ideais do homem não sejam a interiorização de exigências externas, mas sejam realmente dele e exprimam os objetivos oriundos da peculiaridade de seu ego [...]. (FROMM, 1986, p. 214).

Dejours lembra que estamos perdendo a capacidade de transmitir a confiança, a esperança, o senso comum da justiça, a solidariedade e as regras de convivência com o *outro* (*cf.* DEJOURS, 2013). A nossa referência na atualidade é a transmissão do valor do dinheiro. Para ele, isso é insuficiente para constituir a base de uma cultura.

A lógica da sociedade neoliberal põe em xeque a possibilidade de constituir a base de uma cultura, pois ela é a barbárie e a especulação. Tal lógica constitui a tendência de transformação da esfera pública em esfera privada, assim, fomenta o declínio do homem público (o sujeito de autonomia, ética, liberdade e solidariedade) e a hipervalorização do homem privado (o objeto de controle e consentimento, de prática particular individual e que consente a sua própria escravidão e a dos outros). Contudo, contempla o controle do indivíduo e a sua sujeição a ordem vigente, a ausência da sua própria individualidade.

Todavia, a lógica da sociedade neoliberal promove a impossibilidade de expressão da autonomia e da liberdade, uma vez que seu fundamento é que o controle total sobre a vida seja objetivo do próprio indivíduo. Nessa lógica, a referência não é a liberdade e as liberdades, mas a escravidão e as escravidões, em um cotidiano que tem como única verdade o exercício da política com a finalidade do êxito econômico, e o consumo (como possibilidade de sobrevivência). Portanto, um cotidiano sem significado, porque ausente de pensamento, solidariedade, autonomia, emancipação e dignidade.

Fromm considera que o cultivo da originalidade é a essência da individualidade (*cf.* FROMM, 1986). Para o autor, a mais valiosa conquista da cultura humana é o respeito e o cuidado com a originalidade do eu. Tal originalidade não contraria o princípio da igualdade, pois seu relacionamento é de solidariedade e não de dominação-submissão, reconhece que todos partilham das mesmas qualidades humanas fundamentais, e que todos têm o mesmo direito inalienável à liberdade e à felicidade. No entanto, hoje em dia é a consecução da originalidade do eu que se acha ameaçada: "[...] Desistir da espontaneidade e da individualidade produz uma mutilação da vida [...]". (FROMM, 1986, p. 202).

Decididamente, a expressão da nossa individualidade e a nossa vontade de liberdade é a condição de problematização e de disfuncionalidade do processo de banalização do mal. Assim, podemos expressar a nossa emancipação intelectual e política em pluralidade com os homens, reafirmando a nossa condição humana. A essência da condição humana é a política. Os pressupostos necessários para o surgimento da política e o seu sentido é a liberdade dos diferentes homens. O espaço original do político é o público, no qual nos reunimos na companhia uns dos outros qualificando as relações sociais.

CONSIDERAÇÕES FINAIS

A questão que orientou o desenvolvimento deste trabalho é: qual a possibilidade de existência da condição humana com fundamento na liberdade? Tivemos como objetivo estabelecer relação entre espaço público, política, liberdade e condição humana. Tendo como referência metodológica a pesquisa teórica, a análise foi realizada com a contribuição das obras de intelectuais que defendem a condição humana e a liberdade, tais como, Etienne de La Boétie, Herbert Marcuse, Erich Fromm, Hannah Arendt, Cornelius Castoriadis, Ágnes Heller, Jacques Rancière, entre outros.

Considerando que a condição humana é ação política em manifestação no espaço público, verificamos a sua ruptura na atualidade, decorrente da ingerência do espaço privado no espaço público, em um contexto de globalização e transnacionalização do capital, no qual a política é subjugada a ordem econômica. A existência da condição humana e, por conseguinte, da liberdade, depende da capacidade humana de reafirmação da individualidade e de ruptura com a funcionalidade do sistema, com a lógica social e a lógica de instituição, por meio da ação revolucionária baseada na liberdade. A emancipação implica uma decisão individual pela consideração da igualdade, como prática de ruptura do funcionamento da desigualdade, uma vez que a maioria dos homens busca garantir a "sobrevivência", por meio de uma prática individual particular, e fragmentária, em detrimento da dimensão humano-genérica consciente.

A ação política tem significado ético-prática com referência nas liberdades como possibilidade de expressão de relações sociais qualitativas e, por conseguinte, na reafirmação do espaço público. Tal ação é fundamental para a problematização das relações de poder e superação de qualquer indício de alienação e servidão voluntária, trata-se da condição humana com liberdade.

REFERÊNCIAS BIBLIOGRÁFICAS

AGUIAR, Odílio A. Condição Humana e Educação em Hannah Arendt. *Educação e Filosofia.* Uberlândia (MG), v. 22, n. 44, p. 23-42, jul./dez. 2008.

ARENDT, Hannah. *A condição humana.* Tradução de Roberto Raposo. 8. ed. Rio de Janeiro: Forense Universitária, 1997. 354p.

______. *A vida do espírito.* Tradução de Cesar Augusto R. de Almeida, Antônio Abranches e Helena Franco Martins. 2. ed. Rio de Janeiro: Civilização Brasileira, 2010. 546p.

______. *Eichmann em Jerusalém; um reluto sobre a banalidade do mal.* Tradução de José Rubens Siqueira. São Paulo: Companhia das Letras, 1999. 336p.

______. *La crise de la culture; huit exercises de pensée politique.* Traduit de l'anglais sous la direction de Patrick Lévy. Paris: Éditions Gallimard, 1972. 384p.

______. O que é Política? Tradução de Reinaldo Guarany. Rio de Janeiro: Bertrand Brasil, 1998. 240p.

______. *Origens do totalitarismo. Anti-semitismo, Imperialismo, Totalitarismo.* Tradução de Roberto Raposo. 10ª impressão. São Paulo: Companhia das Letras, 1989. 562p.

______. *Sobre a Revolução.* Tradução de Denise Bottmann. São Paulo: Companhia das Letras, 2011. 410p.

CASTORIADIS, Cornelius. *A instituição imaginária da sociedade.* Tradução de Guy Reynaud. 2. ed. Rio de Janeiro: Paz e Terra, 1982. 420p.

DEJOURS, Christhophe. *A banalização da injustiça social.* Tradução de Luiz Alberto Monjardim. 3. ed. Rio de Janeiro: Editora FGV, 2000. 160p.

______. *Entrevista*-2/6/2006 (O medo e a precarização do trabalho). Disponível em: http://amaivos.uol.com.br/amaivos09/noticia/print.asp?cod_noticia=7064&cod_canal...

Acesso em: 16 jan. 2013.

FROMM, Erich. *O medo à liberdade.* Tradução de Octávio Alves Velho. 14. ed. Rio de Janeiro: Guanabara, 1986. 237p.

HARVEY, David. *O enigma do capital; e as crises do capitalismo.* Tradução de João Alexandre Peschanski. São Paulo: Boitempo, 2011. 240p.

HELLER, Ágnes. *Ágnes Heller entrevistada por Francisco Ortega.* Rio de Janeiro, EdUERJ, 2002. 56p.

______. *O cotidiano e a história.* Tradução de Carlos Nelson Coutinho e Leandro Konder. 8. ed. São Paulo: Paz e Terra, 2008. 160p.

______. *Sociología de la vida cotidiana.* Traducción de J. F. Yvars y E. Pérez Nadal. 4. ed. Barcelona: Ediciones Península, 1994.

LA BOÉTIE, Etienne de. *Discurso da servidão voluntária.* Tradução de Laymert Garcia dos Santos, comentários (Pierre Clastres, Claude Lefort, Marilena Chauí). São Paulo: Brasiliense, 1999. 240p.

______. *Discurso sobre a servidão voluntária.* Brasília: LGE Editora, 2009. 72p.

MARCUSE, Herbert. *Tecnologia, guerra e fascismo.* Editado por Douglas Kellner; tradução de Maria Cristina Vidal Borba, revisão de tradução Isabel Maria Loureiro. São Paulo: Fundação Editora da UNESP, 1999.

RANCIÈRE, Jacques. *O mestre ignorante. Cinco lições sobre a emancipação intelectual.* Tradução de Lilian do Valle. Belo Horizonte (MG): Autêntica, 2002. 143p.

SENNETT, Richard. *O declínio do homem público; as tiranias da intimidade.* Tradução de Lygia Araujo Watanabe. São Paulo: Companhia das Letras, 1998. 448p.

VERMEREN, Patrice; CORNU, Laurence; BENVENUTO, Andrea. Atualidade de O mestre ignorante. *Educação e Sociedade.* Campinas (SP), v. 24, n. 82, p. 185-202, abr. 2003.

LA GENEALOGÍA DE LA "BIOPOLÍTICA DE LAS POBLACIONES": MICHEL FOUCAULT ORAL[1]

JULIÁN SAUQUILLO[2]

1. UN MAESTRO SOLITARIO, UNOS DISCÍPULOS DESCONOCIDOS

Al cabo de casi treinta años de la visita de Michel Foucault a la Universidad Católica de Sao Paolo (1973), donde expone algunas cuestiones centrales acerca de las "matrices jurídico-políticas" ("mesure", "ênquete", "examen") y de las relaciones de poder-saber[3], cualquier pronunciamiento sobre estas cuestiones guardarán un necesario eco de aquellas palabras y quien las pronuncie mantendrá un cierto aire de doble de aquel ácido debelador de las ciencias humanas. La resonancia y la repetición están tanto más aseguradas porque voy a referirme a los Cursos hasta ahora publicados, textos póstumos, sobre el poder. Y ya se sabe que las palabras tienen una reverberación tanto mayor que los escritos y, hasta cierto punto, fuera de riguroso control. Las palabras por más contenido que puedan tener no dejan de ser un murmullo que suspende el silencio. Así que corro este riesgo entre amigos.

Conviene referirse a estos cursos en el *Collége de France* como "Foucault oral" pues nunca fueron escritos publicados por su autor. Poseen un carácter provisional pese a haber sido editados por sus colaboradores más conocidos y personas más cercanas. Si los *Dits etEcrits* (1994) forman, para François Ewald y Daniel Defert, una serie paralela a sus escritos fundamentales publicados que requerían precauciones frente a la posibilidad de ofrecer una obra foucaultiana, estas intervenciones orales requieren otras consideraciones mayores. Sus artículos, prólogos, entrevistas e intervenciones políticas acompañan a sus libros en una segunda serie de reflexiones que matizan, completan, prolongan las tesis de sus libros. Si no pretende cerrar una obra, logra desplegar un pensamiento con suma precisión y públicamente[4].

En cambio, sus cursos orales –escritos pero no publicados y transcritos a partir de grabaciones permitidas por el autor– constituyen una investigación paralela

[1] Traigo a la discusión de mis queridos colegas brasileños –los Doctores Roberto Bueno y Helena Esser, amigos desde 1996, ya en una lejana estancia mía en la Universidad Federal de Pelotas (Rio Grande del Sur)– algunos problemas teóricos, sugerencias de análisis y propuestas políticas introducidas por Michel Foucault dentro de las ciencias sociales.

[2] Catedrático de Filosofía del Derecho y Filosofía Política en la Facultad de Derecho de la Universidad Autónoma de Madrid (España). Doctor en Filosofía del Derecho (Universidad Autónoma de Madrid). E-mail: julian.sauquillo@uam.es

[3] Michel Foucault, *A Verdade e as Formas Jurídicas*, Rio de Janeiro, Nau Editora, (7ª ed. 2003), 158p.

[4] Daniel Defert, Françoise Ewald, "Les dits et les écrits" (declaraciones recogidas por Jean-Jacques Brochier), *Le Magazine Litteraire*, n° 317, enero de 1994, 121 págs., págs. 18-23.

donde se abordan núcleos nuevos sobre el orden del saber, la subjetividad y la gubernamentalidad, no tratados en sus libros o esbozados tangencialmente. Los Cursos publicados aportan una investigación, en gran media inédita, sobre los procesos de normalización en la sociedad moderna. Buena parte de sus reflexiones sobre las relaciones de dominación, como ejercicio de poder diverso del uso de la soberanía, eran conocidas. Foucault había realizado todo un descentramiento del derecho en sus análisis de las luchas, las fuerzas desplegadas en tácticas y estrategias concretas del poder y el saber. Las garantías jurídicas y las declaraciones de derechos ilustradas son justificaciones de la soberanía que no explican una operatividad inmanente del poder.

El mismo concepto de poder era reductible a las fuerzas –concepto fundamental de la ontología de Foucault según Gilles Deleuze–, fuerzas del exterior y fuerzas de la exterioridad[5]. Había ya en sus publicaciones un plan de trabajo que negaba el reinado del derecho. Pero *Il FautDefendre la Societé. Cours au Collége de France, 1975 1976* (1997)[6] nos introduce en excursos nuevos sobre la formación de la dualidad bélica entre naciones bajo una ley común y un territorio dentro de la historia de Francia. Todos los análisis sobre la guerra abierta por los análisis del aristócrata y decadente Boulainvilliers para arrebatar el dominio del saber administrativo al tercer estado en el asesoramiento del duque de Borgoña, heredero de Luis XIV, y ganarse así un lugar predominante en el reparto del saber, es novedoso.

Todos sus análisis acerca del desenvolvimiento de la guerra como guerra de naciones –en su versión conservadora– y de lucha de clases –en su versión progresista– desemboca en una genealogía del racismo como destrucción violenta del débil que Foucault no había abordado en sus publicaciones. De igual manera, *Sécurité, territoire, population. Cours au Collége de France, 1977-1978* (2004)[7] descentra el concepto de poder y relaciones de dominación hacia la consecución de una nueva tarea: una historia de la gubernamentalidad, que transcurre a través de toda una morfología del gobierno de los otros en el poder pastoral, la diplomacia militar y la teoría de la policía. El material histórico –ya cuestionado como una información neutra pues la historia ocupa un lugar estratégico en las luchas de saber– es inédito: desde el barroco italiano, francés y español hasta los tratados de derecho público y teoría de la policía, Foucault utiliza unas fuentes que sólo se conocían por pronunciamientos orales.

De forma semejante, *Naissance de la biopolitique. Cours au Collége de France, 1978-1979* (2004)[8] emprendía un análisis desconocido del arte de gobernar

---

[5] Gilles Deleuze, *Foucault,* París, Les Editions de Minuit, 1986, 141 págs., págs.. 92-98 (existe traducción castellana).

[6] Michel Foucault, «*Il faut défendrela société* ». *Cours au Collége de France 1975-1976* (edición establecida en el marco de la Asociación por el Centro Michel Foucault, bajo la dirección de Françoise Ewald y Alessandro Fontana, por Mauro Bertani y Alessandro Fontana), París, Gallimard, Senil, 1997, 283 págs. (existe traducción castellana).

[7] Michel Foucault, *Sécurité, territoire, population. Cours au Collége de France. 1977-1978* (edición establecida bajo la dirección de Françoise Ewald y Alessandro Fontana bajo por Michel Senellart), París, Gallimard, Seuil, 434 págs. (existe traducción castellana).

[8] Michel Foucault, *Naissance dela biopolitique. Cours au Collége de France. 1978-1979,* París, Gallimad, Seuil, 2004, 355 págs.. (existe traducción castellana).

liberal a mediados del siglo XVII y en 1948 como condición de inteligibilidad de la biopolítica. Foucault estudió las autolimitaciones de la racionalidad gubernamental establecidas entre 1750 y 1810-1820 por la "economía política" cara al enriquecimiento del Estado: "cómo no gobernar demasiado", no gobernar más de la cuenta. El gobierno actúa legítima o ilegítimamente sino con conocimiento de la naturaleza de los objetos que manipula. El éxito económico depende de que la gubernamentalidad no perturbe la naturaleza de estos objetos. La investigación le llevó a Foucault a entrar en el análisis crítico del ordoliberalismo alemán del período de entreguerras.

El estudio mismo de la construcción de la monstruosidad social, en aras de la extensión de las redes psiquiátricas del control social, en *Les anormaux. Cours au Collége deFrance, 1974-1975* (1999)[9] es más extenso en hipótesis y rico que el seminario publicado *Moi, PierreRiviére, ayantégorgéma mere, masmuretmonfrére....*[10]. El estudio de la construcción social de la monstruosidad le conduce a un análisis complejo de cómo el onanismo, la homosexualidad, la histeria, la piromancia facilitaron una extensión mayor de los procesos de normalización, al convertirlos en "anormales", que el logrado por aquellos casos más extremos que lograron sacudir a la sociedad[11].

Si a Michel Foucault le preocupaba qué estatuto tenía ese auditorio que le escuchaba sin salir de su anonimato y sin pretender un mayor crédito en el orden del saber después de haberle escuchado un día cada semana curso tras curso[12], no ha dudado en ofrecerle una investigación original no solapada por sus publicaciones. Mientras el Foucault oral de los periódicos aprovecha una oportunidad para sistematizar unos escritos que se ofrecen fragmentariamente como instrumentos, herramientas de trabajo, pero que desean un pensamiento en movimiento, o las declaraciones del Foucault televisivo de "Aposthropes" aprovecha para salirse del comentario de *Histoire de la folie* (1961) para denunciar los gulags soviéticos, el profesor de una institución opuesta a la Sorbona y, hasta cierto punto, antiuniversitaria, se expone a un auditorio masivo de forma íntima y ajeno a las ediciones.

Foucault había suscitado múltiples críticas con la publicación de *Histoire de la folie, Les mots et les choses* (1966) y *La volonté de savoir. Histoire de la sexualité, I* (1975). La sorpresa de los historiadores ante un método historiográfico fenomenológico –la "arché" de la locura– que sólo satisface a Ferdinand Braudel y Philippe Ariés, el furor

---

[9] Michel Foucault, *Les anormaux. Cours au Collége de France. 1974-1975*, París, Gallimard, Le Seuil, 1999, 351 págs.. (existe traducción castellana).

[10] Michel Foucault (et alii), *Moi, Pierre Riviére, ayant égorgé ma mère, ma sœur et monfrére... Un cas departicide au XIXe siécle présentépar Michel Foucault*, París, Éditions Gallimard/Julliard, 1973, 350 págs. (traducción Joan Viñoly, *Yo, Pierre Riviére, habiendo degollado a mi madre, mi hermana y mi hermano...*, Barcelona, Tusquets, 1976, V+226 págs.). Sobre este carácter de campo de pruebas de sus Cursos, Vid. Alessandro Fontana, "Situation du cours "Il faut défendre la societé'", *Lectures de Michel Foucault. A propos de "Il faut défendre la société". Volumen 1* (ed. Jean-Claude Zancarini), Lyon, ENS Éditions, 2001, 102 págs., págs. 36-57, págs.. 37, 38.

[11] Guillaume Le Blanc, "L'Extensión du pouvoir médical", *Le Magazine Littéraire*, n° 435 (dosier "Michel Foucault. Une éthique de la verité"), octubre de 2004, 98 págs., págs. 29-67, págs. 47-49.

[12] Gérard Petitjean, "Les grands pretres de Tuniversité française", *Le Nouvel Observateur*, n° 543, del 7 al de abril de 1975, págs. 52-57.

materialista ante la falta de explicación económica o política de cambios de *episteme* en la historia, la irritación psicoanalítica al verse retratados en un dispositivo de control de las almas, las contestaciones epistemológicas ante su negación del concepto de "ideología", la perplejidad ante la falta de explicación del nivel enunciativo, el izquierdismo crítico ante la ineluctable capilaridad de las relaciones de dominación han cautivado a Foucault en los juegos (despreciables) de la dialética.

Una de las pocas polémicas eruditas en las que Foucault se ve envuelto sobre las Meditaciones filosóficas de Descartes y las imposibilidades de captar el "grado cero" de la locura con un lenguaje racional, suscitada por Jacques Derrida, es aplazada por el autor de *Histoire de la folie* hasta que se vuelve inevitable. La palabra afirmativa de Foucault ha rehuido los enredos dialéticos. Se ha sustraído a todos los conjuros de la palabra marcadas por el orden académico. La oralidad de unos cursos impartidos a un público masivo que no quiere mejorar su posición de poder en el orden del saber ha sido, en cambio, un contexto singular para el pensamiento de Foucault. Un auditorio que no desea mejorar su posición de poder en los dispositivos institucionales de saber ha sido un incentivo y motivación de primer orden para el pensamiento de Foucault.

Como los escritos utilizados por Foucault para los Cursos se cierran en unas exposiciones orales que son grabadas con su pleno consentimiento y no se editan[13], puede hablarse de una escritura reservada en uno de los filósofos más público del pasado siglo. Que Foucault haya reservado buena parte de sus mejores escritos a un público masivo pero reservado de seguidores, con los que no establece una relación establecida, permanece en la lógica del "arte de la escritura" y la elusión de la persecución, tan concerniente a Maquiavelo, Spinoza o Strauss. No es extraño que Michel Foucault haya acudido a esta reserva de su escritura y la ofreciera sólo oralmente ante la que Maurice Blanchot llamó auténtica "caza al espíritu" o "caza al hombre" tras la aparición de su *Volonté de Savoir* (1976)[14]. La tesis de esta reserva en la escritura se ve tanto más reforzada por que entre la publicación de este último trabajo y la aparición de *L'Usage desplaisirs* y *Le souci de soi* (1984) trascurren ocho años sin publicaciones importantes y se da una modificación drástica del plan de trabajo anunciado para la prosecución de su historia de la sexualidad. Foucault se ha sustraído a los juegos de la dialética para avanzar en el despliegue de un pensamiento que ofrece a unos pocos. No hay que olvidar la caracterización hecha por Alain Badiou de Foucault:

> Una figura solitaria de la maestría, sin escuela, sin entorno, a menudo silencioso. (...) La capacidad de sorprender, y también el poder de desaparecer. Una radical ausencia de ostentación, un hombre del metro y de la multitud, de la enseñanza para algunos, de la gloria anónima bajo su nombre propio.[15]

---

[13] Didier Eribon, "Contre le racisme d'Etat. La leçon de Foucault", *Le Nouvel Observateur*, nº 1685, del 20 al 26 de febrero de 1997, 66 págs., pág. 63.

[14] Maurice Blanchot, *Michel Foucault tel queje l'imagine*, París, Fata Morgana, 1986, 67 págs., págs.. 59, 60.

[15] Alain Badiou, *Pequeño panteón portátil* (traducción y establecimiento al español de A. Arozamena), Madrid, Brumaria, 2008, 1001 págs., págs. 59-61, pág. 59.

La soledad, la maestría sin escuela, la desaparición y la sorpresa, la enseñanza para algunos han sido la suerte de la reserva de la escritura que se impone a partir de los años setenta. A partir de entonces, se acabaron los tiempos en que lo escrito y publicado coincide con su biografía.

Il faut defendre la societé coincide con la publicación de *Surveiller etpunir* (1975) y la escritura del tan polémico tomo primero de *L'Histoire de la Sexualité: La Volonté de Savoir* (1976). Su trabajo está fundado en lugar extraordinariamente ajeno a la academia. Una ingente erudición[16] aparece bajo la admiración hacia alguna suerte logia masónica y secreta de investigación: en vez de atribuirse un lugar prioritario en la ordenación institucional del saber, Foucault se presenta ante su auditorio como un "parvenus", como un recién llegado a unos estudios que desempolvan documentos y libros que ya nadie lee. Quien había elogiado a las bibliotecas como el lugar de la erudición y la locura[17], comienza sus exposiciones con un elogio de los libros que sufrieron el sueño de los justos en una estantería que nadie revolvió hasta pasado un siglo de su publicación al menos.

Foucault se presenta como un solidario más de "las sociedades secretas de occidente" –formadas con el cristianismo en los monasterios indemnes a invasiones, incendios y bosques–, como un admirador de la "tierna y calurosa masonería de la erudición inútil"[18]. Foucault se dirige a una "república de las letras" ajena a la corporación universitaria. *Il faut defendre la societé* establece un plan de trabajo que requiere restablecer a los "saberes sometidos"[19]. Se trata de realizar un acoplamiento entre los saberes eruditos y la experiencia de la gente pronta a ser olvidada. Consecuente con el método proclamado en *L'ordre du discours,* a su entrada en el Collége de France, Foucault se plantea restablecer la importancia de los "contenidos históricos sepultados", descalificados por incompetentes o inmaduros, desprestigiados por ser el "saber de la gente".

A este rescate de los saberes sometidos le correspondía un auditorio desprendido de toda preocupación institucional por ascender en la jerarquía del saber. Foucault busca unos interlocutores desmarcados de la "vanguardia teórica". Dos anfiteatros abarrotados, compuestos de estudiantes, enseñantes, investigadores nacionales y extranjeros, pero también curiosos con los que no tiene un contacto personal por lo que se apesadumbra. Ningún efecto de oratoria y todo previsto. En el vocabulario del Collége de France se dice que los profesores no tienen estudiantes sino oyentes[20]. Y a este auditorio Foucault le ha dedicado una investigación original en correspondencia con el estímulo excepcional que le ha brindado.

[16] Vid. la bibliografía manejada por Foucault en torno a la impartición de "Hay que defender a la población" enumerada por Alessandro Fontana, "Situation du cours "Il faut défendre la societé'", *Lectures de Michel Foucault,* Op. Cit. págs. 55-58.

[17] Michel Foucault, "Un "fantastique" de bibliothéque", *Cahiers Renaud-Barrault,* n° 59, marzo de 1967, Gallimard, París, 122 págs., págs.. 7-30 (reedición "La bibliothéque fantastique", prefacio a *La tentation de Saint Antoine deFlaubert,* París, Editions Gallimard et Librairie Générale Française, 1971, 380 págs., págs. 7-33).

[18] Michel Foucault, «Il faut défendre la société ». Cours au Collége de France. 1975-1976, Op. Cit., pág. 6.

[19] Jean-Loup Amselle, "Michel Foucault et la guerre des races", *Critique,* n° 606, noviembre de 1997, págs. 787-800.

[20] François Ewald, Alessandro Fontana, "Avertissement", *Leçons sur la Volonté de savoir. Cours au Collége de France* (edición establecida bajo la dirección de François Ewald y Alessandro Fontana por Daniel Defert; seguido de *Le savoir d'Oedipe),* París, Gallimard, Seuil, 2011, 316 págs.+VII-XI, pág. VII.

Se trata de una investigación que reúne un arsenal de hipótesis genealógicas de trabajo que se articulan como anti-ciencias en claro desmarque respecto de la historia. Frente a un discurso teórico, unitario, global, formal y científico apelado por la historia, apoyados en la autoridad de la ciencia, Foucault desea reactivar saberes locales, desordenados, fragmentarios (a través del método arqueológico) y liberarlos de la jerarquía del saber (mediante la genealogía). Los cursos del Collège de France no repiten la investigación llevada a cabo en los libros o desarrollada en entrevistas e intervenciones públicas. Tampoco son el bosquejo de sus publicaciones. Pueden ser invitación, a base de sugerencias, a otros investigadores para que hagan su propia criba o desarrollen esas exposiciones.

Los Cursos tienen su propio estatuto y su específico régimen discursivo. Como señala Daniel Defert son una muestra del compromiso de Foucault con la realidad presente, resultan ser un esclarecimiento de la actualidad que los oyentes viven. Los Cursos son un diagrama histórico de la realidad presente[21]. Este compromiso se hace patente en *Naissance de la biopolitique. Cours au Collège de France. 1978-1979* donde Foucault entra en el análisis de la biopolítica liberal en nuestra sociedad contemporánea, reducida a empresa eficiente, y en los ciudadanos actuales, limitados a máquina idóneas indemnes a cualquier herida (los hombres de *Matrix* como metáfora viva del futuro inmediato).

2. LA GUERRA COMO CRITÉRIO HEURÍSTICO

Foucault ya había invocado en numerosos textos su antieconomicismo en el análisis del poder frente al liberalismo clásico y el marxismo. En su genealogía, el poder ni se intercambia, ni se cede, tampoco hay quienes carezcan de poder y otros lo acaparen, ni el poder garantiza un "status quo" de detentadores de propiedad del que otros carecen sino que atraviesa toda la sociedad y se ejerce de forma inmanente según una mecánica que concierne a todo y a todos. Por encima de su consideración como una fuerza que se aplica extraordinariamente cuando se rompe la paz de la política ordinaria, el poder produce efectos permanentes. Es un estado de guerra permanente que Clausewitz y, sobre todo, Boulainvilliers, habían observado como clave heurística de la historia[22].

Las tesis jurídicas sobre el poder habían soterrado esta belicosidad inmanente a la historia. Michel Foucault va a revelar el carácter dual permanente de la sociedad con la aparición de las naciones y la "guerra de razas". En este sentido, su tesis conflictual guarda correspondencia con la de Carl Schmitt sobre la constancia de la guerra –mucho antes con la de Hobbes con su defensa de la permanencia de la depredación humana tras la suscripción del contrato– pero existe una diferencia fundamental. Participan de que la guerra es constante incluso en circunstancias de paz –la guerra es un estado virtual y presente que pasa a real en cualquier momento–,

[21] Ibid. pág. IX. Sobre el "militantismo" de Foucault, Vid. Alessandro Fontana, "Situation du cours "Il faut défendre la societé"", *Lectures de Michel Foucault,* Op. Cit., págs. 50, 51.

[22] Daniel Defert, "Le "dispositif de guerre" comme analyseur des rapports de pouvoir", *Lectures de Michel Foucault,* Op. Cit. págs. 61, 62.

pero Foucault se distancia de Hobbes y de Schmitt en la crítica de la concepción jurídica de soberanía para dar cuenta de la relaciones de dominación.

Foucault es uno de los inversores de la tesis de Clausewitz: de la guerra como continuación de la política por otros medios a la política como continuación de la guerra por otros medios. *Il faut defendre la societé* revisa el esquema represivo en el análisis del poder. El poder no explica por el contrato y la represión (hipótesis Wilhelm Reich) sino por el enfrentamiento permanente de fuerzas (hipótesis Friedrich Nietzsche). Por aquellos años, Foucault resume su tarea filosófica como un análisis del triangulo poder, derecho, verdad. El carácter prioritario del poder en la circulación de de las relaciones de dominación no obvia la existencia del derecho y los discursos de verdad. El derecho es un epifenómeno de las relaciones de poder pero –para Foucault– es, indudablemente, un instrumento de las relaciones de dominación efectivas[23].

Y, a su vez, estas relaciones de poder requieren de la producción de saberes dominantes que justifican actuaciones políticas, clasifican conductas, penalizan comportamientos, clasifican conductas. Para Foucault, el discurso de los derechos y los sujetos de derecho se fundamentan en la legitimidad y la soberanía y pretende dejar en un segundo plano las relaciones de poder. La genealogía del poder pretende desmantelar ese discurso jurídico que se personifica en el Rey soberano –con Bodino, por ejemplo– y, después, en el pueblo soberano –con Rousseau–, mediante la obediencia, ya sea al monarca o al contrato social, para subrayar la dominación y la sujeción.

En vez de detenerse en la sanción como efecto de poder, Foucault analiza la constitución de los sujetos, a partir de unos materiales básicos –energías, fuerzas, materias, ritmos, deseos, pensamientos,...– que son manipuladas en mallas, redes, donde los individuos padecen y ejercen las relaciones de dominación. Los individuos nunca somos elementos eminentemente pasivos o activos de poder sino actores reversibles[24]. Foucault ha invertido la concepción jerárquica del poder personalizado en el rey para observar sus efectos horizontales, reticulares, capilares, de base. El poder no es un producto limitado por el derecho y ejercido por el soberano –en el argumento de Foucault– sino el juego de múltiples efectos locales, estratégicos, fragmentarios irreductibles a la figura del rey o del pueblo[25].

En este periodo de exposición de *Il faut defendre la societé,* Michel Foucault ha publicado *Surveiller et punir* (1975) donde expone la inversión que se produjo a finales del siglo XVIII del poder disimétrico practicado por el monarca en el "suplico" a la aparición de una nueva matriz de saber-poder, el "examen", donde aparecerá el "Hombre moderno" como sujeto empírico-trascendental[26]. La emergencia de todo un dispositivo disciplinario que permite extraer de los

[23] Michel Foucault, *«Il faut défendre la société»*. Cours au Collége deFrance. 1975-1976, Op. Cit., págs. 3-20.

[24] Pier Paolo Pasolini se refería a algunos de los efectos de esta reversibilidad del poder, en su sentido más jerárquico, cuando decía que los burgueses explotan a los trabajadores y estos a las prostitutas. Pier Paolo Pasolini, *Calderón,* Barcelona, Icaria, 1987, 160 págs..

[25] Michel Foucault, *«Il faut défendre la société»*. Cours au Collége de France 1975-1976, Op. Cit., págs. 21-55.

[26] Michel Foucault, *Surveiller et punir,* París, Gallimard, 1975, 318 págs. (traducción de Aurelio Garzón del Camino, *Vigilar y castigar,* Méjico, Siglo XXI, 1976, 314 págs.).

cuerpos tiempo y trabajo, más que bienes y riqueza, permite un poder que calcula, se limita, no ejerce la fuerza más de lo preciso, en vez de mostrar el derroche, la ostentación con que actuaba el rey, personificación de la soberanía, ante el cuerpo del supliciado que, delinquiendo, había desafiado su ley real.

Mientras el discurso de la soberanía es la ley, el discurso de las disciplinas es el de la normalización, efectuado a través de las ciencias humanas, mediante las pruebas periciales que surgen junto al aparato judicial, del que Foucault da cuenta en *Les anormaux. Cours au Collége de France, 1974-1975* (1999). *Il faut defendre la societé* argumenta que el discurso normalizador de las ciencias humanas surge en los intersticios de la soberanía y las disciplinas. No retorna a la explicación que Foucault ya había dado de cómo los mecanismos normalizadores colonizaron cada vez a la ley y los aparatos de aplicación del derecho: ya lo había analizado en torno al caso Pierre Riviére y la problemática de la determinación de la responsabilidad penal[27].

¿Qué aporta de novedoso *Il faut defendre la societé* dentro de esta deslegalización del poder? Introduce de nuevo la guerra en el centro del cuerpo social cuando esta se había apartado hacia los límites externos de los aparatos de poder. A finales del Medievo se había remplazado la guerra –dentro del argumento de Foucault– por un Estado dotado de instituciones militares. Pero, paradójicamente, según Foucault sostiene, cuando la guerra es emplazada en las fronteras del Estado surge un discurso histórico-político –a finales del siglo XVI– que observa la guerra permanente en las relaciones sociales. Al reforzamiento de este argumento, Foucault convoca un número de voces historiográficas muy variado: en Inglaterra, Edward Coke y John Lilburne; en Francia, Boulainvilliers, Fréret, el conde d'Estaing, Hotman o su sucesor Etienne Pasquier; los condes d'Estaing, de Buat-Nançay y de Montlosier; y, posteriormente, Siéyes, Buonarroti, Thierry o Courtet, más los biólogos racistas y eugenistas de finales del siglo XIX Son los minuciosos historiadores políticos de las luchas, los conflictos, las batallas y la guerra permanente, en general, como materia primera de la política.

Se oponen a los universalistas Grotius, Pufendorf, Coke y Hobbes que pretenden asentar un Estado justo en los universales derechos naturales. De acuerdo con aquel "discurso de la guerra", la guerra es la clave misma de la paz y se da siempre una estructura binaria de enfrentamiento bélico en la sociedad irreductible a la paz. La observación de esta guerra permanente no se puede realizar mediante un discurso neutro, universal o meta-histórico. Exige una posición en el tejido de saber y poder, donde no se puede ser neutral, para esclarecer que no vivimos en mundo ordenado y pacífico. Foucault realiza un trabajo muy diferente del ponderado de los historiadores. Supone que la verdad surge en un campo de fuerzas, que la verdad misma es fuerza.

Así que no habla desde la moderación y mesura del filósofo o del legislador sino desde un sumo interés por aquellos historiadores políticos que han intervenido en la historia con su discurso en aras de una trasformación en el campo de poder.

---

[27] Vid. Julián Sauquillo, "Enrique Eduardo Marí, lector de Michel Foucault: la fascinación por el amor y los márgenes" (en prensa), *Homenaje a Enrique Eduardo Marí* (Facultad de Derecho, Universidad de Buenos Aires, Buenos Aires, 9/V/2011).

O de aquellos que luchaban por un lugar predominante en la división social beligerante, en la cartografía de las fuerzas donde se da el saber. La racionalidad no es la suspensión, la puesta entre paréntesis del combate en los "juegos de verdad": es un momento de tregua dentro de unas luchas permanentes que no experimentan descanso alguno. Foucault había expresado cómo las claves de los procesos históricos no se encuentran en los grandes autores de la historia de las ideas.

Estos serían más bien los grandes pacificadores de la historia con sus conciliadoras versiones. En *La verdad y las formas jurídicas* (1973), había mostrado su preferencia por Julius en vez de Hegel. Los autores de segunda fila son intérpretes de mayor perspicacia histórica. En *Il faut defendre la societé,* Foucault ajusta cuentas con Hegel por ser el pacificador autoritario del "discurso de la guerra" y con Maquiavelo y Hobbes por haber sometido el "discurso (histórico-político) de la guerra" a la política del príncipe o del soberano. Las raíces del "discurso de la guerra" en el siglo XVII no se hallan en los grandes autores de la teoría política son encontradas por Foucault en los "levellers", los "diggers", las reivindicaciones pequeñoburguesas,... Una de las tesis fuertes de *Il faut defendre la societé* es que, a partir del siglo XVII, la trama ininterrumpida de la historia es la "guerra de razas" con dos transcripciones durante la revolución francesa y el comienzo del siglo XIX.

Una, primera, transcripción biológica anterior a Darwin, con Augustin y Amedée Thierry, que toma sus conceptos y elementos de una anatomo-fisiología, y se materializa en las luchas de los movimientos de las nacionalidades en Europa; y la política europea de colonización. Otra, segunda, venida de la guerra social, que cancela la guerra de razas y se define como lucha de clases[28]. Foucault va a seguir la pista de la primera transcripción: la genealogía del racismo biológico-social. Su idea es contra intuitiva pues no se trata de la guerra de una raza contra otra sino del desdoblamiento de la misma raza en una super-raza enfrentada con una sub-raza.

Ahora, se trata de defender a la sociedad de aquella sub-raza construida a su pesar por la propia super-raza. Se trata de un racismo de la sociedad contra parte de sus propios elementos. La defensa de la sociedad consiste en activar un racismo interno que pretende una purificación sin fin y, por tanto, una normalización tanto más estricta y rigurosa[29]. El juego de Foucault será, por el contrario, pervertir los límites y utilizarlos en un sentido diferente al que se les había dado: de forma parecida a como la represión puede dar lugar a una implantación perversa por el crecimiento prolongado al infinito de estos límites normalizadores[30].

Aquí, Foucault defiende una historia mítica-religiosa, hebrea y cristiana, de la Biblia como texto de las objeciones morales y políticas al poder del rey, frente a una historia político-legendaria, clásica como la de Tito Livio, el gran inspirador y modelo de Maquiavelo. La primera marca las fracturas y las luchas, la segunda las unidades y conciliaciones bajo las grandes gestas del eterno poder real. La

[28] Daniel Defert, "Le "dispositif de guerre" comme analyseur des rapports de pouvoir", *Lectures de Michel Foucault,* Op. Cit. pág. 63.

[29] Michel Foucault, *«Il faut défendre la société».* Cours au Collège deFrance 1975-1976, Op. Cit., págs. 37-55.

[30] Mathieu Potte-Bonneville, "Versions du platonisme. Deleuze, Foucault,Jullien", *Critique,* n° 766, Marzo de 2011, págs.. 164-179.

historia política de las razas se ubica en el modelo mítico religioso porque, lejos de resaltar los episodios de un poder triunfante, subraya que el saber histórico-político depende de si es contado por los dominadores o los dominados.

No se puede ocultar –según Foucault– la experiencia humillada de los derrotados bajo el relato épico de los triunfadores. Mientras la historia clásica representa el resplandor rampante del soberano triunfante, la historia hebrea es la historia política de las oscuras servidumbres, profecías, decadencias y saberes secretos. ¿Qué entiende Foucault por raza y cuál es el cometido crítico de la historia política de las razas? La historia política de las razas, para Foucault, no es el relato del enfrentamiento biológico entre grupos hasta muy tarde. Existen razas cuando se dan grupos con diferentes orígenes, lenguas y religiones o la unidad de los diferentes grupos proviene de la fuerza, de la conquista y el sometimiento.

Y la historia de los enfrentamientos entre dualidades irreconciliables es la historia de las revoluciones y las insurrecciones como práctica contra histórica –discurso revolucionario de la Inglaterra del siglo XVII y aristocrático y burgués en la Francia del siglo XIX. Otra de las tesis fuertes de Foucault es que la historia política revolucionaria –insurreccional– de las razas y el racismo tienen un mismo origen pero se invierten: mientras la primera guarda un sentido polar y conflictual permanente, la segunda aspira a un monismo purificador. De la lucha incesante de razas se pasa a la sobrevivencia de la raza más fuerte. A partir del siglo XX, la guerra de razas, sin sentido biológico, es sustituida por el racismo de Estado, con pleno sentido biológico[31]. El Estado se erige en gestor de la pureza de la raza tanto en el nacionalsocialismo como en el estalinismo[32].

Aunque Foucault no menciona a Hans Kelsen en *Il faut defendre la societé,* está rechazando explícitamente su visión de una comunidad bajo una ley compuesta de normas jerárquicamente ordenadas. De Hobbes, a Foucault no le extraña lo que a Schmitt le llega a incomodar: el mantenimiento de una unidad colectiva, en el filósofo inglés, propia de una Iglesia que cuando el Estado llama a la oración a los feligreses participa de una sola religión pública, mientras fuera de la misa cada uno conserva sus propios credos privados. A Schmitt le exaspera que Hobbes haya abierto la espita de la libertad de conciencia en un plano íntimo. Espita luego proseguida como liberalismo político por el "judaísmo jurídico" de Spinoza[33] y Kelsen, según el racista Carl Schmitt[34]. A Foucault le parece inoperante, dentro del corpus teórico de Hobbes, concebir el cuerpo social como unitario e igual bajo una ley común legislada por el soberano. Hobbes con su concepción jurídica de la sociedad habría contribuido a ocultar que fuertes y débiles, en una sociedad

---

[31] Thomas C. Holt, "Pouvoir, savoir et race. À propos du cours de Michel Foucault *"Il faut defendre la société", Lectures de Michel Foucault,* Op. Cit., págs. 81-96.

[32] Michel Foucault, *«Il faut défendre la société». Cours au Collège de France 1975-1976,* Op. Cit., págs. 59 74. Daniel Defert, "Le "dispositif de guerre" comme analyseur des rapports de pouvoir", *Lectures de Michel Foucault,* Op. Cit. pág. 64.

[33] Baruch Spinoza, *Tratado teológico-político* (traducción, introducción, notas e índices de Atilano Domínguez), Madrid, Alianza Editorial, 1986, 439 págs.).

[34] Carl Schmitt, *El Leviathan en la Teoría del Estado de Thomas Hobbes* (traducción de Francisco Javier Conde; edición y estudio preliminar de José Luis Monereo Pérez: "El espacio de lo político en Carl Schmitt"), Granada, Editorial Comares, 2004, LXXIX+94 págs.).

dual, están en guerra permanente dentro de niveles comparativamente desiguales de fuerza. Para la genealogía del racismo emprendida por Foucault, Hobbes es un pacificador de los conflictos y un ocultador del estado permanente de guerra –saqueo y conquista bajo la gesta del rey–, contrario a la historia política de Clausewitz o Boulainvilliers[35].

Para Foucault, la historia política de Boulainvilliers representa una auténtica lucha por ocupar un lugar predominante en el orden desigual del saber. Este aristócrata está en contra del acaparamiento de la política por la máquina administrativa que instruye al duque de Borgoña, sucesor de Luis XIV, en los conocimientos necesarios para gobernar. Pretende la "conquista del saber del rey" usurpado por el aparato administrativo. Aunque Foucault no resalta aquí la diferencia de Boulainvilliers con Maquiavelo, la diversidad de estrategias de uno y otro parece llamativa. Uno y otro tienen que pasar el "pasillo de acceso al poderoso", sortear sus trampas[36].

Pero la estrategia de acceso de Maquiavelo –a la vista de la correspondencia con Francesco Vettori o Federico Guicciardini– es personal: se trata de conseguir el "favor del rey" a través de las influencias personales o de un tipo de conocimiento políticamente útil que se pone a disposición del rey a cambio de una posición privilegiada en la corte ajena a las calamidades económicas y sociales[37]. Es el mismo caso de Francisco de Quevedo en España. Con su obra poética, festiva, política, el autor de *El Buscón* quiere su propia posición de favor personal junto a los Austrias en plena decadencia. La operación de Boulainvilliers tiene un mayor calado en el orden del saber gubernativo: quiere lograr que la reacción nobiliaria ocupe el lugar del aparato administrativo junto al absolutismo de Estado.

Para este golpe de mano de una nación, de un estado, contra otro, la aristocracia debe erigir un "contra-saber" opuesto al saber jurídico –de los tribunales, los intendentes, los jurisconsultos, los cancilleres,...– que les excluyó. Foucault llama la atención de que con Boulainvilliers hay un nuevo sujeto que habla y también un desplazamiento del sujeto en la historia por el propio objeto utilizado en el relato histórico. Se trata de una lucha subterránea a las instituciones y los derechos, un desafío por la conquista del saber histórico que debe conocer el rey para gobernar más interno y concreto que los universales y los derechos.

Ahora bien, este reto en el orden del saber, dado en el siglo XVII, no es una jugada personal sino de toda una nación, un estamento, un estado, con un estatuto, costumbres, usos, leyes particulares, de carácter estatutario en vez de ley común, contra otra nación: el saber nobiliario contra el saber administrativo combaten por conquistar un lugar exclusivo junto al rey. Este desafío cuenta con un pathos de la distancia nietzscheano en nada neutro, sino del lado de la furia, de la venganza, de los combates. Un pathos que dará lugar a la historia política de la guerra de una nación contra otra: "(...). Salen a la superficie, como temática fundamental de la

---

35 Michel Foucault, *«Il faut défendre la société». Cours au Collège de France 1975-1976*, Op. Cit., págs. 75100.

36 Carl Schmitt, *Diálogos*, Madrid, Centro de Estudios Constitucionales, 1962, 100 págs..

37 Nicolás Maquiavelo, *El príncipe* (traducción e introducción de Miguel Ángel Granada), Madrid, Alianza Editorial, 1997, 144 págs..

historia, todos esos procesos oscuros que actúan en el ámbito de los grupos que se enfrentan por debajo del Estado y a través de las leyes.

Es la historia oscura de las alianzas, de las rivalidades entre grupos, de los intereses escondidos o traicionados; la historia de las distracciones del derecho, de los desplazamientos de las fortunas; la historia de las fidelidades y las traiciones; la historia de los derroches, de las exacciones, de las deudas, de los engaños, de los olvidos, de las inconsciencias. Se trata, por otra parte, de un saber cuyo método no consistirá en la reactivación ritual de los actos fundamentales del poder, sino en un desciframiento sistemático de sus intenciones malignas, en la rememoración de todo lo que este ha olvidado sistemáticamente. Será un método de denuncia perpetua de lo que ha ido mal en la historia. No se tratará de la historia gloriosa del poder, sino de la historia de sus bajos fondos, de sus maldades, de sus traiciones. (...)[38].

A partir de esta lucha en el ámbito del saber histórico político, se suceden los altercados entre las narraciones históricas de la aristocracia contra la propia del monarca y la sostenida por el tercer estado. La historia es el saber en cuyo seno se dan múltiples combates. La historia política de la nobleza ya no es un discurso sobre la legitimidad o sobre los derechos sino sobre las estrategias empleadas en la lucha de una nación o raza con otras para conquistar una posición de poder en el orden del saber (155). El modelo histórico de Boulainvilliers es las *Causas de la grandeza y decadencia de los romanos* de Montesquieu: un estudio físico y materialista de las oscilaciones de los romanos[39].

A partir del estudio de la lucha de la aristocracia guerrera por recuperar su emplazamiento social, Foucault determina cual es la aportación de Boulainvilliers a la historia política: haber exhortado a la nobleza a recuperar el estatus de los saberes que había perdido pues ser en la historia requiere inscribirse en la trama del saber con una disposición predominante. A partir de este "espíritu de conquista" de Boulainvilliers, caben tres generalizaciones acerca de la guerra como instrumento de análisis general de la sociedad. En primer lugar, la guerra recubre enteramente al derecho. Los derechos naturales son inutilizables por abstractos para comprender los procesos históricos. En segundo lugar, la batalla es la forma generalizada de la guerra. La batalla instituye un campo de fuerzas.

Quien gane y quien pierda depende de la naturaleza y organización de las instituciones militares. En tercer lugar, en el sistema invasión-sublevación de fuerzas, las cantidades expresadas por cada atacante experimentan cambios de debilidad a fortaleza y de fortaleza a debilidad. La historia política del siglo XVII que Foucault reconstruye traza este campo de fuerzas donde las alianzas, las invasiones, las conquistas, las sublevaciones permiten correlaciones de fuerzas dúctiles, flexibles, cambiantes. Esta visión de la historia social como una relación

---

[38] Michel Foucault, *á Il faut defendre la societe â. Cours au College de France 1975-1976,* Op. Cit., págs. págs.. 117, 118. Ibid. págs. 101-123.

[39] Charles-Louis de Secondat barón de Montesquieu, *Considérations sur les causes de la grandeur des romains et de leur décadence* (nueva edición a la que se añade *Un Dialogue de Sylla et d'Eucrate, Le Temple de Gnidey l'Essai sur le Gout. Fragment),* Amsterdam, François Grasset, 1760, 416 págs..

cambiante de fuerzas estaba en Maquiavelo pero como aportación táctica a mayor gloria de la fuerza del rey.

Mientras que en Boulainvilliers las relaciones de fuerza son un objeto de estudio histórico político útil para entender la liza entre naciones, estados, corporaciones,... Foucault ha aislado a la aristocracia decadente, contra el tercer estado, como elemento motor de la historia en vez de la burguesía impulsora de los derechos humanos y las renovaciones institucionales, científicas y tecnológicas. No se ha dado una inversión de la frase de Clausewitz –la guerra es la continuación de la política por otros medios– con posterioridad al siglo XVIII sino que, mucho tiempo antes, Boulainvilliers le da una clave de interpretación de la historia al militar prusiano, al pronunciar que la política es la continuación de la guerra por otros medios[40].

Un aristócrata francés del siglo XVII le da a Foucault la clave de entendimiento de la historia: las hostilidades, los enfrentamientos, las luchas. ¿Acaso la Ilustración con la entrada de la mayoría de edad de la razón apacigua, calma el enfrentamiento gracias al progreso en la historia? Foucault atribuiría a esta posibilidad ningún crédito. Explicita que así no es porque es consciente de que la retórica ilustrada así se ha presentado. También Carl Schmitt es un debelador de la falaz oposición de Benjamin Constant entre el "espíritu de progreso" y el "espíritu de conquista"[41].

Nunca se sale del espíritu de conquista que adquiere múltiples formas a lo largo de la historia. El progreso de la historia argüido por los ilustrados es parte de una retórica de conquista que procura vencer a la premodernidad, bajo la peor y más maniquea pintura de todo tiempo anterior a la modernidad. La premodernidad es el enemigo a abatir por todo medio –también retórico– por la ilustración[42]. Foucault se suma a parecida debelación que Carl Schmitt. Comprender el siglo XVIII requiere desembarazarse de un supuesto tránsito de la noche al día, de la oscuridad a las luces. En el Siglo de las Luces, se prosigue el combate entre los saberes mismos y los detentadores de estos saberes son enemigos declarados y con poderes en lucha.

Al presentar su trabajo bajo la empatía con una secta monástica de origen cristiano está subrayando la clandestinidad de sus erudiciones inútiles. Se trata de saberes apartados del mundanal espíritu universitario de progreso. Sus saberes son conscientemente inútiles y monástico cristianos porque se oponen tanto a "la policía disciplinaria de los saberes" –a sus jerarquizaciones, clasificaciones, valoraciones y estimaciones,.– como a la historia romana de los emperadores. Foucault quiere para sus saberes la clandestinidad de las catacumbas. Sus posiciones son críticas con la modernidad –sin ser postmodernas– no sólo por su elección de un aristócrata como Bounlaivilliers para sustentar su contra-historia sino porque denuncia la dominación en el orden de los saberes que supuso *lEncyclopédie,* el saber médico, los saberes tecnológicos, la ciencia coadyuvan al disciplinamiento de

---

40 Michel Foucault, *«Il faut défendre la société». Cours au Collège de France 1975-1976,* Op. Cit., págs. págs. 117, 118. Ibid. págs. 125-148.

41 Benjamin Constant, *Del espíritu de conquista y de la usurpación : en relación con la civilización europea* (traducción de Ana Portuondo), Madrid, Tecnos, 2008, 264 págs..

42 Carl Schmitt, *El concepto de la política,* Op. Cit..

los conocimientos por centralización, jerarquización, normalización, visibilidad, homogeneización de los saberes, de tal forma que se instituyen saberes apoyados en instituciones y con valor de saberes dominantes, mientras otros son relegados a saberes sometidos, invisibles.

Entre la ortodoxia eclesiástica y la ortodoxia ilustrada cambia la economía de poder sobre los saberes: se hace menos costosa, los saberes ya no son heréticos sino bien fundados o no, especializados o no, elaborados por cualificados o no,. En este "disciplinamiento de los saberes polimorfos y heterogéneos", la "aparición de las universidades" han jugado un papel de "grandes aparatos uniformadores de saberes". El disciplinamiento de la historia fue palmario –en el razonamiento de Foucault– porque el rey necesitaba evitar cualquier saber histórico que contrariara su autoridad. La lucha entre un saber histórico disciplinado y una conciencia histórica combativa, polimorfa, fragmentada, combatiente, desde el siglo XVIII, según Foucault, no pudo suturarse[43].

La historia política que el propio Foucault practica se radica en Boulainvilliers pero, desde finales del siglo XVIII, se deslocaliza de la aristocracia y sirve a todas las fuerzas contendientes: aristocracia, nobleza, tercer estado y proletariado. La dualidad se abre en la historia política y se encarna en nacionalidades, estados, clases sociales, razas,. Boulainvillers sigue, no obstante, aportando a todos una visión cíclica de la historia que asume el nacimiento, la madurez y la muerte de las cosas en vez del calmado progreso estable de las creaciones humanas. Foucault resalta el antinormativismo del aristócrata pues concibe el "punto constituyente"[44] como un equilibrio de fuerzas siempre inestable. La constitución de un momento histórico es siempre dinámica.

Nunca se pliega a unas leyes jerárquicamente ordenadas y depende de quienes sean fuertes y quienes débiles en cada situación histórica. El constituyente es despliegue y no repliegue en una Constitución. La constitución, en cada periodo histórico, representa las fuerzas vivas constituidas en la sociedad. Por momentos, Foucault se acerca al antinormativismo de Ferdinand Lassalle[45]. El enemigo de este antinormativismo es el buen salvaje dispuesto a suscribir un contrato para restablecer la armonía de la naturaleza que perdió al entrar en contacto con sus semejantes. El buen salvaje es el hombre de la sumisión al contrato y de los intercambios de mercancías.

---

[43] Michel Foucault, *«Il faut défendre la société». Cours au Collège de France 1975-1976,* Op. Cit., págs. 149-167.

[44] El concepto de «punto constituyente» le permite sortear el concepto de «poder constituyente» mucho más estático dentro de una realidad que se está formando. Bartolomé Clavero, desde la historia del derecho, también evita el concepto de poder constituyente, dentro de su particular visión anarquista, a través del concepto de "constituyenza". El poder constituyente es el "Pantocrator": primero, originario y más poderoso de los cuatro poderes, que, aún divididos como legislativo, ejecutivo y judicial, son ante todo poderes. La constituyenza, en cambio, es la pertenencia versátil, cambiante y, ante todo, autónoma de cada cuál para pertenecer a una comunidad que se autolegisla. Bartolomé, Clavero, *El Orden de los Poderes. Historias Constituyentes de la Trinidad Constitucional,* Trotta, Madrid, 2007, 321 págs..

[45] Ferdinand Lasalle, «De l'essence d'une Constitution», *Discours etpamphlets,* París, V. Giard & E. Brière, 1903, 364 págs., págs. 1-74 (traducción y prólogo de Wenceslao Roces e introducción de Eliseo Aja, *¿Qué es una Constitución?,* Barcelona, Ariel, (2° ed. 1976, 1° ed. Madrid, Cenit, 1931), 161 págs.).

El bárbaro es la figura recuperada por Boulainvilliers (y Foucault) frente al hombre de la naturaleza y el derecho. El bárbaro es dominio, malevolencia, insumisión, intransigencia frente a la bondad del salvaje que cede, intercambia, condesciende y obedece. Las tácticas que se ponen en juego en el siglo XVIII se dan –según Foucault– bajo la combinación variada de cuatro elementos: constitución, revolución, barbarie y dominación.

Cuando Foucault se refiere que el verdadero problema del siglo XVIII ha sido la opción entre revolución y barbarie, lleva razón. La revolución francesa ha consistido, en gran media, en la apertura de una Constitución que nunca acaba de cerrarse –debido a una "obsesión constituyente"[46] del tercer estado que, imparable, sigue produciendo formas constitucionales– y en el cierre institucional de la burguesía respecto de los comités populares por incontrolados e indeseables. Hay una tensión entre la constitución y la dominación, de una parte, y una revolución con barbarie, de otra. La propia burguesía, fraccionada en grupos en liza, expresa su propia barbarie cuando despliega unas y otras fuerzas en combate abierto que mueven la guillotina al ritmo de tres sucesivas constituciones en cinco años (Constituciones de 1971, 1973, 1975). La revolución, la constitución y la dominación han realizado diferentes filtrajes del bárbaro en diferentes "puntos constituyentes".

La cartografía de las fuerzas contendientes, de las naciones en pugnas, de los estados en conflicto, elaborada por Boulainvilliers sirve a la comprensión de la modernidad fraccionada en grupos irreductibles a una ley común. Es absolutamente posible que diferentes posiciones políticas –de Augustin Thierry a Montlosier– coincidan en la historia política de las luchas que inaugura Boulainvilliers. Mientras la aristocracia y la monarquía alientan la historia política, la burguesía intento cauterizarla mediante el rousseaunianismo antihistoricista. A partir de la Revolución, Foucault percibe el amortiguamiento del discurso de la guerra presente durante todo el siglo XVIII. Pero la burguesía tendrá –en el argumento de Foucault– su relanzamiento en la historia política a través del concepto de nación.

Mientras la monarquía instituye la Nación en la persona del Rey, la burguesía es consciente del fraccionamiento irreductible a cualquier monoteísmo de Estado[47]. Acertadamente, Foucault sitúa en la teoría de la nación construida por Sieyès la lucha política del tercer estado por situarse predominantemente en el campo del saber. El acierto histórico político del abate fue haber distinguido entre elementos formales y materiales del concepto de nación. Los formales (ley y cuerpo legislativo) son consecuencia de los materiales (composición de las funciones de intendencia económica y sostenimiento de los aparatos administrativos, el ejército, la iglesia y la justicia). Si el tercer estado controla los puestos de la administración y las funciones propias del desarrollo económico, ¿por qué no va a constituirse como una nación? ¿*Qué es el tercer estado* ? de Sieyés expresa este deseo con la contundencia que subraya

[46] Roberto, Martucci, *L'ossessione costituente. Forma di governo e constituzione nella Revoluzione francese, 1789 1799*, Bolonia, Il Mulino, 2001, 330 págs.. Roberto, Martucci, *La Costituente ed il problema penale in Francia (1789-1791). I. Alle origini del processo accusatorio i decreti Beaumetz*, Milán, Giuffrè Editore, 1984, 313 págs..

[47] Michel Foucault, *«Il faut défendre la société ». Cours au Collège de France 1975-1976*, Op. Cit., págs. 169-191.

Foucault: si la burguesía, el tercer estado, reúne la inmensa mayoría numérica activa de la nación, ¿por qué no va a constituirse en Nación? Una vez constituida como Nación puede darse las leyes y la forma política que desee pues lo puede todo (con la única limitación de los derechos humanos, dice Sieyés, retóricamente)[48]. El tercer estado pudo acabar con el arbitrio real para dar la ley a los nobles, al clero y a sí mismo[49].

La revolución francesa trajo un cambio fundamental, según Foucault, dentro de la historia política de la guerra. Quedó sustituido un discurso como el de Boulainvilliers que sacaba a relucir las luchas de naciones diversas dentro del Estado, naciones con historias e intereses diversos de todo tipo, por una nación total que se identifica con un Estado universal. La Revolución selló la detentación del Estado por el tercer estado y se erradica la división nacional del siglo XVII. La inmensa revolución hizo desaparecer la dualidad por la potencia del universal[50]. A partir de la revolución, la historia puede escribir una tensión y una trama de relaciones de tipo civil donde se lucha por conseguir la universalidad del Estado.

Dentro del argumento historiográfico de Michel Foucault, la lucha se presenta como lucha civil en la economía, la administración, las instituciones, la producción. en el plano normal, mientras que la lucha militar, cruenta, puede ser excepcional, episódica, crítica. La pregunta fundamental de Foucault es si persiste el modelo bélico, del enfrentamiento militar, perdurable durante el siglo XVIII –en Guizot, Augustin Thierry o Thiers–, bajo los supuestos conflictos de carácter económico-políticos del siglo XIX. El nuevo patrón de inteligibilidad de la historia sustituye la guerra, la batalla, la invasión y la conquista en el pasado (historia conservadora y reaccionaria) por la calma, la paz y el acuerdo venida del presente (historia liberal y burguesa). A Foucault no le parece nunca superado este patrón bélico y supone que liberales y reaccionarios utilizaron uno y otro patrón de inteligibilidad[51].

Il faut defendre la societé se cierra –Undécima lección, 17 de marzo de 1976– con un pronóstico histórico político para nuestras sociedades contemporáneas sobre la "biopolítica de las poblaciones" proseguido por Giorgio Agamben y Roberto Esposito. La guerra de razas de los siglos XVI y XVII se vio trasformado en un racismo de Estado propio de los siglos XVIII y XIX. El discurso de las razas no desapareció sino que perduró dentro de la universalización nacional del Estado y la conversión de lo biológico en estatal. Aquí, en esta lección tan prolífica en futuros trabajos y comentarios, Foucault retoma las tesis del cierre de la *Volonté de Savoir*, un cierre que suponía una cesura o una irrupción novedosa dentro de una exposición

[48] Emmanuel Sieyés, *Qu'est-ce que le Tiers-Etat?Essai sur lesprivilèges* (traducción, introducción y notas de Marta Lorente Sariñena y Lidia Vázquez, *¿ Qué es el Tercer Estado ? Ensayo sobre los privilegios*, Madrid, Alianza Editorial, 1989 (1ª reimpresión 1994), 184 págs.). Emmanuel Sieyés, «Preliminaire de la Constitution. Reconaissance et exposition raisonnée des droits de l'homme et du citoyen», *Archivesparlamentaires de 1787 a 1860*, Primera Serie, Tomo VIII, del 5 de junio al 15 de septiembre de 1789, *Archives parlamentaires de 1787 a 1860*, París, 1875, LXIV+731 págs., págs. 256-261. Emmanuel Sieyés, "Déclaration des droits de l'homme en societé», *Archives parlamentaires de 1787 a 1860*, Primera Serie, Tomo VIII, del 5 de junio al 15 de septiembre de 1789, *Archives parlamentaires de 1787 a 1860*, París, 1875, LXIV+731 págs., pág. 422.

[49] Michel Foucault, «*R faut défendre la société* ». *Cours au Collége de France 1975-1976*, Op. Cit., págs. 197, 198.

[50] Ibid. 209-212.

[51] Ibid. pág. 204.

breve de los mecanismos antiguos y modernos de formación del "sexo verdadero". La cesura viene dada por la introducción de la diferenciación del "derecho de vida y muerte" al "poder sobre la vida".

Los Estados modernos aúnan ambas formas de dominación. Sin embargo, el viejo derecho del padre de familia romano de dejar vivir o hacer morir a su mujer o a sus hijos es excepcional en el Estado moderno. Las tecnologías de poder contemporáneas, desde los siglos XVII y XVIII, se asientan, en primer lugar, en la individuación de cada cuerpo dentro de unos ritmos de trabajo en espacios y tiempos donde son dóciles e industriosos; y, en segundo lugar, en una "biopolítica de las poblaciones" que se apropia del hombre viviente en vez del cuerpo individual. Esta segunda se dirige a la multiplicidad de los hombres pero como masa global y a sus procesos de vida (nacimiento, muerte, producción y enfermedad). Ya no se actúa tanto sobre el cuerpo de los individuos que forman la población sino sobre su masa como hombre-masa en vez de hombre-cuerpo. La natalidad, la mortalidad, la longevidad son los nuevos problemas controlados por la biopolítica.

Desde el siglo XVIII, la higiene pública se ocupa no tanto de las epidemias pasajeras que asolan vidas y desaparecen, sino de las endemias que permanecen en un territorio geográfico como enfermedades inerradicables y que afectan, definitiva y constantemente, a la reproducción, la natalidad y la morbilidad. La sanidad pública se va a ocupar de los problemas de insalubridad, incapacidad, bajas médicas, accidentes, enfermedades, que, desde la industrialización decimonónica, corren a cuenta de de los seguros y la sociedad social en vez de la Iglesia. Esta biopolítica de las poblaciones se va a mostrar ejemplarmente, según Foucault, en la sexualidad para determinar qué comportamientos acarrean la degeneración de la especie o un severo de problema de contagio venido de un sector de la población tradicionalmente tenido por "invertido" en vez de sujeto del derecho de libertad sexual (el SIDA como contagio moral de lo perverso condenado con la muerte de un grupo de riesgo).

También se muestra tal poder sobre la vida como biopolítica en la regulación médica de la muerte. La enfermedad es siempre sometida a un dispositivo médico que, incluso en su estado terminal, se apodera de su gestión e impide a toda costa la muerte. La muerte en un dispositivo médico tan tenaz es la liberación del enfermo, única salida posible externa al poder. La muerte se constituye médicamente, según Foucault, como un tabú mucho mayor que el sexo (en cuya conclusión acompaña a su amigo, el historiador Philippe Ariès que se hizo eco de Geoffrey Gore[52]). Foucault sigue, tácita o expresamente, el diagnóstico weberiano referido a la eutanasia. Max Weber señaló que todas las ciencias naturales y las ciencias médicas en particular se rigen por el imperativo tecnológico ciego del progreso. De tal forma que ante un enfermo que no tiene salvación alguna y, acompañado de sus familiares, pide ser aliviado del sufrimiento inútil se verá negado por una ciencia médica que procurará "salvarle" a toda costa y de forma mecánica e inhumana[53]. Foucault ha proseguido

[52] Philippe Ariès, *Essais sur l'histoire de la mort en Occident du Moyen Age à nos jours*, París, Éditions du Seuil, 1975 (traducción de Francisco Carbajo y Richard Perrin, *Historia de la muerte en Occidente desde la Edad Media hasta nuestros días*, Barcelona, El Acantilado, 2000, 301 págs., pág. 89).

[53] Max Weber, *Politik als Beruf, Wissenschaft als Beruf*, Berlín-Munich, Verlag Duncker & Humblot, (introducción de Raymond Aron, traducción de Francisco Rubio Llorente, "La ciencia como vocación", *El*

el diagnóstico crítico del imperativo ciego de la "salvación" médica prescrito por la racionalización técnica y científica sobre la vida del enfermo, como un síntoma más de la "biopolítica de la poblaciones"[54].

3. LA BIOPOLÍTICA LIBERAL DE LAS POBLACIONES CONSTRUIR UN INDIVIDUO IDÓNEO Y SUFICIENTE

La biopolítica de las poblaciones es una intervención sobre la masa en términos globales regulando sus constantes de vida, enfermedad y muerte –salud, morbidez y longevidad– para hacer vivir[55]. Pero esta intervención positiva y a ultranza sobre la vida es compatible con la negación estatal de la vida. Hacer vivir y dejar morir es un binomio del poder contemporáneo. En la historia política de Foucault el "derecho de vida y muerte" se ejerce actualmente a través del racismo inscrito en los mecanismos del Estado. Michel Foucault no está sosteniendo la superación de un poder antiguo por el poder moderno. Su tipología de los poderes a través de la historia guarda semejanza con los tipos ideales: unos tipos de legitimidad no son superación de otros como no lo son los tipos de poder de otros. Se dan mezclados en la historia y no en estado puro.

La genealogía del poder de Foucault utiliza tipos, como la sociología comprensiva de Weber, para poder captar la versatilidad de la historia y sus formas políticas[56]. El racismo de Estado es la pervivencia del derecho de vida y muerte –dentro del argumento histórico político de Foucault– en un mundo dominado por el poder sobre la vida. El racismo de Estado realiza tres operaciones fundamentales. En primer lugar, el racismo diferencia entre lo que debe vivir y lo que debe morir. Para esta discriminación, diferencia entre diferentes grupos o razas dentro del continuo biológico indiferenciado de la población.

En segundo lugar, el racismo convierte la eliminación bélica por la eliminación biológica. De esta forma, el mayor incremento de la destrucción de la raza débil, del anormal o del degenerado, a mayor beneficio y pureza de la raza fuerte o vigorosa, se produce sin el mayor coste de la crueldad. La eliminación elevada de los degenerados es condición de posibilidad de la proliferación de los sanos. En tercer lugar, el racismo de Estado no es ni militar ni guerrero sino biológico. Interviene en la eliminación de parte de la población anormal o degenerada que pone en peligro al resto de la población sana. No requiere de una declaración del guerra contra al adversario o el enemigo en aras de la vitalidad de los sanos.

---

político y el científico, Madrid, Alianza Editorial, 1967 (7ª. ed. 1981), 231 págs., págs. 180-231, págs. 28, 209).

[54] Michel Foucault, *«Il faut défendre la société». Cours au Collège deFrance 1975-1976,* Op. Cit., págs. 220, 221.

[55] Guillaume le Blanc, *El pensamiento Foucault,* Op. Cit. 180-192.

[56] Max Weber, *Wirtschaft und Gesellschaft Grundiss der Verstehenden Soziologie* (edición preparada por Johannes Winckelmann),J. C. B. Mohr (Paul Siebeck), Tubinga, 1922 [traducción deJosé Medina Echevarría, Juan Roura Parella, Eugenio Ímaz, Eduardo García Maynez y José Ferrater Mora, nota preliminar de José Medina Echavarría, *Economía y sociedad. Esbozo de sociología comprensiva. 1,* Fondo de Cultura Económica, México, 1944 (4.a reimpresión, 1979), 1237 págs., pág. 742, págs., 706-716.

Foucault explica así cómo la función homicida, de sustracción de la vida como muerte, puede compatibilizarse con la producción y mantenimiento de la vida[57]. Las sociedades de normalización operan mediante las disciplinas y la biopolítica pero se reservan la eliminación física del degenerado o anormal[58]. Las primeras experiencias de racismo de Estado se dieron con las colonizaciones del siglo XIX. Serían proseguidas después con el nacionalsocialismo y el socialismo desde finales del siglo XIX (puede decirse que no sólo frente a los judíos sino también con los cosacos[59]).

Sécurité, territoire, population. Cours au Collége de France. 1977-1978 procura esclarecer cual es el registro de verdad y las funciones en que se inscriben los mecanismos de seguridad modernos. La investigación de Foucault se ajusta a un concepto productivo de poder: la vigilancia, disciplina y normalización de las conductas supone una táctica de normalización de los comportamientos no sustentada únicamente en la represión. La seguridad policial se basa en la prevención, en la vigilancia de comportamientos susceptibles de desviación, más que en el castigo de infracciones ya cometidas.

La prevención de la criminalidad requiere de estudios estadísticos de probabilidad, análisis económicos de las políticas criminales posibles –costes de seguridad y costes de delincuencia– y demarcación de los límites de lo aceptable. Pero la seguridad incluye tanto esta actuación preventiva sobre el futuro de las conductas peligrosas como el castigo llevado a cabo a través de las estructuras jurídico políticas. El trazado de la historia política de las tecnologías de seguridad y de la técnica disciplinar le exige a Foucault jugar con los tres elementos del control social –legalidad, disciplina y seguridad– como tipos de poder normalizador sin que se dé una edad de predominio absoluto de uno u otro elemento. Los mecanismos de seguridad se dan combinadamente con las sanciones jurídicas y los ritmos disciplinarios de los cuerpos.

Para ilustrar esta combinación de elementos de seguridad que se da de forma variada a lo largo de la historia en una forma combinada y no pura –semejante a los tipos ideales de Max Weber–, Foucault acude a un juego de metáforas que data de *Histoire de la folie à l'âge classique* (1961): la división binaria entre el leproso y el sano *(lepra),* la cuadriculación de la ciudad apestada *(peste)* y la exclusión sin cuarentena propio de una epidemia *(viruela,).* En la conformación de estas figuras metafóricas tuvo que cumplir un papel importante el *Diario del año de la peste* (1722) de Daniel Defoe y *La peste* de Albert Camus (1947). La poderosa fuerza metafórica de estas figuras ilustra la presencia histórica de la ley, la disciplina y la seguridad sin que se dé sucesión de estas figuras del poder. Su capacidad iluminadora del plan de estudio de Foucault recorre sus escritos más conocidos de *Histoire de la folie à l'âge classique* (1961) a *Surveiller et punir* (1975). Pero el plan de trabajo de *Sécurité,*

---

[57] Guillaume le Blanc, *La pensé Foucault,* París, Ellipses Édition Marketing S.A., 2006 (traducción española Horacio Pons, *El pensamiento Foucault,* Buenos Aires, Amorrortu, 2008, 223 págs., págs. 109-141. Alessandro Fontana, "Situation du cours *"Il faut défendre la societé'",* *Lectures de Michel Foucault,* Op. Cit., pág. 52.

[58] Michel Foucault, *«Ilfaut défendre la société ». Cours au Collège de France 1975-1976,* Op. Cit., págs. 227-229.

[59] Martin Amis, *Koba el terrible. La risa y los veinte millones* (traducción de Antonio Prometeo-Moya), Barcelona, Anagrama, 2005, 328 págs..

territoire, population pose elementos inéditos: el análisis de los espacios de seguridad, el tratamiento realizado sobre lo aleatorio, la incidencia de la técnica de seguridad sobre la población y la normalización específica de la seguridad[60].

Foucault ya había subrayado que la filosofía había tenido al tiempo como elemento fundamental de estudio –Hegel, Bergson, Heidegger– y había desatendido al espacio. La física teórica y experimental se adueñaron de la reflexión sobre el mundo, el cosmos, del espacio finito e infinito que había realizado la filosofía. La filosofía quedó relagada al tiempo[61]. Ahora, en *Sécurité, territoire, population* retoma el territorio como elemento de actuación táctica de la ley soberana, la disciplina y la seguridad. Tratados como *Genese d'une ville moderne: Caen au XVIIIe siecle*de Jean-Claude Perrot y *La Métropolitée* de Alexandre Le Maître de mediados del siglo XVII poseen un valor fundamental en su historia política sobre la formación del medio urbano de la ciudad. Si el método de sociología histórica de Max Weber y el de la genealogía de la seguridad de Foucault guardan semejanzas en la combinación de los tres elementos de normalización, se separan en el estudio de la relación entre violencia y territorio.

El territorio es un elemento constitutivo del Estado en su propia definición. Para Weber, el Estado es una comunidad humana que aplica la violencia física legítima (con éxito) en un territorio y este es un elemento fundamental de su definición. El territorio, para la sociología comprensiva de Weber, es el objeto de la soberanía. Mientras que, para Foucault, la definición de la ciudad en torno al concepto de soberanía se reduce al tiempo en que el Estado territorial se identifica con el Estado comercial cerrado o con el cameralismo. Tanto para Weber como para Marx, el Estado administra la fuerza en un territorio, con la salvedad de que para el primero es un elemento de racionalización y protección del comercio mientras que para el segundo garantiza los intereses de clase. En cambio, para la genealogía de la seguridad, el territorio no está gobernado por el soberano sino que es un medio manipulado por los urbanistas.

Las ciudades artificiales que a Foucault le interesan –Richelieu, Kristiania, Goteborg– están construidas no sobre la base de un territorio gobernado por un aparato de Estado, concebido como un edificio, sino a partir de un "módulo arquitectónico" o de una "figura geométrica" que reproduce el campo militar romano (cuadrado o rectángulo subdivididos por cruces u otros cuadrado o rectángulos para realizar ejercicios, subdividir a las tropas, realizar controles individuales y colectivos para disciplinar, finalmente, al ejército). Esta distribución artificial del espacio procura la higiene, el comercio interior, el comercio exterior, la vigilancia sobre la base de elementos materiales (ríos, montañas, bosques,...). Se trata de conseguir la funcionalidad del comercio, el impedimento del robo,

[60] Sobre la combinación de disciplinamiento y "biocracia" en la biopolítica de las poblaciones, Vid. Mauro Bertani, "Sur la généalogie du bio-pouvoir", *Lectures de Michel Foucault*, Op. Cit., págs. 15-36.

[61] Michel Foucault, "L'oeil du povoir" (entrevista con Jean-Pierre Barou y Michelle Perrot), *Le Panoptique* (de Jeremy Bentham), París, Pierre Belfond, 1977, 223 págs., págs. 7-31 (traducción de Julia Varela y Fernando Álvarez-Uría, "El ojo del poder", *El panóptico* (de Jeremy Bentham; postfacio de María Jesús Miranda, "Bentham en España), Madrid, Las Ediciones de La Piqueta, 1979, 145 págs., págs. 9-26. Jean Jourdheuil, "Problématiser l'espace", *Magazine Littéraire*, n° 435 (dosier "Michel Foucault. Une éthique de la verité"), Op. Cit. pág. 65.

disponer no ya el presente sino el porvenir de una ciudad en desarrollo con todas sus dificultades. A estos fines, la seguridad acumula series de información (número de carretillas, número de paseantes, número de ladrones, cantidad de miasmas,.). Foucault diferencia entre la intervención del soberano, la disposición jerárquica de elementos en la ciudad por el arquitecto-urbanista y el tratamiento de una serie de acontecimientos posibles de carácter temporal o aleatorio –el hambre debido a la escasez del grano– inscritos de un espacio determinado.

La seguridad logra organizar el espacio antes de que la noción de "medio" geográfico haya aparecido. Encaja la naturalidad (nacimientos, alimentación, enfermos, muertos, cadáveres,.) en el medio artificial de la ciudad a partir de una biopolítica o biopoder. Este biopoder es una intervención distinta a las propias de la soberanía y de la disciplina. La seguridad es una "técnica política" dirigida al medio natural en vez de al territorio que se solapa con el edificio del Estado[62].

La explicación económica del proceso de formación de la seguridad descarta cualquier encuadramiento jurídico del proceso. Y no tiene nada de extraño si se recuerda al propio Marx pero también al mismo Tocqueville cuando subraya el valor del pensamiento económico –fisiocrático– por encima del jurídico para adentrarse en los entresijos del Antiguo Régimen y la Revolución. Foucault vinculó el origen de la seguridad a los problemas de hambre acarreados por la escasa circulación del grano. La puntual escasez del grano es un suceso seguido por las técnicas de seguridad. La intervención de la seguridad se debe a que cuanto menos grano hay más suben los precios no sólo por su limitación real sino por la especulación del estraperlo. Como consecuencia del hambre sufrida en la ciudad son previsibles las revueltas. Foucault estudia cómo el tránsito del mercantilismo predominante en Europa, entre comienzos del siglo XVII y comienzos del siglo XVIII, a la fisiocracia marca el éxito de la política de seguridad más eficaz cara a eliminar la escasez de grano.

Todo un sistema de trabas en el comercio entre países y entre provincias, de impedimento de los stocks, de obligación de almacenar un mínimo de granos, de aseguramiento de la venta a bajo precio aún a costa de bajos salarios se rompe con el siglo XVIII mediante la facilitación de la libre circulación de los granos (primas para el sostenimiento de los precios, fijación de tasas de importación)). En este cambio, dentro de la visión de Foucault, se juega un cambio en los dispositivos de seguridad apoyado en un nuevo campo teórico. Para comprender este cambio, Foucault no se adentra tanto en Quesnay –como había hecho Louis Dumont para explicar la llegada del "homo aequalis"[63]–, aunque aludirá a su artículo "Hommes" de la *Encyclopédie*[64], o en Turgot sino al más desconocido Louis-Paul Abeille y su decisiva *Lettre d'un négociant sur la nature du commerce des grains* (1763). No trata de ver las reglas de formación de los nuevos conceptos sino los objetivos y estrategias novedosas a que obedece la programación de la acción política.

---

[62] Michel Foucault, *Sécuritéterritoire, population. Cours au Collège de France. 1977-1978,* Op. Cit. págs. 3-29.

[63] Louis Dumont, *Homo aequalis. Genèse et épanouissement de l'ideologie économique,* París, Éditions Gallimard, 1977 (traducción de Juan Aranzadi, *Génesis y apogeo de la ideología económica,* Madrid, Taurus, 1982, 255 págs., págs. 111 y ss.).

[64] Michel *Securité, territoire, population. Cours au Collège de France. 1977-1978,* Op. Cit. pág. 73.

El hambre por escasez de grano –para Louis-Paul Abeille– pasa a ser una "quimera" por imposible en un sistema de libre circulación económica: si sobreviene, es previsible tiempo antes de que acontezca. Para ello se requiere extender el análisis al mercado, pero también a la producción y a los protagonistas de todo el proceso económico referido al grano (mercado interior y mercado exterior, reacciones de los productores y los consumidores ante el posible aumento de los precios y el conocimiento de la libertad de circulación: todo un conjunto de elementos propios de la aparición del *homo oeconomicus).* Sin embargo, el hambre no se erradica: se administra pues se evita como azote pero no como una eventualidad que mata a ciertos individuos. Aunque los individuos funcionan como miembros de la población, la táctica inaugurada disocia la multiplicidad de los individuos de la población. Aunque no se trata de una cesura real, se realiza al nivel del dispositivo de poder-saber. Cabe no intervenir sobre la morbidez de una serie de individuos y prever la escasez sobre la población.

La población es un sujeto nuevo que la teoríajurídico-política anterior no había conocido. El pueblo es el sujeto de la revuelta o de la obediencia al contrato y la población es el objeto de los cálculos económicos de un dispositivo de seguridad que pretende dejar satisfecho para evitar la contestación. La población es el objeto producido por un dispositivo en el que subsiste en niveles óptimos[65].

Los dispositivos de seguridad –en el argumento de Foucault– son diferentes de la disciplina en varios aspectos tácticos. En primer lugar, la disciplina es centrípeta porque aísla un espacio, determina un segmento, concentra, centra, encierra. La disciplina delimita un espacio en el que sus mecanismos disciplinarios actúan sin límite. Foucault caracteriza a las disciplinas e la policía del grano como centrípetas, a través del *Traité de police, I-IV* (1705-1738) de Nicolas Delamare. Los dispositivos de seguridad tienden, en cambio, a ampliar. Son centrífugos porque integran, según Foucault, nuevos elementos como la psicología de los comportamientos de los compradores, los productores, los consumidores y de los exportadores en el mercado internacional. La seguridad organiza y deja desarrollarse unos circuitos cada vez más largos. En segundo lugar, la disciplina lo regula todo, mientras que la disciplina valora los detalles bajo criterio de qué es más pertinente al nivel de la población. En tercer lugar, tanto la ley como las disciplinas diferencian qué está permitido y qué está prohibido.

El sistema de legalidad y el disciplinario obligan a evitar lo prohibido. La disciplina regula todo, de la mañana a la noche, en un espacio cerrado como los monasterios. Se regula todo lo que se debe hacer y aquello que no está regulado está prohibido. Como la legislación sigue, según Foucault, una lógica negativa. El dispositivo de seguridad, en cambio, produce las cosas de tal forma que sean deseables. Va dominar las cosas en su naturaleza o en su realidad efectiva. No prohíbe sino que anula, limita, frena o regla en su materialidad. En tercer lugar, la ley trabaja en la imaginación de lo que puede ser hecho y de lo que no se puede hacer. Imagina lo negativo.

---

[65] Daniel Defert, "Le "dispositif de guerre" comme analyseur des rapports de pouvoir", *Lectures de Michel Foucault,* Op. Cit. pág. 65.

La disciplina trabaja en complementar lo negativo de los hombres –mentirosos, malos, de malas tendencias y pensamientos,.– mediante prescripciones y obligaciones para enderezar estas tendencias de difícil vencimiento. La seguridad, en cambio, trabaja sobre la realidad, dispone los elementos y los hace jugar unos con otros. Trata de actuar –según Foucault– en el orden de la naturaleza a través de una economía y una política que son concebidas como física. A diferencia de las disciplinas, la seguridad no puede actuar sin la existencia de libertad –de circulación de personas y bienes– consiguiente al desarrollo del mundo moderno[66].

Todas las intervenciones de la seguridad –sobre el hambre, la epidemia, la calle, el grano, el contagio– están ligados a la ciudad-mercado como lugar del contagio y de las enfermedades epidémicas: la "ciudad como albergue de enfermedades". Para Foucault, el mismo lugar donde se dan miasmas y muerte se dan las revueltas. La ciudad es el lugar donde se activan los mecanismos de seguridad. Foucault distingue la ciudad como excepción al sistema territorial dominado por la soberanía en el feudalismo. Con el surgimiento de nuevos problemas económicos y políticos, la ciudad se deslinda del sistema soberano-territorial del feudalismo aunque el complejo sistema de seguridad aparezca a mediados del sigloXVIII. Foucault pone hincapié en que la visión de Maquiavelo es distinta porque insiste en la conquista y el mantenimiento del territorio sobre el que el príncipe ejerce la soberanía[67].

Creo que el economicismo de Maquiavelo es menor, efectivamente, y que la razón de ser de su política es la obediencia con o sin popularidad –a través entonces de la fuerza bruta– a mayor gloria de la república. Sin embargo, la distancia entre el territorio soberano y el mapa de la ciudad artificial no es la diferencia fundamental entre la ley, la disciplina, de una parte, y la seguridad, de otra. Maquiavelo tiene un parecido descrédito de la ley que Foucault. Sólo se requiere recordar su "para que haya buenas leyes tiene que haber buenas armas, luego hablaré de las buenas armas". Le hubiera bastado a Foucault llevar su argumento hasta el final para distanciarse mejor de "Il Machia". La ciudad-Estado y la ciudad artificial no se diferencian por la extensión sino por cómo operan la soberanía maquiaveliana y la seguridad en ambas.

Al Príncipe maquiaveliano sólo le cabe ser magnánimo o atroz, popular –temido pero no odiado– o brutal. Su operar es por disyuntivas –"aut.aut", "o...o"– a diferencia del punto medio de la prudencia aristotélica. El príncipe maquiavelano no administra la fuerza: la aplica o la suspende. Incluso, su economicismo es instrumental para la política: las corporaciones tienen que sufragar las levas y las máquinas de guerra. Pero la prosperidad de la república no deja de ser un estorbo a la prueba de las facultades más viriles de la república que sólo se movilizará virtuosamente ante la amenaza de saqueo, conquista, o evitará la corrupción en la sobriedad[68]. Los mecanismos de seguridad se aplican al espacio de otra manera: se

---

[66] Michel Foucault, *Sécurité, territoire, population. Cours au Collége de France. 1977-1978,* Op, Cit. págs. 31-56.

[67] Uno de los colaboradores de Michel Foucault es buen conocedor de la obra del florentino, Michel Senellart, *Machiavélisme et raison d'état: XIIe-XVIIe,* París, Presses Universitaires de France, 1989, 127 págs..

[68] Hans Baron, *In Search of Florentine Civic Humanism. Essays on the Transition from Medieval to Modern Thought,* Princeton, Princeton University Press, 1988 (traducción de Miguel Abelardo Camacho Ocampo, *En*

trata de combinar elementos de la realidad entre sí y de hacerlos circular sin normas fijas y ateniéndose a las eventualidades previsibles del medio.

El objeto de la seguridad no es el individuo sino la población, en aras de su eficacia, según una economía de poder que no prohíbe o impide sino que deja libre, combina, pondera, sitúa y ordena la mano de obra, las importaciones, exportaciones, la moneda. El pueblo florentino bajo el príncipe es el artífice de la guerra. A partir del siglo XVIII, el pueblo son los brazos que siembran y recogen. La población es fuerza productiva a mayor riqueza y potencia del Estado. La población es un dato con una naturaleza de variables diversas y sometible a unas técnicas de trasformación. El sensualismo de Condillac y el hedonismo de Bentham son criterios para el gobierno de las poblaciones en favor de la satisfacción de sus deseos. Uno de los desplazamientos teóricos más importantes de *Sécurité, territoire, population* es dado en el orden de la relación del dispositivo de seguridad con los saberes modernos.

Mientras la aparición de la economía política, la biología y la filología, en *Les mots et les choses* (1966), era misteriosa, en su curso en el Colegio de Francia, aparecen vinculadas a la emergencia de la biopolítica de las poblaciones, al tratamiento biológico de las poblaciones. En *Les mots et les choses,* la historia natural, la gramática general y el análisis de las riquezas son "formaciones discursivas" que responden a la misma configuración del saber, propio de la *episteme* clásica, desde mediados del siglo XVII y durante el siglo XVIII. La estructura, el verbo y el valor cumplen la misma función en la organización general de los órdenes empíricos. A finales del siglo XVIII, con la *episteme* moderna, el saber se refiere a la organización interna de las cosas y quiebra el orden representativo. Aparecen la lengua, la biología y la economía sobre el volumen interior de las lenguas, la estructura interna de los seres vivos y el trabajo acumulado sobre las mercancías.

El estudio de la producción sustituye al análisis de los intercambios y del dinero, el examen del organismo prevalece sobre el establecimiento de los caracteres taxonómicos y el lenguaje pierde su fuerza representativa. Este cambio, dado a finales del siglo XVIII y comienzos del siglo XIX, es misterioso e inexplicable en *Les mots et les choses.* Las *epistemes* condicionan la manera de percibir, de sentir, de pensar de calcular de los individuos pero sus cambios, como condición de posibilidad del saber, son misteriosos[69]. En cambio, *Sécurité, territoire, population* explica el cambio del análisis de las riquezas a la economía política a partir de la posición central adquirida por la población en el análisis económico.

Malthus y Marx en polémica son la prueba. El primero piensa la población en términos bio-económicos y el segundo en perspectiva histórico política de enfrentamiento y lucha de clases. Sólo con la introducción del concepto de economía se produce la aparición de la economía política. La superación de la historia natural y la irrupción de la biología se dan en el paso del estudio de los

---

busca del humanismo cívico florentino. Ensayos sobre el cambio de pensamiento medieval al moderno, México, Fondo de Cultura Económica, 1993, 434 págs.).

[69] Julián Sauquillo, *Michel Foucault: una filosofía de la acción,* Madrid, Centro de Estudios Constitucionales, 1989, 459 págs., págs. 200-204.

caracteres clasificatorios al análisis interno del organismo, después del organismo en su coherencia anatomo-funcional a las relaciones constitutivas o reguladoras de este organismo con el medio de vida. Aparece la población como el puente entre el medio y el organismo y se da el cambio en el pensamiento biológico. Igualmente, en el paso de la gramática general a la filología se explica por toda una preocupación estadística abierta sobre cómo la población, como sujeto colectivo, siguiendo unas regularidades lingüísticas, podía trasformar su lengua. El tránsito entre los saberes es debido a la aparición de la "población" dentro del juego de poderes y saberes. La enigmática aparición del hombre moderno –ser vivo, individuo trabajador y sujeto hablante– ahora se explica en emergencia de la población. El hombre no es sino una figura de la población. Durante el predominio de la soberanía sólo pueden existir sujetos de derechos. Cuando aparece el "arte de gobernar", irrumpe el hombre de las ciencias humanas como un elemento más de la población[70].

Sécurité, territoire, population ha revelado las formas del arte de gobierno premodernas –poder pastoral– y modernas –diplomacia militar y teoría de la policía– como un arte que manipula, suprime, limita, dispone a las fuerzas dentro de un espacio concurrencial donde los equilibrios y las relaciones pueden ser muchos. De una parte, Foucault se situa entre los autores que consideran el proceso de secularización como un proceso imperfecto. Sólo se puede entender la secularización, en este sentido, como la conversión de unas formas religiosas en otros contenidos teológicos en la modernidad. Entre el poder pastoral y la seguridad policial no deja de haber una dirección de las almas.

De otra parte, Foucault observa la pervivencia de una teología política en la manifestación de un poder cuyas relaciones de fuerza no obedece a leyes modernas. El arte de gobierno es una serie de actuaciones relacionales de poder no sometida ni a los universales de las ciencias sociales ni a las leyes generales. Durkheim ideó una teología política donde el dios padre y el espíritu santo no están sometidos a las leyes positivas tan solo concernientes al dios hijo. Esta es la estructura de las teologías políticas[71]. No tanto actuar sin universales en situaciones excepcionales que requieren una especial habilidad política. Sino también concebir la política como un campo de fuerzas de equilibrios versátiles, aleatorios. Un campo de fuerzas en competencia en cuya intervención ni las normas jurídicas ni las teorías sociales científicas salvan de una actuación contigente con lo aleatorio de cada situación puntual.

La materialización de la gubernamentalidad moderna en la teoría política arroja una encarnadura teológico-politica. A partir del siglo XVIII, la policía vela por el correcto empleo de las fuerzas del Estado. Guardar un correcto equilibrio de las fuerzas requiere incrementarlas y mantenerlo dentro de las relaciones de un Estado con otros. Las diversas manifestaciones de la policía en cada Estado no le impiden a Foucault definir el tipo de policía que se da a partir del siglo XVIII entre las funciones prioritarias del Estado. Dentro del reforzamiento de las fuerzas

---

70 Michel Foucault, *Sécurité, territoire, population. Cours au Collège de France. 1977-1978*, Op, Cit. págs. 57-89.

71 Julián Sauquillo, "Arte y Ciencia en la teología política de Emile Durkheim", *Revista del Centro de Estudios Constitucionales*, n° 11, enero-abril, 1992, págs. 239-276.

del Estado en el equilibrio internacional con otros Estados, la historia política de Foucault resalta como no importa el «status» sino la «ocupación» de cada cual.

Los objetivos de la policía son el número óptimo de ciudadanos, el suministro de los objetos de primera necesidad, la salud, el empleo de los sanos, la circulación de las mercancías y de las personas dentro y fuera de las fronteras nacionales, ... A través de la ciencia de la policía, la seguridad tomó a cargo toda la manutención, las comunicaciones y la sociabilidad de los hombres. Se trata de vivir más allá de la pura subsistencia de los hombres, a mayor beneficio de la fuerza del Estado. Las intervenciones de la policía manipulan los elementos de un medio para el mejor empleo y felicidad externa de los hombres, cara al aumento de las fuerzas del Estado[72]. La erudición de la historia política de Foucault se detiene en el tratado de policía de Delamare como texto clave del siglo XVIII. A través de este texto, Foucault subraya la identidad entre urbanización y ejercicio de la policía.

Todo el equipamiento urbanístico –distribución de mercados, fábricas, hospitales, cementerios, asilos, escuelas– es el sustrato de la policía de los siglos XVII y XVIII. La policía se imbrica, durante el siglo XVII y hasta comienzos del siglo XVIII, en el comercio y el desarrollo urbanístico. Esta policía se inscribe en el arte de gobierno pues es intervención para cada instante, en vez de ser para las cosas definitivas como ocurre con la justicia y las leyes civiles. La policía está dedicada a los casos pequeños y actua mediante reglamentos y no por leyes. Comercio, ciudad, reglamentación, disciplina son los elementos característicos de la práctica de la policía, durante el siglo XVII y hasta primera mitad del siglo XVIII. Entonces, a partir de la policía de los granos y el atajo del hambre aparece un nuevo modelo de policía. Se produce lo que Foucault denomina una «dislocación del Estado policía»a partir de la comercialización y circulación del grano.

El auge de las teorías fisiocráticas rompe barreras a la comercialización. Si se quiere evitar el hambre, porque el grano discurra, hay que lograr que esté bien pagado. Contra la teoría del mercantilismo, que defendía que el grano sería abundante si su cosecha era mal pagada y vendida a un precio bajo y no se exportaba, la fisiocracia abre la circulación del grano en competencia. Pero, sobre todo, plantea el problema de la intervención política en la misma agricultura, el beneficio, el bienestar de los paisanos, la inversión agrícola. La tierra –y esto puede ser objeto privilegiado de reflexión en un Congreso de «derecho agrario » pasó a ser objeto privilegiado de intervención gubernamental. La tierra, la producción, y no la comercialización pasa a ser objeto prioritario de intervención política. No se trata de comercializar barato en la ciudad, sino de cómo hacer para que retorne el beneficio al agricultor que explota la tierra de un grano que se vende a buen precio. Este cambio introducido por la fisiocracia frente al mercantilismo produce un cambio en la policía.

El agrocentrismo de la segunda mitad del siglo XVIII sustituyó al urbanocentrismo del siglo XVII y la primera mitad del siglo XVIII. El deslizamiento hacia la producción y la tierra no impidió que la seguridad siguiera conservando a

---

72 Michel Foucault, *Sécurité, territoire, population. Cours au Collège de France. 1977-1978,* Op, Cit. págs. 319-340.

la ciudad como objetivo preferente de actuación. Este cambio le permite a Foucault reforzar su ajuricidad : ahora, no se trata de reglamentar realidades fijas sino de regular espontáneamente según el curso de las cosas y no reglamentariamente. Son los economistas fisiocráticos, y no los juristas, quienes desmantelan al Estado policía. Se trata de romper la rigidez reglamentadora del Estado policía para favorecer la circulación. La ciencia fisiocrática idea teorías para modelar al conjunto de la población como un fenómeno natural.

La nueva gubernamentalidad no reglamenta sino que manipula. Foucault subraya cómo el Estado dejó de tomar a su cargo a los individuos mediante la disciplina para ocuparse de la población como conjunto de fenómenos naturales. La operatividad de la policía pasó a ser doble: positiva, de gestión económica e incitación de las fuerzas y medios productivos ; y negativa, de elusión de los desordenes en la ciudad. De esta forma, Foucault ha pretendido, con *Sécurité, territoire, population,* una genealogía del Estado moderno a partir de una historia de los principales elementos de la razón gubernamental: sociedad, economía, población, seguridad y libertad[73]. Quiere salir al paso de las críticas que le hicieron por engrandecer al Estado y las relaciones de poder como un gran monstruo que todo lo fagocita. Foucault se sobrepone con una gran investigación, que será de conocimiento de un auditorio limitado, de quienes le acusan de haber reforzado las relaciones de poder al convertirlas en un absoluto incontestable.

En *Naissance de la biopolitique. Cours au Collège de France. 1978-1979,* Michel Foucult prosigue esta investigación sobre la sociedad, la economía, la población, la seguridad y la libertad en el liberalismo como forma del arte de gobierno[74]. El liberalismo es la condición de inteligibilidad de la biopolítica de las poblaciones. Foucault había estudiado los límites externos a la razón de Estado –la teología, las leyes fundamentales del reino, el derecho natural y el contrato social– y, ahora, se plantea la limitación interna de la razón de Estado como se da en el liberalismo. ¿Cómo opera para Foucault una limitación interna del arte de gobierno propio del liberalismo? Bajo cinco presupuestos.

En primer lugar, es una limitación fáctica que no se refiere ni a la legitimidad o falta de ella ni a los derechos fundamentales respetados o infringidos. En segundo lugar, es una limitación permanente y no circunstancial que deba ser valorada de acuerdo con la prudencia. En tercer lugar, no se trata de una limitación debida al derecho natural teológico o al racionalista. En cuarto lugar, delimita lo que es preciso hacer –medios empleados, incluso– y lo que es conveniente no hacer, atendiendo a una agenda sin referencia a los derechos fundamentales. En quinto lugar, viene dada por una práctica que fija las posiciones de los gobernantes y de los gobernados. La limitación gubernamental interna se pregunta prescriptivamente: "¿cómo no gobernar demasiado?". Foucault subraya que actuar de acuerdo al arte de gobierno del liberalismo no requiere atender a los derechos fundamentales

[73] Ibid. págs. 341-370.

[74] Guillaume le Blanc, *El pensamiento Foucault,* Op. Cit., págs. 193-206. Michel Senellart, "La question du libéralisme", *Le Magazine Littéraire,* n° 435 (dosier "Michel Foucault. Une éthique de la verité"), Op. Cit., págs. 55-57.

sino a una agenda que incluye, prioriza, posterga o excluye de acuerdo a criterios consecuencialistas –beneficiosos o perjudiciales– sobre los deseos de la población. La búsqueda del éxito y la elusión del fracaso, en vez de la legitimidad o ilegitimidad, es el móvil de esta limitación interna del arte del gobierno. Hay que conocer la naturaleza de la población que se manipula y gobernar sus variables lo necesario y nada más. La propia naturaleza de lo gobernado –la población– marca un límite interno para definir qué es demasiado o demasiado poco gobierno[75].

Foucault había emprendido una crítica a la historia de las ideas desde la arqueología del saber al concepto de autor, obra, influencia. El juego anónimo de las prácticas discursivas y extradiscursivas era matriz del surgimiento de objetos de estudio como la locura, la enfermedad o la delincuencia. La psiquiatría, la medicina clínica o la criminología surgen sin inventores, con la apertura de un espacio de objetividad inédito que obedece a ciertas prácticas sociales históricas. La gestión biopolítica de las poblaciones como naturaleza biológica posibilitó la aparición de la economía política como saber nuevo. Foucault indaga en *Naissance de la biopolitique* en dos momentos claves: la irrupción de la economía clásica a mediados del siglo XVIII; y la refundación del Estado alemán en presupuestos ortoliberales (liberalismo austriaco) en 1948.

Los presupuestos teológico-políticos de Foucault aparecen en su descripción de la pervivencia de la razón de Estado a mediados del siglo XVIII. No hay un sometimiento de la actuación gubernamental del Estado a la ley escrita y publicada o a la justicia como grandes constructos racionales de la Ilustración a mediados del siglo XVIII. Se da un refinamiento liberal de la razón de Estado: el gobierno limita la profundidad de sus intervenciones estatales –menos drásticas, más frugales –para incentivar el dinamismo del mercado, donde prima su espontaneidad y no se pretende la justeza de los precios. La aportación de la economía clásica no requiere regulaciones rígidas. Foucault subraya cómo la paz perpetua entre las naciones no se logró por la vía de tratados internacionales –tipo el Tratado de Westfalia, instrumento de una alianza entre pequeños Estados para limitar las tentaciones imperialistas de los grandes Estados– sino por un mercado externo ilimitado[76].

Desde mediados del siglo XVIII, para Foucault, la propia naturaleza del mercado procura la limitación interna del intervencionismo del Estado. La práctica gubernamental liberal funciona a través de la libertad económica sin monopolios internos o externos. El coste de la libertad es la seguridad. El liberalismo –según Foucault– ha requerido armonizar a las libertades individuales entre sí, a las libertades individuales de la libertad colectiva, a la libertad colectiva de las libertades individuales,. El liberalismo requiere de un dispositivo de seguridad a favor de la salud, la enfermedad y la vejez de los trabajadores cara a la mayor eficacia de la empresa. Este dispositivo de seguridad está basado en la administración del miedo colectivo (cajas de ahorro, literatura policiaca, folletines sobre crímenes, enfermedad e higiene, nacimiento y degeneración) y en el incremento de los mecanismos de control social.

---

[75] Michel Foucault, *Naissance de la biopolitique. Cours au Collége de France. 1978-1979*, Op. Cit., págs. 3-28.

[76] Ibid. págs.. 53-55.

El análisis crítico de estas prácticas liberales ahondó en un descrédito del papel del Estado en las regulaciones del arte de gobierno –dentro de la perspectiva histórico política de Foucault. El derecho, la soberanía, los tratados internacionales, los derechos fundamentales poseen, dentro de su historia política, menos capacidad política que las propias manipulaciones gubernativas solicitadas por la propia naturaleza de la población como cuerpo biológico con necesidades materiales palmarias[77]. El análisis histórico político de Foucault de la espontaneidad del mercado, bajo la economía clásica y la fisiocracia, ha sido malentendido como su adhesión y magnificación del propio liberalismo. Pero Foucault ha subrayado que no suscribe la "fobia del Estado" tenida por el nazismo, el estalinismo y la planificación inglesa de la postguerra. Tan sólo evita la distorsión metodológica de convertir al Estado en un universal. Su genealogía del arte de gobernar las poblaciones como ser biológico le permite adentrarse en el Estado en su entraña de transacciones incesantes, fuentes de financiación, modalidades de inversión, centros de decisión, tipos de control, poderes locales y autoridad central[78].

Si no pretende extasiarse ante el Estado, tampoco procura realizar una historia general y continua del liberalismo desde el siglo XVIII hasta los años sesenta del pasado siglo. ¿Por qué elige el ortoliberalismo de la postguerra alemana? Porque allí, en 1948, reaparece la ocasión de una redefinición del Estado bajo presupuestos de limitación interna de la intervención pública. La economía liberal crea al derecho público y el Estado es fundado –en la historia política de Foucault– bajo la libertad económica impulsada por la gubernamentalidad liberal. Max Weber y la escuela de Friburgo –proseguida por la escuela de Frankfurt– coinciden –dentro de la genealogía del liberalismo– con esta práctica liberal de racionalización del mercado que tuvo que sobreponerse más al dominio bismarckiano de la vida económica, política y social y a la competitividad irracional, salvaje, del capitalismo, revelado por Marx[79], que al nacionalsocialismo[80].

4. ¿QUÉ NOS QUEDA DESPUÉS DEL ESTADO? EL LIBERALISMO RAMPANTE

¿Por qué se interesó Foucault por el liberalismo acercando sus tesis sobre la gubernamentalidad prácticamente hasta los orígenes de nuestra época? Porque antes se había ocupado de las prácticas de poder-saber en sectores de la racionalidad moderna: psiquiatría, medicina clínica, criminología en relación con nuevos objetos de conocimiento: locura, enfermedad, delincuencia. Mientras que el liberalismo es la práctica de poder-saber que tiene como objeto de intervención social al conjunto de la sociedad. Los micropoderes liberales intervienen sobre todo el cuerpo social[81].

---

77 Ibid. págs. 58-66.

78 Ibid. págs.. 77-79.

79 Alessandro Fontana, "Situation du cours *"Il faut défendre la société"*", *Lectures de Michel Foucault,* Op. Cit. págs. 39, 42, 43.

80 Michel Foucault, *Naissance de la biopolitique. Cours au Collége de France. 1978-1979,* Op. Cit., págs. 86-88.

81 Ibid. págs. 191-194.

El ortoliberalismo se expandió por Estados Unidos y Francia para propiciar un modelo de gubernamentalidad liberal: favorecedora de una política social que no grave a la economía. Ahora, atendemos a un desmontaje de la Seguridad Social en Europa y un tímido reforzamiento de la sanidad pública en Estados Unidos que responde a un diagnóstico crítico de Foucault: la Seguridad Social no puede ser una carga para la economía. Si Marx había pronosticado que el salario y los descansos de trabajo sólo serían el mínimo imprescindibles para la reposición de la fuerza de trabajo, Foucault prevé que el salario futuro será el virtual seguro para poder costearse la propia medicina y la de los dependientes[82].

Al ortoliberalismo le interesa el conjunto de la población y no sus miembros individualmente. Se trata de favorecer una población suficientemente robusta. Pero el arte de gobierno liberal parte de que el mercado es una competencia con vencedores y vencidos. De nuevo el racismo permite la división de la población entre sanos productores e indigentes bajo pretexto de su peor dotación genética. Para los indigentes sólo caben medidas paliativas –asignaciones compensatorias– que amortigüen su infraconsumo. El arte político del liberalismo evita la exclusión definitiva de los competidores potenciales por derrota letal. Junto al fracasado objeto de políticas sociales de subsistencia, el trabajador activo es considerado una empresa destinada a realizar constantes inversiones para su idoneidad productiva. El neoliberalismo consideró al trabajador como sujeto económico activo abandonado a sus propias fuerzas. Para generar flujos de ingresos tiene que hacer constantes inversiones en su persona y competir desgarradamente[83].

Resulta paradójico que Foucault apunte las estrategias cálidas que hacen de la competencia fría una relación cálida –el matrimonio u otras formas de solidaridad, dentro de la "Vitalpolitik"– sin resaltar donde quiebra este orden inexorable en su exposición. Su penetración en la ineluctable naturaleza de la sociedad civil de Ferguson, su perspicacia en desmontar la lógica del nivel de subsistencia mínima de Hayek o su lúcido pronóstico sobre la importancia del Coloquio Walter Lippman deja expectativas insatisfechas acerca de los puntos débiles de estas estrategias del liberalismo.

Aunque la cartografía política del liberalismo hecha por Foucault es plausible, no encontramos en sus textos donde se produce la fractura que permita romper este orden de cosas tan materializado en las prácticas. Sin embargo, la gran adaptación del liberalismo es que pudo garantizar, hasta ahora, la bonanza de la población en bloque con gran deterioro de parte de sus miembros en plena indigencia. El calentamiento del conflicto social y su globalización, la proliferación de las revueltas, la escalada del delito, el incremento de las organizaciones terroristas y delictivas, la extensión del paro, la corrosión del carácter en las empresas, no augura que las intervenciones sociales del Estado, la gestión de la pobreza, la dirección espiritual de la grey o la reapropiación de los barrios por el trabajo social sean suficientes para sostener productiva a la población bajo una lógica de paliativos sociales, incentivos económicos y miedo a la precariedad inminente. Una de las más

[82] Ibid. 204-220.
[83] Ibid. 229-244.

urgentes demandas es la reivindicación de los derechos sociales como tales derechos en vez de políticas biológicas de sostenimiento de la población. Las prestaciones sociales son derechos y no donaciones.

El arte de gobierno liberal que Foucault tan bien desentrañó se ha reforzado, las políticas de seguridad fueron en aumento pero el sistema se hace insostenible en cuanto marginaliza a sectores cada vez más grandes de la población. Por ello, no me parece que la teoría social de Foucault sea la moneda corriente de un grupo de profesores burgueses, piezas semejantes a otras en la circulación del delito y la marginación, como plantea *Tropa de élite* (2007, 2010), por lo demás una excelente película de José Padilha. Hemos de entender la teoría política del autor de *Sécunté, territoire, population* como una caja de herramientas para desmontar los engranajes de un sistema de seguridad policial desigual. O una biopolítica liberal de las poblaciones, con sus propios imperativos de eficiencia, sustituirá, definitivamente, a cualquier contenido de justicia como equidad entre los ciudadanos.

REFERENCIAS BIBLIOGRÁFICAS

AMIS, Martin. *Koba el terrible. La risa y los veinte millones.* Traducción de Antonio Prometeo-Moya. Barcelona: Anagrama, 2005. 328p.

AMSELLE, Jean-Loup. Michel Foucault et la guerre des races. *Critique*, nº 606, noviembre de 1997, p. 787-800.

ARIÉS, Philippe. *Essais sur l´histoire de la mort en Occident du Moyen Age à nos jours.* París: Éditions du Seuil, 1975.

______. *Historia de la muerte en Occidente desde la Edad Media hasta nuestros días.* Traducción de Francisco Carbajo y Richard Perrin. Barcelona: El Acantilado, 2000. 301p.

BARON, Hans. *In Search of Florentine Civic Humanism. Essays on the Transition from Medieval to Modern Thought.* Princeton: Princeton University Press, 1988.

______. *En busca del humanismo cívico florentino. Ensayos sobre el cambio de pensamiento medieval al moderno.* Traducción de Miguel Abelardo Camacho Ocampo. México: Fondo de Cultura Económica, 1993. 434p.

BADIOU, Alain. *Pequeño panteón portátil (traducción y establecimiento al español de A. Arozamena.* Madrid: Brumaria, 2008.

BLANCHOT, Maurice. *Michel Foucault tel que je l´imagine.* Paris: Fata Morgana, 1986.

CLAVERO, Bartolomé. *El Orden de los Poderes. Historias Constituyentes de la Trinidad Constitucional.* Madrid: Trotta, 2007. 321p.

COLT, Thomas C. "Pouvoir, savoir et race. À propos du cours de Michel Foucault "Il faut defendre la société. *Lectures de Michel Foucault. A propos de Il faut défendre la société.* Volumen 1 (ed. Jean-Claude Zancarini). Lyon: ENS Éditions, 2001. P. 81-96.

CONSTANT, Benjamin. *Del espíritu de conquista y de la usurpación : en relación con la civilización europea.* Traducción de Ana Portuondo. Madrid: Tecnos, 2008. 264p.

DEFERT, Daniel. Françoise Ewald. "Les dits et les écrits" (declaraciones recogidas por Jean-Jacques Brochier). *Le Magazine Litteraire*, nº 317, enero de 1994, p. 18-23.

______. "Le "dispositif de guerre" comme analyseur des rapports de pouvoir". *Lectures de Michel Foucault. A propos de Il faut défendre la société.* Volumen 1 (ed. Jean-Claude Zancarini). Lyon: ENS Éditions, 2001.

DELEUZE, Gilles. *Foucault.* París: Les Editions de Minuit, 1986.

DUMONT, Louis. *Homo aequalis. Genèse et épanouissement de l´ideologie économique.* París: Éditions Gallimard, 1977.

______. *Homo aequalis. Génesis y apogeo de la ideología económica.* Traducción de Juan Aranzadi. Madrid: Taurus, 1982. 255p.

ERIBON, Didier. Contre le racisme d´Etat. La leçon de Foucault. *Le Nouvel Observateur,* nº 1685, del 20 al 26 de febrero de 1997, p. 63.

FONTANA, Alessandro. Situation du cours "Il faut défendre la societé´. *Lectures de Michel Foucault. A propos de Il faut défendre la société.* Volumen 1 (ed. Jean-Claude Zancarini). Lyon: ENS Éditions, 2001. P. 36-57.

______. Situation du cours "Il faut défendre la societé´. *Lectures de Michel Foucault. A propos de "Il faut défendre la société"*. Volumen 1 (ed. Jean-Claude Zancarini). Lyon: ENS Éditions, 2001.

FOUCAULT, Michel. *Naissance de la biopolitique. Cours au Collège de France.* 1978-1979. París: Gallimard, Seuil, 2004a. 355p.

______. *«Sécurité, territoire, population». Cours au Collège de France. 1978-1979.* (Edición establecida bajo la dirección de Françoise Ewald y Alessandro Fontana bajo por Michel Senellart). París: Gallimad, Seuil, 2004b. 355p.

______. *A Verdade e as Formas Jurídicas.* Rio de Janeiro: Nau Editora, 2003. 158p.

______. *Les anormaux. Cours au Collège de France. 1974-1975.* París: Gallimard, Le Seuil, 1999. 351p.

______. *«Il faut défendre la société». Cours au Collège de France 1975-1976.* París: Gallimard, Senil, 1997, 283p.

______. *Yo, Pierre Rivière, habiendo degollado a mi madre, mi hermana y mi hermano…* . Traducción Joan Viñoly. Barcelona: Tusquets, 1976a. 226p.

______. *Surveiller et punir.* París: Gallimard, 1975. 318p.

______. *Vigilar y castigar.* Traducción de Aurelio Garzón del Camino. Méjico: Siglo XXI, 1976b. 314p.

______; (*et alii*). Moi, Pierre Rivière, ayant égorgé ma mère, ma sœur et mon frère… Un cas de parricide au XIXe siècle présenté par Michel Foucault. París: Éditions Gallimard/Julliard, 1973. 350p.

______. Un "fantastique" de bibliothèque. *Cahiers Renaud-Barrault,* nº 59, marzo. Gallimard: París, 1967. 122p. Reedición "La bibliothèque fantastique", prefacio a La tentation de Saint Antoine de Flaubert, París, Editions Gallimard et Librairie Générale Française, 1971. 380p.

______. "L´oeil du povoir" (entrevista con Jean-Pierre Barou y Michelle Perrot), Le Panoptique (de Jeremy Bentham). París: Pierre Belfond, 1977. 223p.

______. "El ojo del poder". In: BENTHAM, J. *El panóptico.* Postfacio de María Jesús Miranda, (Bentham en España), p. 7-31. Traducción de Julia Varela y Fernando Álvarez-Uría. Madrid: Las Ediciones de La Piqueta, 1979. 145p.

JOURDHEUIL, Jean. Problématiser l´espace. *Magazine Littéraire.* Dosier Michel Foucault. Une éthique de la verité. Nº 435, octubre de 2004, p. 65.

LASALLE, Ferdinand. *¿Qué es una Constitución?* Traducción y prólogo de Wenceslao Roces e introducción de Eliseo Aja. 2ª. ed. Barcelona: Ariel, 1976. 161p.

______. «De l´essence d´une Constitution». In: *Discours et pamphlets.* París: V. Giard & E. Brière, 1903. 364p.

LE BLANC, Guillaume. *El pensamiento Foucault.* Traducción española de Horacio Pons. Buenos Aires: Amorrortu, 2008. 223p.

______. La pensé Foucault. París: Ellipses Édition Marketing S.A., 2006.

______. L´Extensión du pouvoir médical. *Le Magazine Littéraire.* Nº 435. Dosier "Michel Foucault. Une éthique de la verité", octubre de 2004, p. 29-67.

MARTUCCI, Roberto. *L´ossessione costituente. Forma di governo e constituzione nella Revoluzione francese, 1789-1799.* Bolonia: Il Mulino, 2001. 330p.

______. *La Costituente ed il problema penale in Francia (1789-1791). I. Alle origini del processo accusatorio i decreti Beaumetz.* Milán: Giuffrè Editore, 1984. 313p.

MAQUIAVELO, Nicolás. *El príncipe.* Traducción e introducción de Miguel Ángel Granada. Madrid: Alianza Editorial, 1997. 144p.

MONTESQUIEU, Charles-Louis de Secondat barón de. *Considérations sur les causes de la grandeur des romains et de leur décadence.* (Nueva edición a la que se añade Un Dialogue de Sylla et d'Eucrate, Le Temple de Gnide y l'Essai sur le Gout. Fragment). Amsterdam: François Grasset, 1760. 416p.

PASOLINI, Pier Paolo. *Calderón.* Barcelona: Icaria, 1987. 160p.

PETITJEAN, Gérard. Les grands pretres de l´université française. *Le Nouvel Observateur.* Nº 543, del 7 al 13 de abril de 1975, p. 52-57.

POTTE-BONNEVILLE, Mathieu. Versions du platonisme. Deleuze, Foucault, Jullien. *Critique*, nº 766, Marzo de 2011, p. 164-179.

SAUQUILLO, Julián. J. "Enrique Eduardo Marí, lector de Michel Foucault: la fascinación por el amor y los márgenes" (en prensa), Homenaje a Enrique Eduardo Marí. Buenos Aires / Facultad de Derecho: Universidad de Buenos Aires, 9/V/2011.

______. Arte y Ciencia en la teología política de Emile Durkheim. *Revista del Centro de Estudios Constitucionales*. Nº 11, enero-abril, 1992.

______. *Michel Foucault: una filosofía de la acción*. Madrid: Centro de Estudios Constitucionales, 1989.

SCHMITT, Carl. *El Leviathan en la Teoría del Estado de Thomas Hobbes*. Traducción de Francisco Javier Conde; edición y estudio preliminar de José Luis Monereo Pérez: "El espacio de lo político en Carl Schmitt". Granada: Editorial Comares, 2004. LXXIX / 94p.

______. *Diálogos*. Madrid: Centro de Estudios Constitucionales, 1962. 100p.

SENELLART, Michel. La question du libéralisme. *Le Magazine Littéraire*. Nº 435. Dosier "Michel Foucault. Une éthique de la verité", octubre de 2004, p. 55-57.

______. *Machiavélisme et raison d'état: XIIe-XVIIe*. Paris: Presses Universitaires de France, 1989. 127p.

SIEYÈS, Emmanuel. *¿Qué es el Tercer Estado? Ensayo sobre los privilégios*. Traducción, introducción y notas de Marta Lorente Sariñena y Lidia Vázquez. (1ª reimpresión 1994). Madrid: Alianza Editorial, 1989. 184p.

______. Preliminaire de la Constitution. Reconaissance et exposition raisonnée des droits de l'homme et du citoyen. *Archives parlamentaires de 1787 a 1860*. Primera Serie, Tomo VIII, del 5 de junio al 15 de septiembre de 1789. *Archives parlamentaires de 1787 a 1860*. París, 1875. LXIV+p. 256-261.

______. Déclaration des droits de l'homme en societé. *Archives parlamentaires de 1787 a 1860*. Primera Serie, Tomo VIII, del 5 de junio al 15 de septiembre de 1789/731p. *Archives parlamentaires* de 1787 a 1860. París, 1875, LXIV/731p.

SPINOZA, Baruch. *Tratado teológico-político*. Traducción, introducción, notas e índices de Atilano Domínguez. Madrid: Alianza Editorial, 1986. 439p.

WEBER, Max. *La ciencia como vocación, El político y el científico*. Introducción de Raymond Aron. Traducción de Francisco Rubio Llorente. Madrid: Alianza Editorial, 1967 (7ª. ed. 1981). 231p.

______. *Wirtschaft und Gesellschaft Grundiss der Verstehenden Soziologie*. Edición preparada por Johannes Winckelmann. Tubinga: J. C. B. Mohr (Paul Siebeck), 1922

______. *Economía y sociedad. Esbozo de sociología compreensiva*. Traducción de José Medina Echevarría, Juan Roura Parella, Eugenio Ímaz, Eduardo García Maynez y José Ferrater Mora, nota preliminar de José Medina Echavarría. (4.a reimpresión, 1979). México: Fondo de Cultura Económica, 1944. 1237p.

SCHMITT: PENSANDO A EXCEÇÃO DESDE A CRÍTICA À DEMOCRACIA PARLAMENTAR WEIMARIANA

ROBERTO BUENO[1]

INTRODUÇÃO

Em 28 de agosto de 1947, Herbert Marcuse firmava uma carta em tom severo e reprobatório a Martin Heidegger. Nela fazia constar desde as primeiras linhas o reconhecimento acadêmico pelo interlocutor mas, ao mesmo tempo, a descrença em seu alegado distanciamento do regime nacional-socialista. Referia expressamente o valor de Heidegger, que muito havia ensinado a toda uma geração mas, ao fim e ao cabo, o fato é que para avaliar todo o seu trabalho não poderia deixar de considerar algo que nos parece aqui vital, ou seja, quando admite que "Não podemos separar o Heidegger filósofo e o Heidegger homem" (MARCUSE, 1999, p. 351-353). Consideramos que, ao menos, parcial razão assiste a Marcuse.

Ao começar o texto com a referência a esta carta de Marcuse a Heidegger nossa intenção é sublinhar que compartilhamos o tom impresso por Marcuse em sua carta e acreditamos que o mesmo aplica-se a Carl Schmitt, e que não podemos separar o jurista (e filósofo do político) do homem, cujas escolhas são bastante bem conhecidas e correram em paralelo às de Heidegger e, por certo, por tempo bem mais prolongado do que as do filósofo da Floresta Negra. A crítica de Marcuse a Heidegger é ainda aprofundada quando o primeiro lhe reprova ao segundo o fato de que um

> [...] filósofo pode enganar-se em política [...]. Mas ele não pode enganar-se a respeito de um regime que matou milhões de judeus [...], que fez do terror um estado normal e que inverteu tudo que era realmente ligado aos conceitos de espírito, liberdade e verdade em seu oposto sanguinário. (MARCUSE, 1999, p. 352).

Schmitt cometeu os mesmos erros que Marcuse atribui diretamente a Heidegger, e com ainda maior intensidade pelo teor de textos que apoiaram ampla e diretamente ao regime nacional-socialista e também o indesculpável equívoco de jamais ter realizado declaração de retratação, conforme Marcuse sugerira

---

[1] Professor Adjunto II da Faculdade de Direito da Universidade Federal de Uberlândia (UFU). Professor do Curso de Graduação e do Programa de Pós-Graduação da UFU. Doutor em Filosofia do Direito pela Universidade Federal do Paraná (UFPR). Mestre em Filosofia pela Universidade Federal do Ceará (UFCE). Mestre em Filosofia do Direito e Teoria do Estado pelo UNIVEM. Especialista em Ciência Política e Dir eito Constitucional pelo Centro de Estudos Constitucionais de Madrid (1994). Graduado em Direito pela Universidade Federal de Pelotas (1992). Currículo Lattes: http://lattes.cnpq. br/3962302367059090. E-mail: rbueno_@hotmail.com

expressamente a Heidegger (*cf.* MARCUSE, 1999, p. 353). É certo que se isto não tem o condão de restituir os frutos dos erros do passado e nem de reabilitar por completo, e neste caso ainda mais, dada a dimensão e a intensidade dos crimes, ao menos, por certo, poderia abrir as portas para uma releitura da obra filosófica de ambos os autores sob uma nova ótica.

A este respeito, Marcuse ainda assinala que o Heidegger que aliou-se ao nacional-socialismo em 1933 (permanecendo até 1934), juntamente com Schmitt, não poderia, efetivamente, ser um filósofo completamente diferente daquele anterior a 1933 (*cf.* MARCUSE, 1999, p. 353), mesmo por força de que haviam ficado muito claros os termos de sua plena adesão, por meio de textos filosóficos e discursos políticos e acadêmicos, indubitavelmente fora de uma defesa aberta do nacional-socialismo. Estas linhas podem ser tomadas como descritivas da conduta de Schmitt após a filiação ao partido nacional-socialista, coincidentemente no mesmo dia 1° de maio de 1933 em que Heidegger o fizera.

Estas linhas introdutórias conduzem-nos a uma reflexão sobre a vinculação dos textos precedentes de Schmitt ao momento de sua adesão ao nacional-socialismo e qual o grau que estas funestas convicções de fundo poderiam ter exercido em suas construções teóricas. A rigor, como disse Marcuse, não é crível que um homem – fora ele, prioritariamente, um jurista como Schmitt, ou filósofo como Heidegger – não pudesse apreender a profundidade de seu erro político. Incrível é que, uma vez observado, Schmitt não viesse a público para rever os seus escritos, ainda mais quando milhões de pessoas tivessem experimentado morte brutal. Schmitt não o fez, e tal silêncio não pode ser desconsiderado para compreender o sentido de sua reflexão sobre a constituição do político e do jurídico. Concordamos com Scheuerman ao dizer que o episódio da adesão ao nacional-socialismo "[...] was far more than an expression of political opportunism, though Schmitt's vanity and careerism undoubtedly did play a role in this fateful decision to join ranks with National Socialism in 1933". (SCHEUERMAN, 1999, p. 115).

Definitivamente, a interpretação de Scheuerman é de que a posição de Schmitt deve ser compreendida como um "[...] marriage to Nazism [*which*] stems immanently from core elements of his jurisprudence" (SCHEUERMAN, 1999, p. 115). Esta leitura de Scheuerman indica uma filiação original que reputamos bem fundada e densa, algo que os serviços prestados por Schmitt a Schleicher durante a República –em que pese as suas pontuais declarações pró-Weimar–, não podem ser suficientes para reputar que Schmitt fora qualquer coisa similar a um membro leal da República. Schmitt nunca foi mesmo um apreciador da vida republicana de Weimar, e continuou sem sê-lo em seus estertores ao início da década de 30. Não se tratava apenas de uma aversão às suas instituições mas, sobremaneira, e talvez ainda mais agudamente, à cultura que perpassava a vida alemã naqueles dias pós-guilherminos. Em texto de início da década de 1930, o conhecido a *Era das neutralizações* (ver SCHMITT, 1930), Schmitt reverbera a opinião conservadora revolucionária alemã que, devedora de Spengler, revelava-se descrente dos valores ocidentais. O desmantelamento europeu após a Primeira Grande Guerra Mundial fortaleceu a cultura do pessimismo, e daí as reflexões sobre a técnica e os seus impactos neutralizadores dos valores espirituais. Rigorosamente, nem ele nem seu colega Popitz foram simpáticos a Weimar, algo que mesmo comentaristas menos críticos do jurista de Plettenberg estão dispostos a admitir (ver KENNEDY, 2012, p. 77).

A proposta deste trabalho a de realizar uma leitura histórica do texto schmittiano, objetivando ampliar as fronteiras de conhecimento sobre a ideologia que abraça e qual a sua colaboração para a corrosão dos conceitos de parlamentarismo, democracia e liberalismo. Preocupado com as circunstâncias históricas alemãs do período, Schmitt não hesitou em responder às suas vicissitudes, e para tanto ocupou-se prioritariamente do constitucionalismo liberal. Segundo Scheuerman a visão do constitucionalismo liberal "[...] builds directly on this agend by arguing that the liberal constitutional order as a whole rests on arbitrary, normatively unregulated power" (SCHEUERMAN, 1999, p. 61), resposta constitucional que e boa parte encontra-se em sua *Verfassungslehre* de 1928, mas escrita em paralelo com o *Der Begriff des Politischen* em 1927.

A resposta schmittiana desenvolve menos uma teoria constitucional geral do que, propriamente, uma teoria política, dialogante com o organizado Estado burguês e com a Constituição de Weimar. Sob tal contexto o autor procurou responder aos problemas sociopolíticos e econômicos que torpedeavam e faziam soçobrar as instituições germanas. Esta estratégia passava pela defesa do controle do Parlamento, mas sem propor o mesmo cuidado relativamente ao poder centralizado que propunha[2], ao menos não com meios tão eficazes como os indicados para desarticular as competências parlamentares. Um dos meios indicados era limitar a revisão dentro do processo legislativo normal, que unicamente seria possível por intermédio de um ato do soberano (*cf.* KENNEDY, 2012, p. 264).

Deste modo, as maiorias parlamentares poderiam ser desconsideradas para fins de reforma constitucional, pavimentando o caminho para o regime autoritário em que toda a legislação (e sua aplicação) ficava à mercê da ação decisionista do soberano, pois realizava-se assim a passagem da teoria da representação (weimariana-liberal-parlamentar) para uma teoria da identidade (autoritária), entre governantes e governados[3]. Este é um dos elementos da leitura política de Schmitt e de como ele pensa a organização do Estado, deixando claro que as instituições do Estado liberal mostravam-se insuficientes para fazer frente aos desafios da vida política (*cf.* SCHEUERMAN, 1999, p. 61), aspecto no qual vai implícita a sua crítica a Kelsen e ao positivismo jurídico formalista que ele representava.

A crítica de Schmitt ao liberalismo, contudo, estava essencialmente ligada a uma leitura histórica de seus desfavores, a saber, remetia a uma diferenciação entre *Freiheit* (liberdade) e *Libertäten* (liberdades estamentais) ou *Liberalismus*

[2] Esta sugestão de Schmitt, de modo agravado, evocava o modelo monárquico absoluto que já quase não contava com apoiadores na Alemanha dos anos 20. O modelo schmittiano não era nostálgico da monarquia mas, de certo modo, em seu modelo centralizador conseguia captar a atenção e apoio de segmentos da população que aspiravam por uma forma de governo afim com a tradição germana mais recente, ancorada, é certo, na estrutura e instituições monárquicas.

[3] Há uma proximidade entre o conceito de identidade em Rousseau e o resultado final de sua elaboração por Schmitt. Embora mereça atenção, não teremos espaço para realizar este trabalho neste momento.

(liberalismo) em sentido propriamente dito. Schmitt lamenta, e reprova, a triste sina da constituição política germana dos séculos XVII e XVIII pela fragmentação estatal a que se vira submetido o povo alemão devido a ação das forças liberais (*cf.* SCHMITT, 2007, p. 61). Esta crítica que, observa-se, foi construída em seus primeiros elementos na década de 1920 e que em meados da década de 1920, em seu texto a Constituição da liberdade apenas voltaria uma vez mais a reforçar tal ponto de vista.

1. A CULTURA LIBERAL-DEMOCRATA EM WEIMAR

Hugo Preuβ (1860-1925)[4] é um dos personagens mais significativos da política alemã das duas primeiras décadas do século XX e também representativo da cultura liberal que liberal que foi impressa no texto constitucional de Weimar. Foi, indubitavelmente, uma das mais relevantes personalidades e também uma das autoridades constitucionais da primeira metade do século XX na Alemanha e, nesta medida, servirá como o contraponto político para uma ação devastadora que finalmente triunfaria na Alemanha[5]. Foi contra esta tradição liberal que Schmitt opôs-se duramente tanto no campo político como no jurídico, embora não no econômico.

É certo, contudo, que todo o referencial teórico de Preuβ aporta considerável e indelevelmente para a sustentação de um conjunto de valores jurídico-políticos e filosóficos marcados pelo liberalismo. A estes, Schmitt não reservaria senão todo um ácido conjunto de críticas nos textos de toda a sua extensa obra, a começar pelo concebido no alvorecer da década de 1920[6], dedicando, por certo, um interessante e bastantes especial texto a Preuβ para analisar o seu conceito de Estado, a quem Schmitt reconhece valor e preeminência teórica em seus dias (*cf.* SCHMITT, 2001, p. 91-92).

Sauquillo, por sua vez, aponta para a estratégia sofista do ataque schmittiano ao liberalismo (ver SAUQUILLO, 2008), observação com a qual Rivera converge (ver RIVERA, 2007). Reputamos que um destes momentos sofísticos do autor

---

[4] Como mencionado, o judeu-berlinês Preuβ foi um dos pais da Constituição de Weimar e, por isto, ocupava posição de destaque na vida jurídica e política da República de Weimar, muito especialmente entre os meios democratas do período. Neste período inaugural da República ocupou altos cargos no governo, tal como o de Ministro do Interior, entre os anos de 1918 e 1919. Sua concepção não era proclive a interpretação extensiva do art. 48 da Constituição de Weimar que ajudara a criar, interpretação que lhe fora ofertada, e aceita, isto sim, pelo Presidente Hindenburg, aliás, visto por muitos como um símbolo da velha ordem imperial do período guilhermino. Os ataques a Preuβ durante a República de Weimar em boa parte lhe atingiam por sua origem judia, a quem o nacional-socialismo imputava responsabilidades pelo suposto perfil próximo ao judaísmo marcante das normas constitucionais weimarianas. Embora reconhecida a paternidade da Constituição de Weimar, em cujo processo de elaboração participou ativamente, Preuβ também apoiaria algumas das teses de fundo de Carl Schmitt como, de resto, também outros teóricos o fizeram.

[5] Embora reconhecida a paternidade da Constituição de Weimar, em cujo processo de elaboração participou ativamente, Preuβ também apoiaria algumas das teses de fundo de Carl Schmitt como, de resto, também outros teóricos o fizeram.

[6] Utilizado por Schmitt em sua argumentação, em verdade, Preuß apresenta profundas diferenças políticas relativamente a obra do nosso autor, que, por certo, não são devidamente destacadas por este último.

expressou-se naquilo que Scheuerman qualifica como idealização ou romantização do classicismo liberal em contraste com o liberalismo daquela quadra histórica (*cf.* SCHEUERMAN, 1999, p. 63). Daí que muito acertada e sinteticamente afirme que o movimento de Schmitt de recorrer argumentativamente ao liberalismo clássico não tem, de modo algum, o propósito de retomá-lo, senão que visava promover o "[...] discredit contemporary versions of liberalism" (SCHEUERMAN, 1999, p. 65), solapamento que abriria caminho não para regimes libertários alternativos, menos ainda socialistas, mas sim comprometido com um regime de verniz e essência francamente autoritários.

É mister recordar que Schmitt recrimina o liberalismo pelos seus (pretensos) esforços de despolitização da vida social pelo fortalecimento das estruturas de mercado que, por trás, tinham atores judeus a formatá-las. Em suma, tratava-se de assumir que "El liberalismo es el origen inconveniente para Schmitt tanto de la ilusión de armonía económica en progreso ilimitado como de la indulgencia política ante la disputa violenta ineludible en la tierra" (SAUQUILLO, 2008, p. 226). Tem razão Sauquillo ao destacar que o liberalismo é mesmo uma tradição geradora de inconveniências para a teoria schmittiana, embora faça falta acrescer que isto abrange o terreno do político, mas não a vertente econômica que o liberalismo apresenta (ver CRISTI, 1998), mas certo está em destacar que a noção de embate permanece latente em seu âmago.

Desde esta perspectiva, Schmitt não poderia manter-se próximo de um Preuβ, democrata-liberal que aposta em um *Reichspräsident* dotado apenas de poderes suficientes para contrabalançar a posição ocupada pelo *Reichstag* no quadro político alemão do período. Schmitt ocupou-se com a crítica às instituições políticas liberais, enquanto Preuβ adotava estratégia que evocava a teoria de equilíbrio dos poderes antes que, como Schmitt, realizar a aposta no fortalecimento desmesurado (e cego a limitações) dos poderes de um *Reichspräsident,* por certo, seguindo uma modelação de fortalecimento de poderes que recorda a estratégia donosiana de 1849 no caso do General Narváez. Para Schmitt o liberalismo e as suas instituições estavam irremediavelmente perdidos, fadados ao fracasso *(cf.* SCHEUERMAN, 1999, p. 64), e daí que o controle político aparecia como uma modelação superior ao controle judicial, cuja função é finalmente exercida com tanta discricionariedade quanto o poder arbitrário, argumento que Schmitt reputa ser demolidor às pretensões da teoria liberal.

No caso de Preuβ a sua preocupação liberal-democrata levou-o a enfatizar a força das liberdades, da necessidade de protegê-las em face das diversas ameaças. Neste sentido deu curso a preocupação de anteriores documentos políticos germanos com as liberdades, conhecidas como *die verfassungsmãβiige Freiheit.* É desta tradição do século XIX, oriunda da consolidação do constitucionalismo que vinha fortalecendo-se desde o século das Luzes, da qual Preuβ é devedor e que foi merecedora de todas as críticas de Schmitt. Esta tradição é reputada por Schmitt como nada menos do que "[...] arma e argumento de todos los enemigos y parásitos de Alemania [...] que las Constituciones liberales se convierten en típicas formas camufladas de dominación extranjera" (SCHMITT, 2007, p. 62) e esta, por certo, seria uma avaliação da Constituição de Weimar compartilhada por amplos setores do conservadorismo alemão da década de 1920 na Alemanha.

O Estado alemão precisava manter-se distante do relativismo liberal que o mundo jurídico e cultural weimariano apontava como opção, qual Kelsen era um dos representantes mais destacados. Acertadamente alguns comentaristas assumem que "If values are relative, a constitution can embody no set of core moral values, and all constitutional standards have to be seen as possessing equal worth. None then deserves special protective status" (SCHEUERMAN, 1999, p. 64). Esta crítica pode levar o leitor incauto a crer que Schmitt mantivesse alguma preocupação com a garantia de direitos e liberdades mas, como é bem sabido, este rol de temas não esteve presente entre os objetos teóricos do autor, cuja alternativa ao normativismo kelseniano não vai além do mais estrito autoritarismo (ver SCHEUERMAN, 1999, p. 75).

Na suposta invasão cultural estrangeira encontramos a máscara sob a qual ocultava- se a crítica radical ao direito positivado na Constituição de Weimar, criticado como incapaz de firmar valores (muito menos os genuínos alemães). A esta perspectiva era atribuída uma filosofia relativista que a nada mais conduziria do que a alguma versão do niilismo, acusava feita por Schmitt à teoria kelseniana do direito *(cf.* SCHEUERMAN, p. 999, p. 65). Schmitt é taxativo quanto a qual era o melhor sentido que os valores constitucionais alemães haveriam de experimentar. Em meados da década de 1930 diria inequivocamente que "[...] no podemos continuar con las ideas jurídicas y constitucionalistas de nuestros padres y abuelos liberales, pues estaban atrapadas en una red de conceptos de un sistema no-alemán" (SCHMITT, 2007, p. 62). Com isto era claro rechaço a Preuβ, pois bem certo e definido era para Schmitt (e para *o* conservadorismo alemão) que aquilo que até então era determinado como constitucionalismo não passava de uma nefasta herança jurídica estrangeira de corte anglo-francesa.

O momento da superação liberal de meados da década de 1930, contudo, após séculos de más experiências, permitira aos alemães conhecer uma outra estrutura constitucional de poder, e esta era reconhecida não em sua forma fragmentária, mas, antes, unitária, integrada sob signos comuns de sangue e honra alemães *(cf.* SCHMITT, 2007, p. 62-63). Nada disto tinha relação com os valores do Estado de Direito apregoados por Preuβ, a quem Schmitt atribuía um ponto de vista

> [...] liberale aderente allo Stato di diritto egli si avvicinava spesso al pensiero di una sovranità della costituzione, e lo Stato di diritto e costituzionale da lui preteso ha in definitiva l'idea liberale di porre dei limiti sia al potere del príncipe che a quello del popolo. (SCHMITT, 2001, p. 97).

A preocupação de Preuβ com a ocorrência de sérias restrições às liberdades levou-o a conceber uma modelagem de Estado em que o Poder Executivo deveria estar dotado de poder suficiente para contrabalançar o poder do Parlamento enquanto que, por outro lado, em Schmitt, a centralização da figura do *Reichspräsident* cumpre uma função bastante diversa. Esta é uma interpretação calçada em uma considerável leitura de comentaristas como von Krockow (ver

VON KROCKOW, 2001), Fijalkowski (ver FIJALKOWSKI, 1966), Hofmann (ver HOFMANN, 2002), Zarka, (ZARKA, 2007) e Sontheimer (ver SONTHEIMER, 1970) que destacam a presença da continuidade no pensamento schmittiano anterior e posterior ao fatídico ano de 1933. Esta linha interpretativa reconhece a relevância da aposta schmittiana no fortalecimento desmesurado dos poderes do Executivo que já nos albores da década de 1920 apontava para rumos ditatoriais anunciados subliminarmente em seus primeiros escritos desta década, nomeadamente, em sua *Die Diktatur,* de 1921 (ver SCHMITT, 2006), mas não menos intensamente em sua *Politische Theologie* do ano seguinte.

No decorrer de seus trabalhos da década de 1920 Schmitt não comprometeu-se abertamente com o conceito formal de ditadura soberana, mas sim com a defesa da radical concentração de poderes políticos na figura do *Reichspräsident,* capaz de criar toda uma nova ordem jurídica e política. Durante a vigência de Weimar, discretamente, Schmitt operou sob a máscara do então tolerável conceito de ditadura comissária.[7] Esta figura, retoricamente, apenas cumpriria o papel de reintroduzir a normalidade em situações em que a ordem fosse abalada ou, ainda, quando estivesse comprometida a estabilidade política.

Alguns comentaristas defendem a ideia de que na primeira metade dos anos 20, coincidente com a publicação de *Die Diktatur,* de que Schmitt não fez circular o conceito de ditadura soberana. Isto sim, o debate político e jurídico sobre a ditadura abarcava a reflexão sobre a extensão dos poderes do Presidente do Reich com vistas a combater as circunstâncias adversas *(cf.* SCHWAB, 1986, p. 75). Poderia ser aceitável a tese de Schwab não fosse o autor em questão ser exatamente Schmitt, erudito, fino teórico do constitucionalismo, conhecedor das filigranas da filosofia política e também declarado admirador do fascismo italiano desde 1922, quando da Marcha sobre Roma e, em especial, admirador do *Duce* Benito Mussolini. Este é um perfil antidemocrático contra o qual não encontramos argumentos no texto de Schwab.

Coerentemente, a opção preferencial de Schmitt é pelo poder centralizado na figura do *Reichspräsident,* antagonicamente, portanto, ao papel desempenhado pela cultura parlamentar e liberal, essencialmente vinculada às instituições weimarianas, materializadas pelo *Reichstag,* representante-mor da pluralidade política e dos complexos jogos políticos da alemã do período. A opção schmittiana desvincula-se da linha parlamentar weimariana, e não por outro motivo Schmitt redige um amplo ataque a cultura parlamentar em seu alentado *Die geistesgeschichtliche des Heutigen Parlamentarismus* (ver SCHMITT, 2010). Para Schmitt o pluralismo representava uma opção inconstitucional *(cf.* CALDWELL, 1997, p. 172), e que por isto deveria ser combatida pela introdução da unidade/homogeneidade pela via do político.

Neste texto virulento contra o parlamentarismo Schmitt supostamente expõe as supostas insuficiências do sistema parlamentar, que reputa absolutamente desmerecedor de encômios, digno de todo desprezo face a sua inépcia para

[7] Há comentaristas que admitem que a interpretação de Schmitt do art. 48 reconhecia que a Constituição de Weimar permitia uma combinação de ditadura soberana com ditadura comissária *(cf.* PORTO MACEDO Jr., 1997, p. 133)

enfrentar os tempos difíceis. Em reforço a esta argumentação comenta Bercovici, em diálogo oculto com Olivier Beaud, que a versão schmittiana de que defendeu a utilização do poder presidencial para salvar a república da ação dos radicais políticos está comprometida com os fatos. É clara a posição de Bercovici de que Schmitt desempenhou um papel ativo nos derradeiros dias de Weimar e, por certo, para a opção autoritária ele exerceu influência (*cf.* BERCOVICI, 2004, p. 141-143).

A função operativa do *Reichstag* em matéria política era a de articular a possibilidade de persuasão ou do convencimento político. Esta é uma função essencial para pensar a política em regimes compatíveis com as liberdades, e que, portanto, revela-se essencial tanto a uma cultura liberal quanto, por vias inversas, necessariamente centrais para a consecução do ataque schmittiano e da cultura autoritária. Orientando-se em congruência lógica com seus princípios, o jurista de Plettenberg é em absoluto refratário ao diálogo e a toda uma classe já denominada de discutidora por Donoso Cortés no século XIX. Com isto mantém uma densa carga pejorativa aos homens (e suas ações) ocupados em manter o sistema de indecisão, travando-o com a carga que esta indecisão supõe. Este perfil institucional do parlamentarismo era reputado por Schmitt como incapaz de gerar uma ordenação política estável para o Estado alemão e, em último caso, desde o ponto de vista teórico, para qualquer outra organização política.

Estes passos de Schmitt durante o regime constitucional weimariano na década de 1920 de medida crítica quanto a aspectos nevrálgicos mas, por outro lado, atacando e ferindo mortalmente a cultura que lhe inspirara permite a equivocada interpretação de Schmitt como um defensor de uma Constituição cujos valores centrais, como o parlamentarismo liberal tem como objeto de ataque principal. Schmitt está perfeitamente ciente de que a substância do Estado liberal encontra-se radicada na defesa dos valores plurais, e que a sua estratégia teórico-política guarda distância desta proposta, posto que essencialmente divergente do centralismo político no qual abertamente aposta o nosso autor. Em reforço a esta leitura Schmitt sente-se confortável para afirmar que "Doch wird der mehrheitsbildende Staat erst unter der Einwirkung der sich immer weiter verbreitenden pluralistischen Staatsauffassung zu einem von Aufien entscheidenden Dritten". (SCHMITT, 1996a, p. 145).[8]

Schmitt critica a formação das maiorias nos estados parlamentares orientados sob conceito de pluralidade e tolerância com a vontade majoritária que haverá de determinar por intermédio do parlamento os rumos da vida política. Para Schmitt, contudo, há uma influência no Estado parlamentar que tem lugar desde fora, e ela é que lhe põe os rumos aos quais seguirá. Schmitt procura neste momento desmarcar-se da crítica a democracia mas manter viva a sua crítica ao parlamentarismo, de sorte a permitir-se afirmar que

[8] A livre tradução sugerida é: "Sob a influência da concepção pluralista do Estado, ideia cada vez mais generalizada, o Estado que forma maiorias se converte essencialmente em um terceiro que impõe suas decisões desde fora".

> Die demokratische (nicht die liberale) Staatsauffassung mufi an dem ofters erwahnten demokratischen Grundaxiom festhalten, dafi der Staat eine unteilbare Einheit ist und der überstimmte Teil in Wahrheit nicht vergewaltigt und gezwungen, sondern nur zu seinem eigenen wirklichen Willen geführt werde. (SCHMITT, 1996a, p. 145).[9]

Schmitt utiliza a estratégia de desvincular a democracia do parlamentarismo e também a teoria liberal de ambos os conceitos precedentes. Ao fazê-lo dá o primeiro passo para ressignificar o conteúdo de cada um deles, de modo que poderá, por exemplo, valer-se do conceito de democracia segundo uma gramática absolutamente particular e que reputaríamos não apenas imprópria como desaconselhável para os regimes tuteladores das liberdades humanas. Desde modo, Schmitt sugerirá que a (sua) concepção de democracia deverá aprofundar a reflexão sobre o Estado, e neste sentido, por certo, uma dimensão inarredável será o conceito de unidade, ou seja, da indissolúvel marcha comum dos indivíduos que ocupem um mesmo espaço político sob a orientação da teologia do catolicismo.[10]

A democracia schmittiana está comprometida com os conceitos de unidade tanto quanto com o de homogeneidade e, portanto, sob tal organização não existirão minorias violentadas por votações mas, dirá ele, que sob a égide do regime político unitário, os indivíduos serão "conduzidos" a um tal processo consensual por suas próprias vontades, ou seja, em seus termos, que "[...] sondern nur zu seinem eigenen wirklichen Willen geführt werde". (SCHMITT, 1996a, p. 145).[11]

Aqui neste trecho encontramos uma rica descrição de um conjunto de valores orientadores de um Estado liberal com os quais evidentemente o pensamento schmittiano não poderia manter conformidade. Neste trecho é clara a crítica e o tom da negação de um dos axiomas básicos do liberalismo e, em especial, do contratualismo rousseauniano,[12] para quem o exercício da liberdade encontra-se em sua limitação consensual, muito embora deste sobreviva a ideia de *volonté générale*

[9] A tradução livre sugerida é: "A concepção democrática (não a liberal) do Estado deve insistir sobre o axioma democrático, tantas vezes aludido, de que o Estado é uma unidade indivisível, e que a parte vencida em uma votação não foi realmente obrigada e violentada, mas, isto sim, conduzida a este resultado por sua própria e efetiva vontade".

[10] A este respeito as notas dos comentaristas são múltiplas. Dentre as notas pertinentes sobre o tema encontra-se a de Sauquillo que sustenta que o ponto inicial do processo de secularização da política teve seu início com a intervenção teórica de Maquiavel no sentido de diferenciar a política da religião (cf. SAUQUILLO, 2008, p. 221) vendo agudizado todo o processo por meio dos desdobramentos dos conflitos religiosos no século XVI e XVII. Este cenário do protestantismo leva a um deslocamento do eixo do debate político por meio da consideração teológica para uma outra esfera, laica e desvinculada das razões religiosas que haviam desembocado nos conflitos insolúveis de antanho. Para uma breve análise do tema e sua relação com Weber ver CASTELO BRANCO, (2011). Em que pese atento leitor e estudioso do filósofo de San Casciano, Schmitt não hesita em promover o movimento inverso, colonizando o político por uma visão teológica, costurando internamente as relações de domínio político a partir da hierarquia da teologia do catolicismo.

[11] Para o trecho acima sugerimos a seguinte livre tradução: "[...] mas, isto sim, conduzida a este resultado por sua própria e efetiva vontade".

[12] Desde logo, encontramos alguns outros pontos de contato da filosofia política schmittiana com Rousseau, e um deles é o conceito de homogeneidade. Sem embargo, o exame da matéria transcende os limites deste trabalho. Dentre nós um dos autores a examinar a possibilidade de um Rousseau totalitário é Bignotto. Ver BIGNOTTO, (2010).

homogeneizante e que não comete equívocos e nem pode ser desafiada em sua acertada guia dos processos políticos.[13]

2. SCHMITT, HEIDEGGER E O DISCURSO ANTIPARLAMENTAR

Schmitt também evidencia que o Estado pluralista está conectado com um Estado cujo modelo (liberal) formalmente validará acordos firmados pela construção das maiorias. Schmitt opõe-se ao processo democrático em que o resultado jurídico é obtido por meio de uma vontade livre cuja expressão não garante a sua transfiguração em conteúdo legal. Schmitt opõe-se a democracia-parlamentar pelo fato de que o indivíduo não endossa concretamente um conteúdo mas, e tão somente isto, *in abstracto*, ao resultado da expressão de uma vontade geral que não sabe antecipadamente qual será (*cf.* SCHMITT, 1996c, p. 26).

Schmitt não recepcionou em sua teoria processos decisórios construídos sobre a base da diferença e que, ademais, não encontrasse em seu desfecho um processo de unificação e homogeneização última das vontades. Este processo homogeneizador tem uma descrição clara quanto aos meios para sua realização, muito embora as práticas políticas do período e os apoios reservados pelo autor possam ser tomados como esclarecedores a este respeito (ver BUENO, 2010).

O combate ao liberalismo denota um autor que desmarca-se das noções comuns que mantém com a democracia e a liberdade. A intensa crítica de Schmitt ao liberalismo realmente o corrói (e não reforma) e desarticula as condições institucionais e culturais de resistência ao avanço autoritário, uma das mais básicas teorias políticas de que dispomos para conter os avanços de teorias encarregadas do poder arbitrário. Com isto, Schmitt desloca-se para um outro e distinto ponto que torna evidente a sua pretensão de compatibilizar, inicialmente, a democracia com regimes autoritários e, passo seguinte, com uma organização totalitária do Estado, como o então ascendente na Alemanha nacional-socialista.[14]

Há neste ponto uma convergência do discursos político de diversos intelectuais da época como Schmitt, Heidegger e Benjamín, e tal diversidade todavia permanece nos dias que correm, e também inspirados sob finalidades diversas. Encontramos

[13] Esta aproximação de Rousseau e Schmitt e, em especial, da ideia do conceito de *volonté générale* de Rousseau ao conceito de homogeneidade em Schmitt.

[14] Logo que tomou o poder (ou, talvez devesse ser dito de modo mais exato, mal o poder lhe foi entregue), Hitler promulgou, no dia 28 de fevereiro, o 'Decreto para a proteção do povo e do Estado', que suspendia os artigos da Constituição de Weimar relativos às liberdades individuais. O decreto nunca foi revogado, de modo que todo o Terceiro Reich pode ser considerado, do ponto de vista jurídico, como um estado de exceção que durou 12 anos) o totalitarismo moderno pode ser definido, nesse sentido, como a instauração, através do estado de exceção, de uma guerra civil legal que permite a eliminação física não só dos adversários políticos, mas também de categorias inteiras de cidadãos que, por qualquer razão, pareçam não integráveis ao sistema político. Desde então, a criação voluntária de um estado de emergência permanente (ainda que, eventualmente, não declarado em sentido técnico) tornou-se uma das práticas essenciais dos Estados contemporâneos, inclusive dos que são chamados" (AGAMBEN, 2004, p. 36). Desta maneira convém recordar que a permanência do Estado de exceção foi a regra, mas já não mais contra os oprimidos por um regime capitalista, mas por um outro de corte totalitário cuja regra discriminatória era a dissensão política tanto quanto o do reconhecimento de extensos grupos como inimigos do Estado que, como diz Agamben, constituíam categorias inteiras de cidadãos.

naquela crítica liberal uma declarada aversão às instituições parlamentares ou, mesmo, a qualquer noção possível de democracia, exceto, no caso schmittiano, por força de sua completa reconstrução teórica, alheia a sua elaboração clássica, por exemplo, em Mill (ver MILL, 1999). Durante o período de adesão ao nacional-socialismo, ao qual não renegaria (segundo pretextos diversos),[15] Heidegger ocupou-se seguidas vezes mesmo em discursos públicos em entronizar o papel da liderança unitária do *Führer*, destacando-a como a única entidade capaz de enfeixar a representação do *Deutsches Volk*. Sob tal autoridade, portanto, "[...] todo o ser dos homens a que todo o povo deve em primeiro lugar obediência se quiser ainda ser um povo" (HEIDEGGER, 1997a, p. 115). Desde logo, isto apenas reafirma a retórica antilibertária, antiplural e avessa a democracia.

Nestes termos, resta absolutamente claro que a intensidade com a qual Schmitt centralizou esforços em sua diatribe endereçada à cultura democrático-parlamentar e liberal longe esteve de ser isolada (ver JÜNGER, 2005; 1995a; 1995b), mas tampouco desacompanhada de críticos (ver HELLER, 1985; 1929). Ao longo de sua obra e, com particular ênfase, em *Die geistesgeschichtliche des Heutigen Parlamentarismus* (ver SCHMITT, 2010), e isto é ainda mais evidente, Schmitt apresenta a intensidade de seus valores antirrepublicanos e evidencia como os compartilhou com amplos setores da direita conservadora e revolucionária da Alemanha do período, posições bastante bem estudadas por Struve (ver STRUVE, 1973), que ocupa-se amplamente de todo o cenário político e intelectual com o qual interagiu Schmitt.

Schmitt reverbera em sua *Die geistesgeschichtliche des Heutigen Parlamentarismus* as críticas antiparlamentares das não menos ácidas críticas de Heidegger, para quem a nova representação unitária da nação no *Führer* era a única forma de constituição da comunidade popular, em suma, de realização da nação. Se ainda quisessem ser povo, os alemães haveriam de, primeiramente, prestar-lhe incondicional obediência ao *Führer* para, momento seguinte, deparar-se com a possibilidade de realização de uma verdadeira comunidade *(Gemeinschaft)* (HEIDEGGER, 1997b, p. 113), cujo caráter homogêneo permitiria uma genuína democracia ao estilo aspirado por Carl Schmitt.

Esta era uma estratégia que deslocaria as práticas políticas parlamentares do cenário envolvendo negociações e decisões para fora dos círculos oficiais, ou seja, que para Heidegger a materialização da representação unitária se dava no *Führer* *(cf.* HEIDEGGER, 1997a, p. 117), e a constituição da homogeneidade, então, era um modo de realizar o "[...] afastamento da prática das negociações vazias e dos negócios feitos por baixo da mesa [...]" (HEIDEGGER, 1997a, p. 115). Este era discurso em tudo convergente com o trecho em que Schmitt sustenta que o desvalor do parlamentarismo estava no processo de negação da sua natureza, a saber, de discutir e deliberar privadamente as razões públicas *(cf.* SCHMITT, 1996c, p. 34), apresentando argumentos como estivesse em causa um intelectual preocupado com

[15] O principal dos pretextos alegados por Heidegger era de que muitos nacional-socialistas no período posterior à derrota alemã em 1945 havia mudado de opinião facilmente, haviam anunciado sua mudança completa "[...] da maneira mais abjeta; eu porém nada tinha em comum com eles" (HEIDEGGER, 1999, p. 353-354). A rigor, sempre resta a pergunta se ainda algo mais abjeto não haveria do que permanecer incólume, alheio ao Holocausto e à barbárie.

as instituições democráticas. Assim, a este respeito tudo quanto diria Heidegger entrada a década de 1930 já havia sido explicitado por Schmitt em sua crítica à falta de transparência nas negociações políticas parlamentares:

> As grandes decisões políticas e econômicas que determinam hoje os destinos das pessoas não são mais (se é que foram algum dia) o resultado de um balanceamento de opiniões, num discurso e contradiscurso público, e não são o resultado de debates parlamentares. (SCHMITT, 1996c, p. 47).

Mas Schmitt não apenas apresenta estes argumentos em meados da década de 1920 como os radicaliza em tempos difíceis. Em 1936 em sua *La doctrina del Derecho en el Fascismo y en el Nacionalismo,* Schmitt afirma que "[...] la ciencia fascista [...] está exenta de referencias estériles respecto de los problemas superados del liberalismo y el parlamentarismo occidentales" (SCHMITT, 1995a, p. 68). Com a ciência fascista da política e seu desenvolvimento no nacional-socialismo, supostamente, seria erradicada a prejudicial mediação da representação política. Mas se a ciência fascista da política apostava precisamente na unificação do poder, paradoxalmente, em 1923, em sua *Die geistesgeschichtliche des Heutigen Parlamentarismus,* Schmitt criticava o parlamentarismo precisamente por razão de que as decisões já não era tomadas no *plenum* do Parlamento, transformado em uma simples fachada *(cf.* SCHMITT, 1996c, p. 47).

Neste sentido cabe questionar se o regime autoritário alterou os parâmetros da crítica schmittiana e se as decisões foram públicas ou se, então, as suas críticas estavam interessadas apenas em descosturar desde dentro a teoria e instituições liberais? O tom da crítica schmittiana ao parlamento é uma nota bastante característica de sua filiação ao conservadorismo mais castiço, e neste sentido, por exemplo, a nota de López Alós de que "La crítica a la democracia descansará, tanto en la primera generación de reaccionarios como en otras muy posteriores, en un rechazo al principio de representación propio del parlamentarismo liberal". (LÓPEZ ALÓS, 2009, p. 161).

Mas se Schmitt orienta a sua crítica a este modelo de Parlamento, não hesitaria logo a seguir em apoiar um novo regime, totalitário,[16] em que esta era a sua principal característica. A centralização de poderes no *Reichspräsident* e o paralelo total esvaziamento do Parlamento, agora sim, transformavam a casa legislativa em mera fachada e fantoche de um poder total. Agora, de estarem permitidas, as discussões realizadas no Parlamento não passariam de meras formalidades, vazias e sem sentido *(cf.* SCHMITT, 1996c, p. 48) algo que, em verdade, ocultaria que as decisões tomadas já haviam sido deliberadas fora daquele espaço público.

Schmitt criticara o Parlamento. mas ele próprio estava entronizando um modo de decisões políticas que eliminava o debate e a discussão pública que, por definição, deveria realizar mas que os restringia a encontros de coalizões partidárias. Estas

[16] O que entendemos aqui por totalitário, conceito por vezes disputado, possui o conteúdo que lhe atribui Elías Díaz, a saber, "[...] el uso y la exaltación de la violencia y el terror como sistema de control, así como la eliminación de las minorías disidentes de todo tipo [...]". (DÍAZ, 1991, p. 46).

é que "[...] tomam as decisões a portas fechadas, e aquilo que os representantes dos grandes interesses capitalistas decidem em comitês fechados é talvez mais importante do que quaisquer decisões políticas [...]" (SCHMITT, 1996c, p. 48). Mas se foi e, em algum caso, ainda é mesmo assim, forçosamente haveremos de admitir que Schmitt não apresenta uma opção política densa, que proponha a correção de rumos tão intensamente quanto a crítica que endereçou à democracia-parlamentar. Ao contrário, o autor lhe extirpa o objeto da crítica as suas raízes, liquida com a possibilidade de tomada pública de decisões ou, ainda, de mínima participação ou influência no processo decisório. Tal ponto de partida permite compreender que em Schmitt não há uma crítica a organização parlamentar mas, antes, um movimento interessado basicamente em corroer-lhe as estruturas, defenestrar as estruturas liberal-democratas weimarianas para, passo seguinte, prestar pleno apoio a algum regime autoritário, no caso, bem mais do que isto.

Todo jogo político parlamentar envolve uma multiplicidade de ações e de encenações, mas que, essencialmente, supõe o diálogo arduamente construído e as precariedades dos acordos possíveis, e também de processos precários, marcados por rupturas e as instabilidades da vida política ordinária. Por suposto, um mundo de pluralidade constituído nestas bases seria algo tomado com insatisfação ou inimizade pelas crenças políticas de intelectuais como Schmitt e Heidegger. Inversamente ao movimento pluralizante, no curso daqueles anos posteriores a 1933 era claro que a vontade a ser representada deveria sê-lo segundo o modelo da unidade, o que ficava bem explicado pelas palavras de Heidegger, a "[...] a vontade foi levada pelo *Führer* a todo o povo; ele fundiu-a numa única decisão" (HEIDEGGER, 1997b, p. 114). Ao realizar tal movimento discursivo, por certo, Heidegger comprometia (senão eliminava) conceitual e logicamente, qualquer possibilidade de construção da vontade política por parte dos atores em geral. Esta liberdade já não fazia mais qualquer sentido.

Para Schmitt tampouco a liberdade parlamentar pode ser bem avaliada, pois tratava-se apenas de uma grande classe discutidora, cuja inspiração filosófica lhe engana os propósitos, de que, realmente, por meio de debates, fosse possível alcançar a verdade.[17] A este respeito, Heidegger intervém e sugere que, para cortar o mal pela raiz, deveria a liberdade ser combatida já nos círculos formativos alemães. Em seu célebre *Discurso do Reitorado* Heidegger ocupar-se-ia em sustentar que "A 'liberdade universitária' [...] é expulsa da Universidade alemã porque essa liberdade não era de boa índole, por ser unicamente negativa. Significava [...] despreocupação, arbitrariedade de intenções e de inclinações [...]" (HEIDEGGER, 1997c, p. 99).[18] Atacar a liberdade em seu nascedouro era um importante papel para formatar a nova geração de intelectuais alemães, privando- os do sentido e do valor que a liberdade de pensamento oferta para a qualificação do jogo político.

---

[17] Interessa a nota de Foucault sobre o poder. Em entrevista concedida a Fontana, Foucault sustenta que "No se trata de liberar a la verdad de todo sistema de poder –sería una quimera, ya que la verdad es ella misma poder–, sino desligar el poder de la verdad de las formas de hegemonía [...]". (FOUCAULT, 1981, p. 145).

[18] Para uma importante leitura divergente da matéria ver FRANCO DE SÁ, (2008).

Naquele momento, certo mesmo é que o interesse era por eliminar o cenário público onde o debate político pudesse ocorrer ou, por utilizar a gramática schmittiana, neutralizar tal esfera e aos seus atores, estabelecidos ou meramente potenciais. A estes últimos é a quem Heidegger discursa, para incutir-lhes a veracidade da assertiva de que um só homem, e isoladamente, mereceria todo o esforço genuflexivo. A figura do *Führer* apenas triunfaria sobre homens minúsculos, não eretos, mas o Reitor-filósofo precisava convencer aqueles jovens em formação a submeter- se ao *Führer* e, assim, garantir a passagem triunfante da força sobre o terreno da intelectualidade submissa e acovardada.[19]

Heidegger reitera que os novos dias sob o nacional-socialismo engendravam uma força capaz de deslocar a até então vigorante força liberal, libertando o povo daquela "[...] idolatria de um pensamento sem fundo nem potência" (HEIDEGGER, 1997a, p. 116). No ano de 1936, Schmitt ainda reverberaria a ideia de que o século liberal havia elaborado uma doutrina calcada na abstração propiciada por conceitos generalizantes. Insistia que aqueles eram mesmo tempos de superação da concepção liberal, cuja ação até então deformara o mundo dos conceitos com um materialismo vulgar (algo que o liberalismo mantinha em comum com o socialismo), o qual poderia ser descrito como "[...] absurda y peligrosa ahora, cuando se pretende emplear las generalizaciones del pasado, subsumiéndoles los ordenes y conceptos del nuevo tipo de Estado que irrumpe con las revoluciones nacionales en curso" (SCHMITT, 1995d, p. 59). Esta nova ordem estaria marcada pelo triunfo do conceito do político, determinante de todos os demais, vencendo, portanto, um século liberal de infradesenvolvimento e submissão do político a abstratos conceitos.

Schmitt anuncia o fim do Estado demoliberal do século XIX, ou seja, de um período em que triunfara a idolatria a um pensamento sem potência, tal e como propusera Heidegger (ver HEIDEGGER, 1997a, p. 116). O final destes dias indicava a eclosão das estruturas de uma nova era, "[...] integralmente política [...]" (SCHMITT, 1995d, p. 60), denotadora de um Estado totalitário, único capaz de ser "[...] hoy un protagonista autónomo de las grandes luchas políticas" (SCHMITT, 1995d, p. 60), representação favorável que Neumann não hesita, somado a outros argumentos, por posicionar Schmitt a um dos articuladores de uma doutrina totalitária *(cf.* NEUMANN, 2009, p. 49). Esta ligação com a representação unitária e forte tinha um referente concreto na figura do *Führer.* Esta era, para Heidegger e para a crítica parlamentar em voga, a genuína consecução do projeto de libertação, ou seja, o ver-se livre das estruturas parlamentares mal compostas, em suma, uma lúcida realização da "[...] inviolável independência de todo o povo". (HEIDEGGER, 1997a, p. 115).

---

[19] Heidegger atribui novas tarefas ao corpo acadêmico alemão, novos laços e deveres inarredáveis para os intelectuais dos novos tempos, a saber: respeitar e desenvolver os laços que o ligavam à comunidade do povo; aprofundar seus laços com a honra e com os destinos da nação; reconhecer os seus laços com a missão espiritual do povo alemão *(cf.* HEIDEGGER, 1997c, p. 99) e, por certo, seguindo as claras ordens do *Führer* em todos estes caminhos.

3. PLURALIDADE OU MAIORIAS FACE A APOSTA SCHMITTIANA PELA UNIDADE (HOMOGENEIDADE)

Assumir que o pensamento político de Schmitt esteve comprometido com a cultura antiparlamentar gera consequências. Analisar algumas delas é o que pretendemos realizar nesta seção, e muito especialmente a sua conexão com os conceitos de pluralidade e unidade (homogeneidade).[20]

Schmitt precisa não ser apenas um antiparlamentar, mas um denodado, e isto não apenas por força de sua oposição ao *modusoperandidas* democracias liberais mas, essencialmente, pelos valores que lhe inspiram, de todo opostos aqueles que compartilhava com os conservadores revolucionários germanos (ver BUENO, 2014). O debate não é algo que possa interessar a quem desconsidera o valor da pluralidade e entroniza a homogeneidade. O seu é um mundo cuja construção centraliza uma ordem política na qual quem age válida e reconhecidamente é tão somente um único guia e condutor. É um inspirado (e inspirador) chefe político cuja liderança é inconteste. Em suma, é alguém dotado de força carismática (Weber) e que logra reunir as aspirações da população e também, e muito importante, mais do que a sua absoluta submissão, mas cabal prostração, o que possibilitaria o cumprimento dos projetos políticos de interesse (supostamente) de toda a comunidade *(Gemeinschaft).*

Sob tal marco teórico o pluralismo compartilhado e representado pelas instituições parlamentares não poderia encontrar eco no trabalho de Schmitt, fundamentalmente por ser absolutamente incapaz para toda a ação *(cf.* SCHMITT, 1996a, p. 148) e para a resoluta tomada de decisões. Quem poderia tomar as decisões era tão somente o líder carismático, a exemplo, como recorda Cagni, do líder fascista italiano, também uma figura inspiradora de Schmitt *(cf.* CAGNI, 1995, p. 16). O característico titubeio liberal haveria de ceder espaço a uma nova ordem de poder unitário, necessidade agudizada pela vida em tempos de crise, que ao final da década de 1920 foi formatada pela quebra da bolsa norte-americana em 1929, algo que, logo, demandaria respostas rápidas e eficazes do meio político. A respeito da avaliação naquele momento, Schmitt é bastante claro ao sustentar que

> [...] das Parlament in einen Schauplatz des Pluralismus zu verwandeln und dadurch handlungsunfahig zu machen, so erhebt sich für den Staate eine unvermeidliche Alternative: entweder aufzuhoren, als Einheit und als Ganzes zu existieren, oder aber zu versuchen, aus der Kraft der Einheit und des Ganzen heraus die notwendige Entscheidung herbeizuführen. (SCHMITT, 1996a, p. 148).[21]

---

[20] Assumir este ponto de partida é entender o trabalho de Schmitt como uma unidade, mantida desde os seus primeiros trabalhos da década de 1920, e que apenas projetam novos e mais sofisticados esforços teóricos com o curso de seus eruditos textos por mascarar compromissos teóricos que vão sendo desenhados lentamente.

[21] A livre tradução sugerida é: "[...] transformar o parlamento num palco do pluralismo e, através disso, torná-lo incapaz de ação, então coloca-se ao Estado uma alternativa inevitável: ou deixar de existir como unidade e enquanto todo ou então tentar extrair da força da unidade e do todo a decisão necessária".

Schmitt percebe neste modelo pluralista-parlamentar uma debilidade essencial que torna o Estado incapaz de responder adequadamente aos desafios que se apresentam em momentos de crise, e aquela quadra da história oferecia tal desenho desfavorável de circunstâncias. À luz destes dados, uma adequada leitura do texto schmittiano não sugere que possamos colocar em segundo plano todo este profundo conjunto anímico que conjuga antiliberalismo, antirrepublicanismo e uma visão antidemocrática de sociedade. Do ponto de vista hermenêutico, por exemplo, Bendersky sugere que este amplíssimo e denso pano de fundo é capaz de absorver a inteligência literal e direta de alguns trechos da obra de Schmitt (*cf.* BENDERSKY, 1989, p. 60) deslocando o eixo do texto escrito para a necessidade de afrontar o momento com as armas disponíveis.

Schmitt admite o diverso por intermédio de seu conceito de pluriverso, mas o faz apenas na ordem externa. Na órbita da política interna triunfará, irremediavelmente, a exclusão da alteridade e os esforços pela consagração da noção de unidade. Esta concepção está inspirada por um componente de corte teológico, e que mostra o compromisso do catolicismo reacionário em partir da suposição da "[...] vuelta a una sola Iglesia frente a la proliferación de de sectas y partidos políticos" (SAUQUILLO, 2008, p. 224). Em Schmitt esta ideia se manifesta pela tentativa de consagrar a virtude por intermédio da unidade, algo que em seu texto apresenta viés teológico, sendo este reputado como fundamento último do político (*cf.* MEIER, 1994, p. 60).[22] Deriva deste movimento rumo à unidade uma intensa oposição conceitual à pluralidade –não apenas política– termine por empenhar esforços para o extermínio da alteridade que, segundo a herança da organização da sociedade liberal, assume a forma de seitas e partidos políticos.

A tese da proteção da ordem constitucional weimariana por parte de Schmitt é de difícil aceitação,[23] sobremaneira quando temos em consideração a sua atuação no caso *Preußenschlag*[24] em que atuou em favor da expansão ditatorial dos poderes do Presidente do Reich, ainda quando houvesse soado o aviso de alarme de Hermann Heller, seu contrincante no processo, de que a sua atuação viria a desestabilizar e finalmente destruir a legitimidade do sistema político weimariano (*cf.* CALDWELL, 1997, p. 174). Neste sentido é bastante oportuno o destaque de Caldwell ao dizer que

> The experiment with presidential authority under the chancellorships of Papen and Schleicher was a failure. Papen's radical intervention in basic constitutional institutions laid the groundwork for Hitler's later destruction of the constitutional system as a whole. (CALDWELL, 1997, p. 174).

[22] Para uma leitura e crítica mais minuciosa da interinfluência do teológico e do político em Schmitt, ver TAUBES, (2007, 1996).

[23] Porto Macedo destaca este aspecto da similaridade conceitual de forma bastante clara, pois, segundo ele "Numa ditadura soberana como a soviética pós- 1917, a Constituição vigente não é suspensa, mas ab-rogada. A ditadura soberana visa criar as condições para que uma verdadeira Constituição se torne possível". (PORTO MACEDO Jr., 1997, p. 132).

[24] Uma boa análise da posição de Schmitt sobre as polêmicas constitucionais em Weimar, em especial, sobre o *Preußenschlag*, é realizada por Jiménez Segado. Ver JIMÉNEZ SEGADO, (2013).

A seguir a interpretação mais retilínea de seus textos acerca da própria República, emerge na manifesta ojeriza pela diversidade democrática e partidária compartilhada com os conservadores revolucionários germanos do período. Um destes aspectos que marcam o distanciamento de Schmitt relativamente aos princípios republicanos diz respeito ao conceito de ditadura revolucionária (subversiva, por definição), passo seguinte, vem servir a regimes totalitários(avessos ao núcleo da ordem constitucional weimariana). Em que pese a discrepância filosófica de fundo que os opõe, e também a leitura schmittiana da equivalência da ditadura do proletariado com o seu conceito de ditadura soberana, ademais, como frisa Porto Macedo Jr. "clara e típica" (*cf.* PORTO MACEDO Jr., 1997, p. 132). É interessante notar a este respeito que tanto para Schmitt como para Lenin a ditadura é um meio para alcançar um fim, sendo que no caso do primeiro representa o instrumento eficiente para a busca de uma estabilidade sem critérios pré-definidos, enquanto que para Lenin[25] a ditadura (do proletariado) é o meio eficiente para instaurar a justiça na terra e, em ambos os casos, realizando as suas peculiares noções de democracia que não o poderiam pela via das instituições liberais e capitalistas.

Dentre tais regimes estaria a nova ordem stalinista, objeto de ojeriza de todo o espectro ideológico conservador, e de Schmitt igualmente, muito embora seja importante compreender que a ditadura socialista instaurada nada mais foi do que uma forma coletivista substitutiva da ditadura individual, ao menos conceitualmente, posto que na prática o regime era tão personalista quanto o mais de todos. O veio autoritário apresentado por Schmitt como a como a única alternativa para as vicissitudes e defeitos do liberalismo, pois seria ele o único "[...] to prove capable of mastering the political and social tides of our era". (SCHEUERMAN, 1999, p. 86).

Neste sentido é que emerge a ditadura como a proposta teórica concreta como opção histórica. Sustentamos que ainda a versão *soft* da ditadura em Schmitt, comissária, é incompatível com a noção de liberdade e democracia, valores afeitos às sociedades ocidentais contemporâneas. Ambas não subsistem sem a pluralidade, ínsita aos regimes democráticos. O tratamento dispensado por Schmitt ao tema introduz naquelas condições históricas o fundamento teórico para a compreensão do real papel a ser exercido pelo poder centralizador de competências. Estes, supostamente, viria ao mundo para introduzir uma estabilização em momento de profundo risco à estabilidade ou quando já virtualmente perdida. A República de Weimar conheceu bastante bem este transcurso da democracia social ao totalitarismo por meio da ascensão do regime nacional-socialista.

---

[25] A possível relação entre a teoria de Schmitt e a de Lenin podem ser lidas com mais minúcia em trabalho de Kelsen. Ver KELSEN, (1988, p. 191-197). Para uma leitura da teoria política realista em ambos ver BOLSINGER, (2001).

4. CRÍTICA LIBERAL E ESTADO DE EXCEÇÃO COMO APOSTA AUTORITÁRIA

A forte crítica de Schmitt às instituições liberais e democráticas não conduziu seu trabalho a conceber uma alternativa viável. Tal lacuna e o enaltecimento da magnitude da ineficiência do regime em face das condições de crise, em verdade, abriu espaço para o argumento do fortalecimento do Poder Executivo e a ampliação da esfera de admissibilidade das medidas de exceção (*Ausnahmezustand*). Este passo compôs o aparato teórico e político (empírico), potencial e retoricamente concebido como garante da estabilidade, e mesmo da Constituição, a qual mesmo Kelsen as admite diretamente subordinadas e sob estritas condições de operação *(cf.* KELSEN, 1988, p. 116). Para Schmitt, inversamente a Kelsen, estas não são medidas circunscritíveis e determináveis *a priori,* e por isto se revelariam eficientes para dar suporte a pacificação, evitando que o grau de animosidade política atingisse o nível de enfrentamento armado entre inimigos internos *(Staatsfeind).*

Schmitt apenas aparentemente mantém-se aliado do discurso em defesa da democracia weimariana ao postular o fortalecimento da competência para edição das medidas de exceção *(Ausnahmezustand)* por parte do Poder Executivo, especificamente do *Reichspräsident.* Esta posição é contraditada por Bendersky, para quem "[...] una lettura affrettata della Verfassungslehre avrebbe portato chiunque a concludere che Schmitt non era un oppositore della repubblica o della costituzione di Weimar [...]" (BENDERSKY, 1989, p. 129). Bendersky sustenta posição em que pese reconhecer

> [...] anche se il suo realismo e la sua paura endemica per il disordine político, lo avevano indotto a formulare una interpretazione della costituzione molto particolare, tale per cui veniva escluso ogni drastico o rivoluzionario mutamento; mentre nello stesso tempo si lasciava aperta la porta affinché la costituzione potesse essere adattata a casi specifici. (BENDERSKY, 1989, p. 129).

A proposta de Schmitt acerca da necessidade de fortalecer o poder do *Reichspräsident* não era uma resposta imediata à agudização da crise de fins dos anos 20, senão que vinha sendo construída deste o início da mesma, com ponto alto em sua *Politische Theologie.* As instabilidades de início dos anos 20 já o inspiraram a pensar na exceção como regime, não como ponto fora de uma curva a ser retomada na figura da normalidade. Quando participou na Primeira Conferência da Associação de Juristas de Direito Constitucional, com recorda Bendersky, Schmitt "[...] difese la sua interpretazione dei poteri presidenziali, si ricordò chiaramente degli avvenimenti del 1923" (BENDERSKY, 1989, p. 103-104). Difícil apoiar a tese de Bendersky em face do argumento de Caldwell de que todas as leis de reconstrução do Reich de 30 de janeiro de 1934 (que aboliam os parlamentos e os governos dos *Lander)* já haviam sido precedidas nos tempos que precederam ao nacional-socialismo pelo intenso apoio de Schmitt, que "[...] strongly supported these measures. They would, he argued, protect the state from the State Court and from federalism". (CALDWELL, 1997, p. 175).

É em *Politische Theologie* que Schmitt define o soberano como quem decide sobre o estado de exceção, que exerce a função de definir em quais condições vigorarão as medidas excepcionais e quando a situação já não mais as exigiriam. Com isto, Schmitt coloca o soberano dentro e fora do sistema, pois ele já não é apenas encarregado de aplicar as medidas excepcionais, de gerir as circunstâncias de crise com o fito de restabelecer a normalidade mas, ainda muito mais, ele decidirá também quando as circunstâncias excepcionais cessam de existir e as instituições podem voltar à normalidade. Schmitt associa normalidade à ordem, e a contrapõe a crise e desordem.

Neste ponto é que realmente Schmitt faz operar o conceito teológico ao político e ao jurídico. Eclode nesta vinculação a figura paulina em sua carta aos Tessalonicenses, bem descrita por Duncan Kelly quanto a sua conexão com Schmitt:

> A similar mixture of 'an almost chronic fear of political disorder married to a profound immersion in Catholic religious thought provides a fruitful context within which to locate the overall coherence of Carl Schmitt's wide-ranging oeuvre. (KELLY, 2003, p. 161).

Mas se é mesmo certo que está em jogo um medo crônico no texto schmittiano, e por um momento poderíamos admiti-lo, passo seguinte, haveríamos de questionar se este argumento do medo crônico que teria levado Schmitt a esposar algumas teses controversas é realmente um argumento compatível com o seu trabalho. Um segundo olhar sobre a matéria, sequer tão afinado assim, leva-nos a observar que tal medo crônico parece operar em uma única via, a saber, que nunca reflete e acolhe em seu trabalho o quão abusivo e, mesmo, terrível, poderiam ser as consequências de um poder ilimitado. Neste caso, perguntamos por qual motivo Schmitt não segue apresentando-se tão intensamente temeroso relativamente a uma espécie de poder que, concretamente, tem meios e instrumentos vários para impor absoluto terror.

Nestes termos Schmitt demonstra um temor seletivo, e a sua preferência por temer exclui o alargamento de competência do soberano, posto que apoia o seu extrapolamento para além dos limites do campo do que convencionou-se denominar democracia e torna-se compatível apenas com os arranjos conceituais da democracia schmittiana. O conceito de soberania logo revelar-se-ia amplíssimo e sua prática, irrefreável, irresistível, insuscetível de oposição eficaz, sob pena de risco de vida ou do que dela possa restar. Este é ponto de partida que podemos ocuparnos recuperar conceitos inspiradores (abertamente antidemocráticos) para a (re)construção do campo jurídico em Schmitt, pois o seu movimento de reflexão sobre a concentração de poder político projetou-se diretamente na forma de organização jurídica do Estado alemão, mesmo no que tange ao defenestramento das instituições weimarianas. Nestes aspecto, a sua crítica ao liberalismo englobava o pacifismo, posto que operativo em desfavor da homogeneização que supunha esforços pela desarticulação da pluralidade, se necessário, por intermédio da força.

Do ponto de vista jurídico a questão que se punha naquela quadra da história era, precisamente, a da ambigüidade do art. 48. Segundo Bendersky "Gli argomenti giuridici di Schmitt poggiavano sulla significativa ambiguità dell'articolo 48 e sulla interpretazione di quale in effetti fosse l'intento precipuo di questa norma" (BENDERSKY, 1989, p. 105). Mas se esta é uma descrição de um dilema político e jurídico daquele momento, que Bendersky desenvolve o seu argumento ao descrever o texto em questão dizendo que

> La prima frase del secondo paragrafo affermava che il presidente poteva prendere 'le misure necessarie' per ristabilire l'ordine pubblico e la sicurezza [...] sosteneva Schmitt, nei periodi di crisi 'le misure necessarie' potevano comprendere anche la sospensione di altri articoli costituzionali, e perciò la seconda affermazione del secondo paragrafo non doveva essere usata [...]. (BENDERSKY, 1989, p. 105).

Em tal cenário o *Reichspräsident* deveria funcionar como tutor ou guardião da Constituição, mas talvez devamos dizer algo mais, ou seja, que para Schmitt deveria operar como uma genuína categoria teológica capaz de deter o caos eminente.[26] Schmitt desloca o Executivo da função de mero guardião e lhe outorga a titularidade do poder soberano,[27] pois para realizar a magnífica função a ele outorgada não poderia deparar-se com quaisquer resistências, que se houvessem, deveriam ser afastadas como ilegítimas (em face do interesse do Estado) e ilegais (por obstar a ação do soberano) Tal movimento descola o soberano do exercício de função subordinada do real soberano, o povo.[28] Esta estratégia schmittiana desloca o papel do legitimador, e também titular do poder constituinte e que opera com poderes irrestritos, em momento pré-jurídico, circunstância descrita por Kennedy como de exceção, "[...] fuera de lo normal en que irrumpe lo político. Lo político, en este sentido, es impredecible; no se encuentra especificado en las instituciones del Estado, ni en las competencias jurídicas que regulan el poder dentro del Estado" (KENNEDY, 2012, p. 157). Os poderes extraordinários são outorgados ao soberano, o inclui na função legitimadora, no caso, autorreferenciadora e autolegitimadora de suas próprias ações políticas. É precisamente ao estado de exceção que Caldwell descreve como "[...] the foundations for a theory of dictatorship". (CALDWELL, 1997, p. 5).

Ao decidir radicalmente, o soberano o faz em foro pré-constitucional, como se fora o povo atuando em espaço de criação da Constituição conforme a previsão do artigo primeiro da Constituição de Weimar,[29] confirmador da teoria de que

---

[26] A respeito do papel do catolicismo (e da telogia) no trabalho de Schmitt é no *Glossarium* que encontramos uma nota esclarecedora do autor a indicar que este campo é decisivo para compreender o seu pensamento.

[27] Para pensar o tema do poder constituinte desde Benjamin Constant, e desde uma interpretação distinta da realizada neste trabalho, ver DOTTI, (2008).

[28] Importa ressaltar que em sua *Verfassungslehre* Schmitt argumenta precisamente que o povo é quem assume o poder por intermédio do *Führer* que lhe representa em sua unidade. Desde logo, não estamos em condições neste espaço de ocupar-nos do tema (ver BUENO, 2013). Isto sim, em Schmitt nem todos estavam convocados para fazer parte de seu conceito de povo, senão que opera um duplo pêndulo a indicar que tal conceito é tanto includente como excludente (*cf.* KENNEDY, 2012, p. 268).

[29] O artigo primeiro da Constituição de Weimar dizia: "O povo alemão, unido em suas estirpes e animado por sua vontade de renovar e consolidar seu Reich na liberdade e na justiça, servir à paz interior e exterior

todo o poder emana do povo. Neste campo é que ele decide sobre a suspensão da Constituição e, passo seguinte, das condições de retomada da normalidade, do momento de voltar a aplicar a Constituição. Por isto podemos dizer que Schmitt entroniza o ditador soberano no lugar do povo, travestido de mero guardião da ordem constitucional. Para a leitura feita de Schmitt por Scheuerman "[...] it surely is preferable to a dictator whose authority embodies the originary arbitrariness of the the Schmittian pouvoir constituant" (SCHEUERMAN, 1999, p. 73). A opção eficiente para o momento decisivo da ação política, a saber, o de crise, não poderia ser encontrada no campo do diálogo, conforme a alternativa parlamentar liberal apontava. Ao contrário, o momento de crise real de Weimar foi o cenário adequado para o recrudescimento do discurso autoritário que o trabalho de Schmitt incorporou.

Por seu turno, Benderky reforça a ideia da corrente que sustenta a posição de que o soberano schmittiano adota apenas as medidas necessárias para recompor o *status quo ante,* disposto e predisposto a, prévia concentração de poderes, reconstituir a situação de normalidade e, logo, abrir mão do poder. Como diz Bendersky

> [...] quest'ultimo avrebbe dovuto adottare le misure necessarie per risolvere la crisi e proteggere la natura dell'ordinamento esistente contro le manipolazioni legali o le rivoluzioni anche a costo di sospendere per un certo periodo alcuni articoli della prima parte della costituzione. (BENDERSKY, 1989, p. 186).

É clara a formulação schmittiana a respeito de seus propósitos com a interpretação que oferece do artigo 48 da Constituição de Weimar, identificado como uma base real para o exercício da democracia segundo a versão schmittiana da mesma (ver CALDWELL, 1997, p. 171). Em substituição a interpretação que se faça de Schmitt a este respeito, reputamos mais adequada uma que qualificaríamos teleológica ou finalística. Ela destaca que os desdobramentos da interpretação precisam tecer análises do ponto de vista consequencialista, sendo um equívoco técnico-político o não fazê-lo. Neste sentido, o trabalho hermenêutico Schmitt não apenas apontava para o ocaso do sistema de liberdades e garantias constitucionais weimarianas como colaborou para tal desfecho, jurídica e politicamente. Schmitt não introduziu em algum momento reflexão sobre aspectos normativos, éticos ou, ainda, acerca do controle da legalidade que deveria parametrizar a ação de seu conceito de ditador, algo visceral para pensar o alcance mas também o funcionamento dos poderes excepcionais em uma Weimar em convulsão.[30] Esta acriticidade, omissão quanto ao controle do controlador é um ponto esclarecedor

e fomentar o progresso social, se concedeu esta Constituição". Este é o artigo descrito por Caldwell como "The doctrine of popular sovereignty raised questions about the meaning of minority rights, about limits to the power of the people's representatives" (CALDWELL, 1997, p. 5). Aqui reside uma questão de fundo para o debate sobre a titularidade do poder, especificamente, entre o poder do povo e o direito constitucional.

[30] O artigo 48 da Constituição de Weimar já vinha sendo utilizado de forma abrangente desde os primeiros momentos de crise econômica e política da Repúblicas nos albores da década de 1920 por seu primeiro Presidente, Friedrich Ebert, que recebera do *Reichstag* poderes especiais para enfrentar as nefastas consequências da hiperinflação.

no trabalho de Schmitt, posto que, neste medida, então, liberava o poder de amarras ou, mais precisamente, o limitava justamente ao controle de um poder tão desprezado Legislativo, sem em momento algum colocar em questão as consequências que razoavelmente poderia antecipar da alegada ineficácia deste poder para exercer as suas funções e, por conseguinte, tal tipo de controle.

Este movimento de Schmitt de atribuir uma competência de extraordinária importância (histórica inclusive) não é compreensível em sua inteireza senão à luz de uma vista panorâmica sobre o sentido e os referenciais teóricos de fundo de sua obra, que é o que propomos nesta discussão sobre o liberalismo. Por qual motivo Schmitt depositaria uma tão exacerbada confiança no Legislativo precisamente para esta função de controle do comissário soberano quando o poder tão intensamente seduz e facilmente leva o seu detentor a transposição dos limites de seu devido exercício? Sugerimos que uma explicação plausível reside em que Schmitt utiliza a estratégia de atribuir competências fiscalizadoras a um guarda (político) bastante débil com vistas a colocar as condições de possibilidade para a concretização da sobreposição do ditador ao conjunto do fenômeno normativo estatal de modo definitivo pois, como bem reconhece McCormick, o ditador está pensado conceitualmente para não sujeitar-se a qualquer destes elementos (ver McCORMICK, 1997, p. 124).

A interpretação aqui denominada literal que tem sido realizada sobre o aspecto constitucional da obra de Schmitt (dentre outros tópicos de sua obra) contém o que reputamos ser uma grave falha. Trata-se de que ela infravalora a real importância da função política que, embora subrepticiamente, funciona de modo decisivo no texto schmittiano ao explorar, em um primeiro momento, o papel do ditador comissário. Uma interpretação realista da amplitude conceitual desta categoria não pode menosprezar o diálogo com o seu momento histórico e a possível repercussão que poderia exercer sobre ele, algo para o qual certamente o gênio de Schmitt não poderia estar desatento em momento algum. Uma interpretação vinculada à realidade dos fatos precisa considerar a inserção histórica das respostas schmittianas, em suma, sob quais referenciais o autor dialoga com o mundo circundante e quais as consequências imagináveis de suas propostas teóricas. Adotar esta postura implica colocar em perspectiva os efeitos das posições políticas assumidas pelo jurista e, em especial, sobre o artigo 48, recorrendo a uma interpretação teleológica e filosófico-política. Sugerimos que esta é uma tarefa factível, prévio movimento de compreensão dos princípios e objetivos políticos das obras-chave de Schmitt redigidas na década de 1920, e neste por sentido a sua crítica ao conteúdo doutrinário liberal revela-se esclarecedora.

Neste sentido, quando Schmitt posiciona-se sobre o sentido do artigo 48 da Constituição de Weimar e realizada a opção pela interpretação que concedia amplíssimos poderes ao Presidente do Reich ele o faz sob a alegação de fundo de que se tratava de poderes temporários, sob a sombra conceitual do comissariado. Contudo, o que de fato realiza é um movimento jurídico que pavimenta o caminho para uma dimensão do político comprometida com o arraigamento da cultura autoritária, sem que, por suposto, naquele momento, pudessem ser antecipados com toda precisão os desdobramentos daquele passo teórico já antecipável como altamente arriscado, tanto que leva Caldwell a admitir que tratase de uma "[...] theory of presidential absolutism" (CALDWELL, 1997, p. 172). Se o passo seguinte de Schmitt era mesmo o de que o soberano procedesse ao restauro da ordem, em verdade o seu marco teórico não colaborou para que isto fosse minimamente assegurado, senão todo o contrário, pois meramente desarticula o sistema de controles propostos pelo constitucionalismo liberal sem erigir outro mais eficiente em seu lugar. Deste modo, vai no rumo certo Caldwell ao destacar que, em verdade, o artigo 48 representou uma segunda Constituição para tempos extraordinárias que finalmente sobrepunha-se e precedia a Constituição para tempos ordinários (*cf.* CALDWELL, 1997, p. 172).

O que sugerimos aqui é que da interpretação política dos textos fundamentais de Schmitt escritos ainda na década de 1920 tanto quanto da análise dos efeitos de sua posição teórica é que podemos articular uma interpretação razoável sobre o sentido último do texto schmittiano. Sugerimos que tal sentido não pode ser outro senão o de uma aposta em um Estado de corte autoritário com as portas abertas para a radicalidade que regimes deste gênero podem implicar, perspectiva que poderia faltar a um intelectual de escassa capacidade analítica, mas certamente não a um de alto calibre como Schmitt. Com isto as argumentações que desvinculam Schmitt das consequências da teoria autoritária que constrói ao longo da década de 1920 parecem pouco explicativas do sentido de sua obra.

Não eludiria ao campo de compreensão de um erudito como Schmitt quais eram as prováveis consequências que a proposta teórica de alargamento dos poderes do Executivo poderiam apresentar, ou seja, em especial os períodos de exceção que poderiam logo tornar-se consideravelmente extensos a ponto de cruzar a fronteira da exceção para transformar-se em regra. Mesmo quando inicialmente tais poderes fossem outorgados sob certa demarcação, quer por tarefa certa (por exemplo, combater certos perigo que [supostamente] rondem o Estado), com uma única função, ou ainda, por tempo certos para o restabelecimento de uma ordem pretensamente atingida ou ameaçada por riscos os mais variados, o fato é que, finalmente, do ponto de vista histórico, tais empreendimentos não resultaram exitosos, ao menos quando contrapostos aos seus fins declarados.

A mais escassa constância apresentada no decorrer do tempo pelos poderes excepcionais é mesmo a do uso contido do poder, temperado e afim com as finalidades previstas e, assim, faz muito sentido que um poder *anormal* não logre o declarado fim de instaurar a normalidade institucional. Esta alegada finalidade termina por ser abalada às últimas consequências devido ao perfil consequencialista, orientado por ações desvinculadas da valoração dos meios e superdimensionamento dos fins a alcançar. Schmitt alega a benevolência do fim que é restaurar a normalidade, e ao dizê-lo ninguém o contraporia por almejar esta finalidade. O problema realmente eclode ao destravar de quaisquer limites e controles a busca por uma estabilidade sem uma perspectiva normativa clara. Daí à admissão do emprego das vias de força, sem mesmo qualquer fiscalização institucional, é um passo. Definitivamente, esta carta em branco para a comissão da violência não pode ser um instrumento eficiente para pavimentar a estrada para a normalidade.[31]

A respeito desta nefasta tendência ínsita à lógica do poder de permanência por períodos relativamente longos está conectava com a instauração de processos de abuso de todo tipo. No texto schmittiano considerações deste tipo são em absoluto desconsideradas, e o triunfo de tempos de abuso tem o caminho facilitado por uma construção teórica calçada no medo radical às ameaças, sendo que tampouco está pensado algum tipo de controle político eficaz para checar a sua autenticidade. Schmitt apenas constrói um modelo mínimo supostamente apto para responder aos tempos de (alegada) ameaça, seja ela externa ou interna. Descendo ao mundo dos fatos, a título exemplificativo podemos citar a experiência política brasileira como apenas mais um dentre os casos universais de perpetração de abusos por parte de regimes advindos para restabelecer a ordem ameaçada.

A amplitude de exemplos históricos a respeito da instauração de regimes marcados pelo abuso de poder também é destacada por McCormick ao chamar a atenção para as experiências políticas deste gênero praticadas durante o século XX (*cf.* McCORMICK, 1997, p. 124). Em que pese a argumentação schmittiana, admitimos que não existe no mundo empírico a figura do ditador comissário schmittiano, mas tão simplesmente a sua formação teórica vestibular, que marca o intróito do regime autoritário que de fato será instalado, seguindo, segundo Scheuerman, uma trajetória de aliamento com as forças autoritárias de resistência a Weimar, mas o que tampouco pode fazer dele um antecipador da teoria nacional-socialista do direito como pretende Scheuerman (*cf.* SCHEUERMAN, 1999, p. 1). Definitivamente, em Schmitt quem opera a excepcionalidade é um ditador carismático (conceito recepcionado de Weber),[32] que institucionalmente encontrar-se-à livre de amarras. Nesta medida, ele não pode ser tomado senão como alguém ameaçador da ordem e instaurador de um caos ainda mais profundo, ao invés de alguém a quem se pudesse confiar precisamente a restauração ameaçada ou já atingida.

5. BENDERSKY E A INTERPRETAÇÃO DE SCHMITT COMO DEFENSOR DA ORDEM CONSTITUCIONAL WEIMARIANA

Bendersky perfila-se entre aqueles que atribuem a Schmitt uma posição de defesa da ordem, da tranquilidade, que aquilo que lhe move é a busca pela segurança perdida pela perda da Primeira Grande Guerra Mundial e pelas sucessivas instabilidades às quais via-se exposta a República. Neste diapasão, Schmitt confirmaria a original tríade *Ordnung, Ruhe, Sicherheit.* Sendo assim, Schmitt operaria os conceitos de ditadura comissária e de ditadura soberana em níveis distintos daqueles propostos pelas nossas conclusões na seção anterior. A suposta

[31] É curioso que seguindo esta via, ao fim e ao cabo, Schmitt recepciona no coração de seu pensamento jurídico e político as mesmas práticas do terror que tanto ele quanto Donoso Cortés recriminaram na Revolução Francesa. Sobre a relação Donoso Cortés e Carl Schmitt ver BUENO, (2013).

[32] Sobre a proximidade de Schmitt com a teoria weberiana ver KALYVAS, (2009).

defesa desta ordem de valores de Weimar desqualificaria a interpretação sugerida na seção anterior, sobretudo pelo ataque desferido a sua vinculação à ordem, fosse ela qual fosse. Sugerimos, contudo, que o texto de Schmitt oferece mais profundos pontos de ancoragem, nitidamente ideológicos e, neste sentido, mais representativo, do que aquele conjunto de ações históricas, declarações e valores identificados por Bendersky.

O modelo de interpretação sugerida aqui transcende o que seria um mero compromisso político e adentra na profunda divergência do autor com a ordem constitucional instituída, noção que o historiador norte-americano não considera pertinente. Para Scheuerman, ao contrário, a teoria constitucional schmittiana está calçada na interpretação do político como um fato fundado na pura força e, daí, indiscutivelmente arbitrária aplicada nas situações-limite *(Grenzsituationen) (cf.* SCHEUERMAN, 1999, p. 82) e, então, para resolvê-la volta-se à essência do político, a força contra o inimigo.

É sabido que Schmitt valorizou radicalmente uma noção de ordem que, então, reputava profundamente abalada, assim como toda a geração da década de 1910, que vivenciara uma juventude em relativa tranquilidade até a irrupção do conflito bélico mundial. A latente ânsia da teoria schmittiana pelo triunfo da ordem não nos conduz a uma mesma leitura que outros comentaristas não tão críticos do autor realizam desde um ponto de vista consequencialista. A interpretação aqui sugerida é de que a ordem *(Ordnung),* ancorada na tranquilidade *(Ruhe)* e na segurança *(Sicherheit),* referidas por Schmitt, longe encontram-se de remeter a um compromisso com um ordenamento jurídico liberal do tipo weimariano. Esta não era uma ordem aspirada por ele, senão que encontrava ao lado dos conservadores revolucionários ao postular uma nova ordem em que não mais triunfassem os valores estrangeiros. Schmitt maneja esta tríade conceitual para solapar a ordem weimariana e abrir espaços para uma nova ordem marcada por uma teoria autoritária do direito e da política.

Esta é uma conclusão provisória mas que reputamos convergente com a sua manifesta opção pela concessão de poderes excepcionais ao *Reichspräsident,* posição mantida inalterada até 1932 *(cf.* McCORMICK, 1997, p. 141), muito embora Scheuerman destaque ser possível perceber sinais de uma teoria justificadora da ditadura em sua *Verfassungslehre* de 1928 *(cf.* SCHEUERMAN, 1999, p. 73). Desde logo, entrado o ano de 1933, tal perspectiva já não é carente de dúvida, senão que o seu apoio à ditadura transcende o terreno do teórico para o plano empírico-discursivo. Desde então a sua opção pela ditadura dá-se de forma absolutamente comprometedora.[33] A partir desta data a ditadura soberana está encarnada no poder, em claro movimento de substituição à via comissarial anteriormente anunciada (ver KENNEDY, 2012, p. 266). Schmitt já não hesitaria minimamente em emprestar suporte teórico ao regime, perfilando-se de imediato entre os que apoiavam a quebra da Constituição, justamente aquela que alguns sólidos

[33] Para uma boa leitura histórica da elaboração conceitual da ditadura e seu desenvolvimento e aplicação na Alemanha nacional-socialista ver BRACHER, (1970).

comentaristas sustentam ter ele prestado seu apoio (ver FRANCO DE SÁ, 2009). Clara é a posição de Bendersky de que

> [...] le misure temporanee (Massnahmen) erano da intendere per lo piu come mezzi occasionali volti a conseguire fini specifici, tali di soffocare ad esempio un disordine interno o assicurare una mobilitazione adeguata. (BENDERSKY, 1989, p. 303-304).

Bendersky realiza o que nas seções anteriores denominamos de intepretação literal, e fia-se tão somente na literalidade do texto schmittiano, desconsiderando o teor de fidedignidade que uma interpretação teleológica pode trazer. Ainda assim, Bendersky inclui Schmitt em um amplo grupo de intelectuais que teria realizado uma profunda crítica ao sistema weimariano, desmoralizando-o, porém, sem considerar os efeitos que isto poderia finalmente reportar *(cf.* BENDERSKY, 1983, p. 54). Esta não parece ser realmente uma leitura ponderada que tenha em de vida conta a estirpe intelectual a qual o personagem pertencia.

A visão de Bendersky sobre a opção político-constitucional de Schmitt realmente aposta na virtude do soberano dotado de poderes especiais apenas transitórios. Setores importantes do discurso constitucionalista do período procuravam interpretar a questão do Estado de exceção na Constituição de Weimar no sentido de que o poder exercido durante este período excepcional não poderia criar novas leis *(Gesetze),* manter as suas ações nos limites da ordem instituída o que implicaria não reformar o sistema, posto que a prerrogativa essencial de fazê-lo concentravam-se mesmo do Poder Legislativo. Comenta Bendersky que Schmitt

> [...] non considerava una usurpazione della autorità costituzionale del Reichstag conferire un cosí ampio potere al presidente. La costituzione, spiegava, garantisce al Reichstag il diritto e l'opportunitá di controllare il potere del presidente [...]. (BENDERSKY, 1989, p. 157-158).

Conforme reconhece Bendersky, a Constituição outorgava competência especial ao Presidente do Reich, a saber, a faculdade de valer-se de poderes especiais para momentos de crise sob a suposta função de controle exercida pelo parlamento. Contudo, não estava nem um pouco claro e nem era esta a finalidade do instrumento, a saber, a de que as medidas de exceção viessem a servir como regra para governar o Estado. Por outro lado, com a reputação que o Parlamento desfrutava na obra de Schmitt, a intensa desconfiança que dele mantinha, as repetidas acusações quanto a sua ineficiência, tudo isto leva a questionar sobre quais eram as reais motivações de Schmitt para defender o uso irrestrito e continuado das medidas de exceção pelo Presidente do Reich, precisamente sob o controle de um tão débil poder, o Legislativo.

Segundo Schmitt estaríamos plenamente no campo da legalidade quando o Parlamento respeitasse a atribuição de amplíssimos poderes políticos ao Presidente, e o analisa sem qualquer perspectiva de conveniência política ou de análise contextual do momento histórico vivido nem mesmo sobre a capacidade do próprio Parlamento de exercer o controle sobre eventuais abusos do Presidente do Reich. Por certo, não é por casualidade que Schmitt omite tal análise de um tão importante aspecto. É tema absolutamente relevante pois, no campo empírico, é perceptível que a concessão de tão amplos poderes termina por repercutir na própria titularidade do poder concessor de poderes extraordinários ao Executivo, eis que corre o risco de ver-se eliminado no curso do processo político.

Em outros termos, o que está em causa é que a concessão de amplos poderes ao Executivo pode marcar um caminho sem volta no qual a concentração de poderes delimita um campo de exclusão do Legislativo e de superação de um determinada forma de organização jurídico-política (no caso, a liberal-weimariana) para um outro regime, este sim, de corte autoritário (ou totalitário, no caso, historicamente, o nacional-socialismo). Tal concentração de poderes é o *Denkweg* schmittiano, um elemento essencial para pensar as categorias jurídicas e políticas schmittianas, posto que o campo liberal (em sua dimensão política e jurídica) não poderia responder de modo adequado à excepcionalidade.

Bendersky pretende reforçar a sua argumentação de que Schmitt fora um defensor da Constituição de Weimar apresentando a ideia de que o autor não se perfilava entre aqueles que quiseram aumentar desmesurada e ilimitadamente os poderes do *Reichspräsident,* inversamente ao que nos diz Caldwell, para quem tratase de alguém cujo poder não pode ser limitado por interesses plurais ou setoriais, pois ele próprio era a expressão da unidade *(cf.* CALDWELL, 1997, p. 172), a ser compreendida como inatacável e indevassável em suas decisões e ações. Mais precisamente, Schmitt concebe um roteiro teórico concebido desde a omissão de travas institucionais ao poder soberano qualificado como meramente comissário. Bendersky ancora parte de sua argumentação ao valorizar o trecho em que Schmitt afirma que

> [...] è di per sé evidente che non stiamo qui proponendo una competenza incontrolatta e illimitata del presidente del Reich [... e] che i limiti attuali al potere eccezionale del presidente del Reich e l'attuale garanzia verso il suo potere risiedono nella autorità di controllo del Reichstag [...]. *(apud* BENDERSKY, 1989, p. 158).

Bendersky precisa reiterar que a aposta hermenêutica de Schmitt é mesmo em que os poderes atribuídos ao *Reichspräsident* não o são de forma ilimitada. Isto é vital para desarticular o poderio do conceito de ditadura comissária em Schmitt ou, pelo menos, mantê-lo à distância segura do conceito de ditadura soberana e de sua intervenção (fatal) no campo do político. Contudo, quando o Schmitt alicerça o controle dos amplos poderes concedidos ao Presidente do Reich a um órgão como o *Reichstag* alemão, passamos a dispor de razões suficientes para desconfiar dos reais propósitos da filosofia jurídico-política de Schmitt, e para isto Bendersky não oferece uma resposta, ainda que provisória.

Sob tal ordem de argumentos podemos desconfiar fundadamente sobre quais tenham sido os reais propósitos de Schmitt ao conceder amplos poderes ao Presidente do Reich por intermédio do conceito de ditadura comissária e, por conseguinte, aproximar-nos ao sentido de um pensamento político afim com o autoritarismo, quando não mesmo, como sugere Neumann, com o totalitarismo *(cf.* NEUMANN, 2009, p. 125), embora isto tampouco faça dele um comprometido ideólogo *avant la lettre,* embora, posteriormente, a sua adesão deixe muito claro qual o sentido de seu pensamento após 1933. No entanto, já no período antecedente a 1932 é possível observar que o jurista mantém uma cultura antiliberal, antirrepublicana em densidade que o antiweimarianismo não apenas é evidente como de alta voltagem, e isto já desde o ocaso do regime guilhermino e dos albores da República em 1919. Sob tal aproximação argumentativa acreditamos acertada a interpretação de McCormick sobre o fundamento da posição de Schmitt acerca do artigo 48:

> Schmitt's descriptions of the source of the president's legitimacy in preserving the constitution in "Article 48" increasingly sound as though they were mandated not by the constitutional order itself but by something like a sovereign will that is itself prior to that order [...]. (McCORMICK, 1997, p. 142).

Muito concretamente, Schmitt focaliza seus ataques tanto ao Parlamento alemão como, em tese, ele os concebe em plano abstrato contra as instituições parlamentares. Schmitt não o faz quando o nacional-socialismo já estava em ascensão, mas sim desde os primeiros momentos, já desde os primeiros momentos da República, assim como o fizeram outros tantos conservadores dos anos 20. Isto apenas reforça uma interpretação da política em que a virtude encontra-se na centralização de poderes, longe e bem afastada da proteção às liberdades que podem ser garantidas por um Parlamento atuante na e severo fiscalizador do Poder Executivo sobre o controle da opinião pública (ver KELSEN, 1988, p. 91), mas nunca constituída como uma Casa submissa ou mero apêndice do Executivo. Seus ataques a cultura parlamentar estruturam-se mais precisa e coordenadamente em sua *Die geistesgechlichte Lage des heutigen Parlamentarismus* (ver SCHMITT, 2010). Publicada em 1923, nesta obra Schmitt não economiza a aplicação de péssimos adjetivos ao parlamentarismo.

Esta cultura nutrida pelo texto schmittiano é francamente de corte antirrepublicano, antiparlamentar e afim com a doutrina do fascismo *(latu sensu),* tese amplamente combatida por amplos segmentos de comentaristas (ver DOTTI et all, 2002, 2000; FRANCO DE SÁ, 2009). Manifestamente não parece minimamente fora de lugar interpretar o pensamento constitucional de Schmitt sob tal referencial, senão todo o contrário. Esta leitura reafirma a desconfiança quanto aos propósitos de Schmitt quando os poderes para limitar a atuação do ditador comissário as atribui à competência do Parlamento, precisamente esta instituição que emergia tão enfraquecida e incapaz de cumprir às suas finalidades precípuas de seu livro de 1923.

Nestes termos, ainda quando seja uma de suas tarefas precípuas, parece de difícil apreensão a tese de que o órgão legislativo mal reputado por Schmitt como ineficiente pudesse, sobremaneira naqueles dias, pudesse vir a exercer a tarefa de colocar freios a um Executivo investido de poderes amplos e especiais, e ademais de tão considerável monta, tais como aqueles que supunha uma interpretação extensiva do art. 48 da Constituição de Weimar. Esta interpretação compreendia, inclusive, e em alguns casos necessariamente, os seus aspectos econômicos.[34] A limitação ao poder atribuída ao Parlamento por Schmitt é argüida em um nível que classificamos como de mera retórica política, comprometida em responder da forma aceitável em um determinado contexto político e articuladamente a sua visão ideológica e de mundo (*Weltanschauung*), desencontrada tanto da proteção ao objeto (abuso de poderes) quanto da permanência do Parlamento em uma futura organização estatal.

Esta limitação ao poder que aparece em Schmitt, que Bendersky crê exercer um papel firme na defesa da Constituição de Weimar revelou-se, na prática dos fatos, como uma aberta concessão ao poder. Fundamentalmente isto se deve a que o órgão controlador, o Parlamento, era, conforme o próprio Schmitt, um órgão bastante débil. Uma das possíveis alternativas que foi conhecida no ano de 1927, tendo em vista um mais efetivo controle do Poder Executivo, ganhou o nome de "Lei Executiva". Contudo, ela terminou por não receber o apoio político suficiente para ser aprovada e, por conseqüência, estabelecer mais precisos limites aos poderes do *Reichspräsident* quando de seu exercício dos poderes especiais legalmente previstos pelas medidas de exceção. Com isto, ao fim e ao cabo, triunfava a tese política schmittiana de fundo, qual seja, a de que a lei não pode prever os poderes necessários para superar uma situação de emergência.

Esta ordem de argumentos é compatível com a atenção dedicada por Schmitt ao ataque das matrizes teóricos do positivismo jurídico e do constitucionalismo liberal, cuja desconstrução deveria abrir caminho para a teoria decisionista,[35] que finalmente validaria o sistema constitucional. Bastante clara é esta opção de Schmitt pelo decisionismo em detrimento de um sistema constitucional normativista *(cf.* SCHEUERMAN, 1999, p. 73; ver DUTRA, 2013), uma manifesta preferência pelo decisionismo em detrimento do normativismo *(cf.* SCHEUERMAN, 1999, p. 73), na medida em que este último era identificado com o liberalismo. Passo seguinte a *Die Diktatur,* em *Politische Theologie* fica clara a posição do soberano como detentor de todo o poder de decisão, fundador de toda a ordem, tanto presente quanto futura, que nele reside a vontade última e decisiva (política e jurídica), inversamente a uma vontade legal normatizada (liberal), que em tempos de crise não pode realizar aos

[34] A este respeito o comunista Ulbricht pronunciou discurso perante quadros do Partido Comunista Alemão em 15 de dezembro de 1930 no qual comenta que "[...] el Gobierno de Brüning ha puesto en práctica los designios del capital financiero alemán sirviéndose de los decretos del artículo 48, ha suprimido el Reichstag y ha tomado al mismo tiempo medidas decisivas con vistas a la instauración de un régimen fascista. La liquidación de los últimos restos de la democracia burguesa, como es actualmente la imposición del artículo 48, muestra que las 'formas democráticas' de saqueo y explotación del pueblo fracasan ante el creciente auge revolucionario. La dictadura fascista es el último recurso de la burguesía para detener el derrocamiento definitivo de la sociedad capitalista y proteger esta sociedad de explotadores ante el asalto del pueblo que padece hambre". (ULBRICHT, s/d, p. 72).

[35] O decisionismo schmittiano encontra suas fontes primárias em Bodin e Hobbes, mas é o primeiro que tem a primazia da fundação do conceito de soberania conforme entendido na modernidade. Schmitt reconhece expressamente as suas fontes já em sua *Die Diktatur* (ver SCHMITT, 2006).

seus próprios desígnios *tout court,* suplantando todos e quaisquer limites impostos pela ordem do Estado vigente.

O fato é que estamos frente a uma teoria constitucional que, fundamentalmente, sustenta que "[...] every constitutional system rest on a concrete decision possessing a substantial amount of autonomy from the norm" (SCHEUERMAN, 1999, p. 67). O decisionismo colocado é, assim, colocado à base do plano constitucional, deslocando o normativismo de sua posição de legitimador do direito positivo conforme propunha, por exemplo, a tradição positivista kelseniana. Especificamente, Schmitt não esteve equivocado ao observar o direto reflexo jurídico das limitações legislativas,[36] e isto é bem certo, mas, certamente, não o está na opção que finalmente sugere para tal brecha. Schmitt admite que o legislador encontra-se encontra-se nesta situação de limitação quando, lendo a Locke, escreve que

> Der Gesetzgeber, sagt er *[Locke],* kann nicht alles vorhersehen [...]. Daher sol derjenige, dem die tatsachliche Macht des Staates zwecks Ausführung der Gesetze zu Gebote steht [...] in unvorhergeseheen Fallen von seiner Macht Gebrauch zu machen". (SCHMITT, 2006, p. 41).[37]

Em suma, o argumento de Schmitt é de que se Locke não foi capaz de observar que "Der Gesetzgeber selbst soll die Moglichkeit vorsehen, dafi er nicht alles vorhaussehen kann" (SCHMITT, 2006, p. 41),[38] por outro lado, isto deveria permitir encaminharia uma solução para a vida política do Estado, a saber, que o governante tivesse a competência de preencher as lacunas derivadas do processo legislativo. Por suposto, este movimento de segue a lógica de enfraquecer a divisão dos poderes que obstaculiza a concentração de poderes no Executivo. Fácil opção que apenas veio a reforçar o apoio aos fundamentos do Estado autoritário e suas derivações.

O que Schmitt realiza é um ato de concessão de poderes que na prática resultaram irrestritos. Em outros termos, a suposta tentativa schmittiana de proteger a Constituição de Weimar, de fato, consistiu em libertar o gênio da garrafa, ou seja, outorgar poderes ilimitados. É válido admiti-lo, ao menos na prática, quando consideramos acertada a leitura de que o Parlamento alemão de então era àquela altura, ao menos, incapaz de exercer minimamente o controle sobre as ações do Presidente do Reich. Nestes termos é possível identificar o conceito de ditadura

---

36 A tese da incompletude das normas jurídicas é um tema central na filosofia jurídica hartiana. Ver HART, (2009), bem como a separação entre direito e moral proposta por Kelsen e debatida por Schmitt. Trata-se de tema, por si só, instigante, mas que ganha dimensões singulares pelas abordagens que lhe reserva a crítica schmittiana. Schmitt também esteve atento à crítica do formalismo, "[..] because formalization is incompatible with the willful, unrestrained nature of the pouvoir constituant" (SCHEUERMAN, 1999, p. 71). Para uma leitura mais detalhada da questão da indeterminação das normas jurídicas em Schmitt ver SCHEUERMAN, (1999, cap. 5).

37 Uma tradução livre sugerida para o trecho acima é: "O legislador, diz ele, não pode prever tudo [...], por isto aquele que possui o poder fático do Estado para a execução das leis deve ter direito [...] para fazer uso deste seu poder nos casos imprevistos".

38 A tradução livre sugerida é: "O próprio legislador deve prever a possibilidade de que ele não pode prever tudo".

comissária e o de ditadura soberana dada esta situação fática do político (e do jurídico) naquela quadra da história.

Assim, como era previsível, a iniciativa schmittiana termina por libertar poderes que já não mais poderiam ser colocados sob alguma espécie de controle, restando para nós bastante clara a existência de um sofisticado movimento intelectual de solapamento das instituições weimarianas por intermédio da introdução de um falso medicamento para as suas debilitadas instituições. Como se do Cavalo de Tróia se tratasse, Schmitt presenteia a sua época e, em especial, o regime weimariano, com a construção teórica da ditadura comissária. Em seu bojo o conceito carrega um tão genuíno quanto potente e fatal instrumento detonador, embora apresentado como medicamentoso, para as pretensões de salvação da República e da cultura weimariana, pois o desfecho seria o recrudescimento do poder do governante, sob a formatação conceitual da ditadura soberana.

Esta aposta jurídica e política que permeia a interpretação schmittiana que sugerimos é mais condizente com a cultura política conservadora revolucionária estabelecida na Alemanha dos anos 20, e que visava subverter os fundamentos da recém estabelecida República. Amplos eram estes círculos nos quais Schmitt transitava desenvoltamente, cujos membros (como Ernst Jünger)[39] estavam comprometidos com uma intensa crítica ao sistema e aos valores liberais (ver BUENO, 2014). A animosidade em face das instituições republicanas era materializada pela instabilidade da vida em Weimar. O pano de fundo desta oposição não era apenas a detecção da instabilidade circunstancial na vida alemã do período nem mesmo uma profunda diferença teórica com os fundadores e apoiadores da República, por exemplo, a respeito do funcionamento do Parlamento.

Importante influência exercida no cenário político foi que a animosidade ao regime provinha já dos últimos momentos do regime guilhermino e das circunstâncias da derrota na Primeira Grande Guerra Mundial e dos termos da assinatura do armistício. Por trás do embate entre os conservadores e os republicanos havia uma inconciliável oposição de visões de mundo (*Weltanschauung*), uma delas corroborada por amplos círculos de intelectuais situados à direita, tal como von Hoffmansthal, Jünger, Mohler van den Bruck, dentre outros, que bem souberam galvanizar apoios expressivos dado o sofrimento concreto de imensos setores da sociedade alemã.[40] Deste modo, o conservadorismo revolucionário e reacionário de direita histórica germana logrou forjar uma opinião pública favorável a um sedutor discurso da germanidade, tutelador dos valores da cultura e, então sim, passo seguinte, atribuindo a culpa pela mal histórico alemão aos valores e às políticas alienígenas, devidamente identificadas com o liberalismo.

---

[39] Para uma vista geral e bem escrita sobre o trabalho de Ernst Jünger ver NEAMAN, (1999), mas também, para uma visão bastante crítica, ver HERF, (1990). Entre nós, a recém defendida tese doutoral de Coelho. Ver COELHO, (2013). Para uma leitura crítico-comparativa da filosofia jüngeriano-heideggeriana ver HEMMING, (2008). Ilustrativa da filosofia jüngeriana da maturidade é a entrevista concedida a Hervier. Ver HERVIER, (1990). Para uma melhor aproximação a uma perspectiva romântica no nacionalismo de Jünger ver JÜNGER, (1993).

[40] Para uma leitura panorâmica sobre o fenômeno conservador alemão e a sua proximidade com o fascismo europeu ver BLINKHORN, (1990).

Do ponto de vista político, sustentado nestas opostas *Weltanschauung*, o que fundamentalmente estava em jogo era a aspiração do conservadorismo de direita do soerguimento de um novo sistema jurídico-político germanófilo, compromissado e afim com as tradições prussianas em sua forma de compreender e de exercer o poder. O que estava em causa, portanto, era muito menos as divergências retóricas formais e superficiais ou as insuficiências económico-políticas (é certo de que escassos resultados) do próprio regime. Mais do que isto, o que estava em causa eram irreconciliáveis diferenças de fundo quanto à visão de mundo e boa vida.

CONSIDERAÇÕES FINAIS

O que veio sendo dito até aqui apresenta apenas uma brevíssima abordagem de um tema complexo que conta com referências e matizações em diversas obras de Schmitt durante toda a década de 1920 e dos primeiros anos da década de 1930 e sobre a qual importantes comentaristas divergem. Respeitadas as limitações impostas pela extensão deste texto, reputamos importante sublinhar que a fidelidade de Schmitt a uma importante matriz jurídico-política conservadora e francamente antidemocrática é uma característica determinante sem a qual não logramos visualizar com clareza o sentido de seus conceitos e categorias. Esta é, portanto, uma dimensão reveladora para pensar a exceção em Carl Schmitt, bem como a visita aos círculos que frequentou, procedimento auxiliar promissor para projetar os móveis de seu pensamento, bastante útil para penetrar em algumas de suas mais abstratos (em algum caso obscuros) conceitos e categorias.

Sugerimos, portanto, que a melhor leitura de Schmitt implica não apenas a retomada de uma interpretação contextualizada de sua obra mas, sobretudo, de uma interpretação comparada compreensiva de suas elaborações teóricas no decorrer da década de 1920 e as posições assumidas na década de 1930. Da articulação entre conceitos e categorias e a sua prática política deparamos com um intelectual adscrito a uma tradição autoritária, posição fartamente documentada por comentaristas que explicam a posição de rechaço de Schmitt à democracia e colaboração com políticas autoritárias e, logo, o regime fascista. É também certo e necessário dizer que, naquele momento, estas não foram escolhas exclusivas de Schmitt, senão todo o contrário, pois havia toda uma ampla gama de intelectuais e de homens políticos orientados pela mesma inspiração.

Schmitt compartilhou com os inimigos da República o profundo desapreço pelas novas instituições que destronavam o anterior regime guilhermino, nostalgicamente recordado como capaz de oferecer dias de segurança e ordem no período anterior à Primeira Grande Guerra Mundial. Schmitt esteve irmanado com estes homens em sua reação aos pressupostos culturais e metafísicos do novo regime cuja inspiração no advento do progresso, racionalidade e tecnologia não comunicava-se adequadamente como Schmitt pensava estes objetos que, de qualquer modo, não era realmente a mesma ótica de um herdeiro direto do Iluminismo, basta ver os seus herois contrarrevolucionários do século XIX apresentados em sua *Politische Theologie*.

É mais do que razoável supor que todo o empenho deste movimento conhecido como conservadorismo revolucionário do qual Schmitt esteve bastante próximo (ver HERF, 1990) estivesse conduzindo as suas ações pela inspiração em distanciar-se de qualquer possível defesa de Weimar. Ver a Schmitt distanciado desta tradição conservadora abre as portas para que bons comentaristas apontem ser ele um subscritor dos fundamentos da republicanos mas, definitivamente, este é um passo fadado a contrariar as afinidades aqui levantadas, e com mais vagar trabalhadas em outro texto (ver BUENO, 2014), essencialmente caracterizadas pelo vínculo com o autoritarismo.

Os ataques à República irmanavam-se, como não poderia deixar de ser, aos endereçados à sua carta jurídica fundacional e, portanto, a argüição de poderes excepcionais não pode ser compreendida de forma ingênua, como se, em uma situação de turbulência, fosse precisamente um débil Parlamento capaz de impor limites às ações do Presidente do Reich. O que se tem valorado pouco nestas análises é que as opções por libertar o gênio de sua garrafa possuem um problema: já não haverão forças democráticas capazes de levá-lo à sua origem, pois para o poder expandido resta sempre incômodo uma nova situaçaõ de restrição. O poder visa a expansão, e o poder ampliado possui a ambição de exercer o pleno domínio *(Herrschaft)*, e esta é a descrição do poder sem amarras. Aos que prezem pelo bom estado das liberdades não convém lidar com as ambições de um poder deste naipe.

REFERÊNCIAS BIBLIOGRÁFICAS:

AGAMBEN, Giorgio. *Estado de exceção.* 2a. ed. Trad. Iraci D. Poleti. Rio de Janeiro: Boitempo, 2004. 142p.

BENDERSKY, Joseph W. *Carl Schmitt Teorico del Reich.* Milano: IL MULINO, 1989. 370p.

BERCOVICI, Gilberto. *Constituição e Estado de Exceção permanente. Atualidade de Weimar.* Rio de Janeiro: Azougue Editorial, 2004. 276p.

BIGNOTTO, Newton. *As aventuras da virtude.* São Paulo: Companhia das Letras, 2010. 384p.

BUENO, Roberto. Schmitt: a crítica liberal através do político. *Reflexión Política.* Año 12, vol. 24, Diciembre, 2010, p. 60-67.

CAGNI, Horacio. (*Org.*). *Escritos de Política Mundial.* Buenos Aires: Ediciones Heracles, 1995. P. 7-38.

CASTELO BRANCO, Pedro Hermílio Villas Bôas. A secularização e o ideal ascético na Ética Protestante e o Espírito do Capitalismo de Max Weber. *Revista Ciências Sociais.* Vol. 17, Jan.-Dez., 2011, p. 311-325.

CONSTITUCIÓN ALEMANA. 11 de Agosto de 1919. Texto completo, comentários, historia y juicio crítico. Madrid / Barcelona / Buenos Aires: Editorial Labor S.A., 1931. 175p.

FOUCAULT, Michel. *Un dialogo sobre el poder.* Madrid: Alianza, 1981. 164p.

GALLI, Carlo. The critic of liberalism: Carl Schmitt´s antiliberalism: its theoretical and historical sources and its philosophical and political meaning. *Cardozo Law Review.* No. 21, 1597, May, 2000, p. 29-48.

HEIDEGGER, Martin. Carta a Herbert Marcuse. 20 de janeiro de 1948. In: KELLNER, Douglas. (Ed.) *Tecnologia, guerra e fascismo. Coletânea de artigos de Herbert Marcuse.* São Paulo: Unesp, 1999. P. 353-355.

______. Discurso pronunciado em Leipzig. 11 de novembro de 1933. In: *Escritos Políticos.* Lisboa, 1997a. P. 114-117.

______. Apelo aos alemães. Publicado no Jornal dos Estudantes de Freiburg. 10 de novembro de 1933. In: *Escritos Políticos.* Lisboa, 1997b. P. 112-114.

______. *Discurso do Reitorado.* In: *Escritos Políticos.* Lisboa, 1997c. P. 93-103.

LÓPEZ ALÓS, Javier. El pensamiento reaccionario sobre la democracia. *Presente, pasado y futuro de la democracia.* 2009, p. 161-169.

MARCUSE, Herbert. Carta a Martin Heidegger. 28 de agosto de 1947. In: KELLNER, Douglas. (Ed.) *Tecnologia, guerra e fascismo. Coletânea de artigos de Herbert Marcuse.* São Paulo: Unesp, 1999. P. 351-353.

______. Carta a Martin Heidegger. 13 de maio de 1948. In: KELLNER, Douglas. (Ed.) *Tecnologia, guerra e fascismo. Coletânea de artigos de Herbert Marcuse.* São Paulo: Unesp, 1999. P. 355-357.

RIVERA, Antonio. *El Dios de los tiranos.* Madrid: Almuzara, 2007. 424p.

SCHMITT, Carl. *Die geistesgeschichtliche Lage des heutigen Parlamentarismus.* Berlin: Duncker & Humblot, 2010. 90p.

______. La constitución de la libertad. In: ZARKA, Yvez-Charles. *Un detalle nazi en el pensamiento de Carl Schmitt.* Barcelona: Anthropos Editorial, 2007. P. 61-64.

______. *Die Diktatur.* Berlin: Duncker & Humblot, 2006. 257p.

______. Hugo Preuß. Il suo concetto di Stato e la sua posizione nella dottrina tedesca dello Stato. In: SCHMITT, Carl. *Democrazia e liberalismo.* Milano: Giuffrè, 2001. P. 87-123.

______. *Der Hüter der Verfassung.* Berlin: Duncker & Humblot, 1996a. 159p.

______. *Politische Theologie, Bd. 2, Vier Kapitel zur Lehre von der Souveränität.* Berlin: Duncker & Humblot, 1996b. 98p.

______. *A crise da democracia parlamentar.* São Paulo: Scritta, 1996c. 133p.

______. La doctrina del Derecho en el Fascismo y en el Nacionalsocialismo. In: *Escritos de Política Mundial.* Buenos Aires: Ediciones Heracles, 1995a. P. 67-68.

______. Estado totalitario y Neutralidad Internacional. In: *Escritos de Política Mundial.* Buenos Aires: Ediciones Heracles, 1995b. P. 75-80.

______. La doctrina del Derecho en el fascismo y en el nacionalsocialismo. (1936). In: CAGNI, Horacio. (*Org.*). *Escritos de Política Mundial.* Buenos Aires: Ediciones Heracles, 1995c. P. 67-68.

______. La Era de la Política Integral. In: CAGNI, Horacio. (*Org.*). *Escritos de Política Mundial.* Buenos Aires: Ediciones Heracles, 1995d. P. 59-61.

______. *O conceito do político.* Trad. de Álvaro L. M. Valls. Petrópolis: Vozes, 1992a. 151p.

______. *Sobre el parlamentarismo. Situación histórico-intelectual del parlamentarismo hoy.* Madrid: Tecnos, 1990. 118p.

SCHWAB, George. *Carl Schmitt. La sfida dell'eccezione.* Roma: Laterza, 1986.

ZARKA, Yves-Charles. *Un detalle nazi en el pensamiento de Carl Schmitt.* Barcelona: Anthropos Editorial, 2007. 107p.

Made in the USA
Monee, IL
08 November 2026

67968596R00096